약선조리

이론과 실제

약선조리
이론과 실제

조정순 한복선 양미옥 최윤희

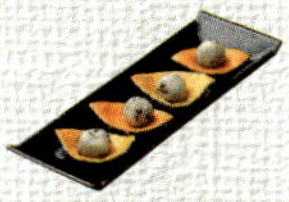

교문사

머리말

최근 몸에 좋은 음식이 화두가 되고 있다. 생활수준이 향상되고 평균연령이 늘어나면서 사람들은 삶의 질을 높이고 건강하게 오래 살 수 있는 방법에 대해 고민하기 시작했고, 그것은 하나의 문화처럼 사람들 사이에 자연스럽게 스며들어 우리 생활의 일부를 이루게 되었다. 그중에서도 음식은 음식 본연의 기능과 함께 문화행위로서 현대의 다양한 가치뿐 아니라 전통문화의 계승이라는 사명까지 부여받으며 많은 사람들의 주목을 받고 있다. 바람직한 식생활에 대한 우리나라와 외국의 현황, 우리 음식의 우수성이나 세계 속의 한식을 찾아가는 TV다큐멘터리 프로그램이 지속적으로 제작되고 있고, 관련 서적도 봇물을 이루고 있다.

그럼, 음식이 수행하는 본연의 역할은 과연 무엇일까?

음식은 첫 번째 영양적인 기능을 수행한다. 우리 몸이 필요로 하는 에너지를 생성하기 위해 외부로부터 필요한 물질을 받아들이는 수단으로 이용된다는 것이다. 그러므로 음식의 섭취는 생명을 유지하기 위해서 없어서는 안 될 필수 요소가 된다.

두 번째는 기호기능이다. 보기 좋은 떡이 먹기도 좋다는 우리나라 속담도 있듯이 음식이 꼭 필요하긴 하지만 좀 더 맛있고 멋있고 좋은 것을 먹고자 하는 것이 인간의 욕망이다. 음식의 조리에 예술적인 요소가 가미되는 이유이기도 하다.

세 번째 기능은 생체조절기능이다. 이는 약은 아니지만 우리 몸의 대사기능을 조절하여 건강을 유지·증진하고 질병을 예방할 수 있는 수단으로서 최근 음식이 주목받고 있는 가장 큰 이유이기도 하다.

이러한 때에 등장한 것이 '약선(藥膳)'이다. 약선이란 전통한의학 이론을 근거로 건강을 유지·증진하고, 질병을 예방·치료하는 목적으로 이용되는 음식을 일컫는다. 음식의 생체조절기능이 이슈가 되면서 서양과학적인 관점에서 수많은 음식들이 연구되고 있지

만, 동양의 전통문화에 기반을 둔 우리의 음식과 음식의 기능에 대해서는 관심 있는 분들이 많기는 해도 그것을 보급하고 연구하는 분들이 아직도 미미한 수준에 그치고 있다.

약선이 음식을 다루는 사람들의 관심이슈로 떠오르긴 했으나 전통적인 틀을 가지고 있음에도 불구하고 오랫동안 연구되어 오지 않다가 새로이 관심을 받기 시작한 분야이기 때문에 여러 면에서 아직은 정확한 정보를 얻기 어렵고 서적의 출판도 다른 음식관련 서적에 비해서는 수량이나 다양성에서 매우 떨어지고 있는 것이 현실이다.

따라서 약선에 관심이 있어도 그 기본적인 이론이나 실제 활용에 대해 궁금해하는 많은 이들이 실질적으로 약선을 쉽게 이해하고 활용할 수 있도록, 더 나아가 다른 사람에게 약선을 간략하게라도 소개하고 전달하는 역할을 수행할 수 있도록 하기 위한 목적으로 펴낸 것이 《약선조리, 이론과 실제》이다. 이 책에 사용되는 용어나 이론체계가 생소하고 어렵게 느껴질 수도 있으나 약선조리에 필요한 기본적인 이론체계의 이해가 바탕이 되지 않으면 시중에 약선이라고 불리는 보양식음식들과 마찬가지로 그 독특한 기능과 활용에 대해 전달하기 어려울 수 있으므로 약선조리의 기본이론에 대해 수록하였으며, 그것을 바탕으로 실제 활용을 위한 병증별 약선음식을 소개함으로써 약선을 쉽게 접근할 수 있는 방법을 제시하여 약선에 관심을 가지고 있고 약선을 연구하는 많은 이들에게 조금이나마 도움이 될 수 있기를 바란다.

마지막으로 이 책의 출판을 위해 도와주신 교문사의 여러분께 감사의 뜻을 전한다.

2011년 3월

저자 일동

차례

2장 약선기초 한의학이론

3장 약선재료의 약성이론

4장 약선처방의 배오이론

5장 약선재료의 포제

6장 약선조리이론

2부 약선조리의 실제

일러두기

1. 이 책은 크게 약선의 이해를 돕기 위한 기초이론 부분과 활용가능한 조리실제의 두 부분으로 나누어 구성되었다.

2. 기초이론 부분은 약선의 개념과 역사를 소개하는 입문, 기초 한의학이론, 약선재료의 약성이론, 약선처방의 배오이론, 약선재료의 포제, 약선조리이론 6부분으로 구성되었으며, 조리실제 부분은 16가지 병증으로 분류하여 각각의 병증에 적용할 수 있는 약선음식을 소개하였다.

3. 이론 부분과 실제 부분 모두 전문용어의 경우 한자를 '한글(한자)' 형식으로 병기하였으나 여러 번 반복되는 경우 한자병기를 생략하고 한글로만 표기하였다.

4. 실제 부분의 재료에 대해서는 재료 각각의 재료명과 본초명, 성미와 귀경, 효능, 주치 부분을 별도의 성미효능표로 정리하여 기재하였으며, 기재된 내용은 기본적으로《중약대사전(中藥大辭典)》을 근거로 하였다.

5. 재료 성미효능표에서 재료명은 많이 쓰이는 한글 식재료명으로, 본초명은 사전에 기재된 본초명을 따랐다. 재료명과 본초명이 동일한 경우에는 동일이름을 재료명과 본초명으로 기재하였다.

6. 실제 부분의 재료 분량은 모두 4인 기준으로 작성되었다.

7. 책 말미에 부록으로 〈재료 성미효능표〉와 〈용어해설〉을 추가하여 쉽게 찾아볼 수 있도록 하였다.

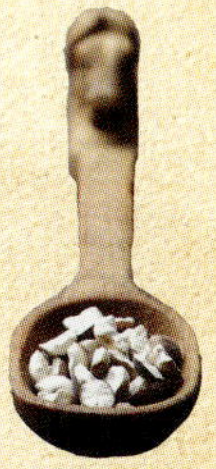

1부 약선조리의 기초이론

theory part

1장 약선 입문

2장 약선기초 한의학이론

3장 약선재료의 약성이론

4장 약선처방의 배오이론

5장 약선재료의 포제

6장 약선조리이론

1장 약선 입문

1. 약선의 개념

약선(藥膳)의 사전적 의미는 '약이 되는 음식'이다. 흔히 한약재를 넣어서 만든 음식을 약선으로 이해하거나 보양식, 건강음식으로 개념이 혼재해 있는 경우가 많다. 약선의 의미를 사전적 의미와 광의, 협의로 나누어 살펴보기로 한다.

1) 사전적 의미

일반적으로 우리가 '약(藥)'이라고 하는 것은 질병이나 상처 따위를 고치거나 예방하기 위해 쓰는 물질로 복용하는 것과 외용하는 것을 모두 포함하는 개념이다. '선(膳)'이란 반찬, 선물, 희생(犧牲) 고기를 뜻하는 한자어로 우리가 감사나 축하를 표시하기 위해 주고받는 선물에 이 '선'자가 사용된다. 때문에 글자의 뜻만 살펴보면 질병이나 상처 따위를 고치거나 예방하기 위해 쓰이는 음식을 말한다.

약선이라는 용어가 우리나라에서 사용되기 시작한 것은 2000년대 초반 중국과 일본에서 유행하던 약선음식이 한국에 소개되면서 대중적으로 사용되어 왔다. 한의학에서 식치(食治), 식양(食養), 식보(食補)의 목적으로 이용되던 음식을 약선이라고 보면 된다.

2) 광의의 약선

광의의 약선은 질병이 발생하지 않도록 건강을 유지 · 증진시켜 질병을 예방하고, 질병이 발생한 경우 질병의 치료를 돕고 건강의 회복을 돕는 목적을 위해 사용되는 일체의 음식을 포괄하는 개념이다. 이는 음식을 섭취하는 목적에 의미를 두는 개념으로 사전적 의미의 약선과 유사한 개념이라고 볼 수 있다. 광의의 개념에서 본다면 약선의 범주에는 최근 식품시장의 트렌드인 건강보조식품이나 건강기능성식품뿐만 아니라 시중의 보양식과 집안에서 일상적으로 먹는 김치와 같은 반찬까지 약선에 포함된다고 할 수 있다. 단, 이러한 광의의 약선 개념으로는 현재 관심의 대상이 되고 있는 약선의 성격을 명확히 하기에는 한계가 있다.

3) 협의의 약선

협의의 약선은 한의학이론을 중심, 근간으로 하고 현대의 식품학, 조리학, 영양학, 위생학 등의 관련 지식을 적극 활용하여 건강의 증진과 질병의 예방 · 치료를 목적으로 그 음식을 먹는 사람 혹은 그 유형 사람들의 체질과 병증에 가장 적합하게 만들어진 음식을 말한다.

협의의 약선이 광의의 약선과 구분되는 가장 중요한 특징은 구체적 대상과 이론 근거가 있다는 것이다. 광의의 약선에서는 건강의 유지 · 증진이라는 목적만 달성이 된다면 약선의 범주 안에 들어갈 수 있었지만, 협의의 약선에서는 어떤 기전에 의해 어떤 체질과 병증을 목적으로 만들어진 음식이냐가 설명될 수 있어야 하므로 설령 한약재가 들어갔어도 그 사용기전에 대해 설명할 수 없다면 약선이라고 말하기 어렵다. 그러나 무나 녹두 같이 약재가 아닌 식재료만을 사용했어도 그것이 재료 각각이 가진 효능에 비추어 소화불량, 감기 혹은 발열 등의 증상을 경감시키기 위한 목적으로 선택되어 메뉴가 만들어졌다면 그것은 약선으로 인정받을 수 있다.

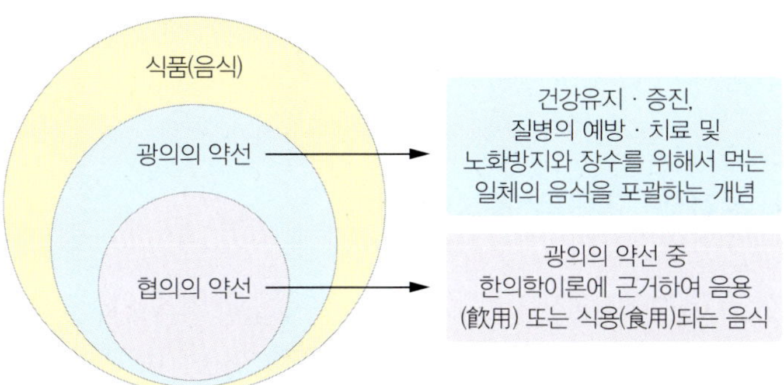

그림 1-1 약선의 개념

2. 약선의 특징

약선의 개념에서 보았듯이 약선은 그 이론의 근거가 한의학에 있다. 때문에 한의학의 기본철학을 바탕으로 한 음식으로서의 독특한 특징을 가지고 있다. 이러한 특징에 대해 다음에서 살펴보기로 한다.

1) 모든 것은 유기적으로 연계된 하나의 통일체이다: 정체관

동양사상에서 자연과 인간은 서로 독립된 개별적인 존재가 아니라 전체 속의 일부로서 밀접하게 서로 얽혀 있는 유기적인 관계 속에서 서로 조화를 이루면서 생성, 변화되어 가는 통일된 존재이다. 이것이 바로 정체관(整體觀)이다.

정체(整體)란 각 부분과 부분이 상호 독립적 · 개별적으로 존재, 연속되는 것이 아니라 상호 의존적 · 협조적으로 존속되는 유기적인 관계로서 완정성(完整性)과 통일성을 갖추고 있는 전체 그대로 한 몸이란 뜻이다.

수십 조가 넘는 세포들이 모여 '나'라는 몸이 만들어지고, 이러한 세포들 각각의 생리기능들이 우리 몸 전체의 건강에 영향을 미치는 것과 같이 우리가 음식을 먹는 행위가 개별적이고 독립된 단순 행위가 아니라 자연환경이라는 통일된 전체 속에서 우리 몸 밖의 객체를 받아들여 몸 안의 생리기능을 거치면서 몸 전체의 조화를 이루게 함으로써 건강을 유지 · 증진하는, 유기적인 관계 속에서 조화를 이루어 자연과 하나가 되기 위한 활동이라는 데 그 중요성이 있다.

때문에 약선은 우리가 먹는 음식과 우리 몸과의 유기적 관계에 대해 이해하는 것이 가장 중요하며, 이러한 이해를 바탕으로 음식과 몸이 조화를 이루고, 더 나아가 인간과 자연이 조화를 이루는 것을 궁극의 목적으로 한다는 데서 그 특징을 찾을 수 있다.

2) 음양의 조화와 균형을 중시한다

동양철학에서 음양(陰陽)은 자연을 움직이는 커다란 두 가지 기운이다. 음(陰)과 양(陽)이라는 두 기운의 상호 대립과 소장(消長), 평형(平衡)과정이 낮과 밤을 만들고, 겨울과 여름을 만들고, 하늘과 땅을 구분하고 여자와 남자를 구분한다.

한의학에서는 몸이 건강을 잃거나 질병을 앓게 되는 원인을 음양의 어느 한쪽이 지나치게 왕성하거나 아니면 쇠약하여 음양의 조화를 잃는 것에서 온다고 보았다. 따라서 음식에 있어서도 음양의 조화와 균형을 그 원칙으로 삼았다.

약선의 기본 구성원리는 음양 변화의 규율을 파악하여 생체기능의 음양을 조화롭게 함으로써 인체가 음양조화의 상태를 유지하게 하는 데 있다. 이는 앞에서 언급한 정체관을 질병의 예방 · 치료에 구현하는 것이라 할 수 있다.

음식의 섭취는 부족한 것은 채우고(補), 넘치는 것이 있으면 내보내는(瀉) 것을 기본으로 하고, 약선의 배합과 조리방법에 있어서도 음양의 조화를 중시하여 차가운 성질에 치우치거나(偏寒), 더운 성질에 치우치거나(偏熱) 등의 결함이 없게 하는 것을 특징으로 한다. 때문에 생선이나 새우 · 게 등 한성(寒性)식품들을 조리할 때는 항상 생강 · 파 · 술 · 식초 등 온성(溫性) 조미료 등을 사용하여 요리 전체가 한량(寒涼)해져 식후에 비위(脾胃)를 손상하지 않도록 주의하였다. 또 부추와 같이 성질이 더워 양의 기운을 돕는(助陽) 재료들은 항상 달걀류 등의 자음(滋陰)식품과 함께 조리하여 음양을 함께 보할 수 있게 하였다.

3) 음식은 약과 그 뿌리가 같다: 식약동원관

식약동원(食藥同源)이란 문자 그대로 음식의 재료인 식물(食物)과 약의 재료인 약물(藥物)의 기원 또는 근원이 같다는 말이다. 약식동원(藥食同源)이라고도 말하고, 약물이 의료의 주된 수단이 되기 때문에 의식동원(醫食同源)이라는 말을 쓰기도 한다. 이는 위에서 언급한 정체관과 연계되는 개념으로 자연에서 만들어진 재료는 그것이 음식으로 먹든, 약으로 복용하든 동일한 근원을 가지고 있어 동일한 이론체계로 이해할 수 있으며 그러한 이론체계를 근거로 동일한 목적을 위해 사용할 수 있다는 의미를 내포하고 있다.

4) 약선은 개인별 맞춤식이다: 변증용선 · 변증시선

약선은 개인의 개별적 체질 특징이나 현재 몸의 생리, 병리 상태의 판단을 기준으로 그 사람에게 맞는 음식을 만들어 제공하는 것이 특징이다. 특히, 질병의 보조치료로 쓰이는 약선의 경우 모든 사람의 질병을 낫게 하는 만병통치 약선이란 존재하기 어렵다.

현재의 몸 상태를 판단하는 과정을 변증(辨證)이라 하고 이러한 변증의 결과를 통해 약선을 사용하는 것을 변증용선(辨證用膳) 또는 변증시선(辨證施膳)이라 한다.

변증의 좀 더 자세한 개념은 "여러 가지 방법을 통해 얻어진 각종의 임상 증상과 체징(體徵)을 한의학 기초이론에 근거하여 환자의 체질과 질병의 원인, 성질, 부위 및 정사(正邪, 정기와 사기)의 관계 등을 분석, 종합, 개괄하여 병증(病證)을 변별하는 과정"을 말한다.

변증은 한의학에서 질병치료의 원칙을 세우고 처방을 내는 데 가장 중요한 과정이며 동시에 약선메뉴를 개발하고 제공하는 가장 중요한 과정으로 약선을 개별맞춤식이라고 말할 수 있는 근거가 된다.

이는 건강에 대한 관심의 증가와 이에 부응하는 식품의 산업화가 급격히 팽창하면서 개인의 개별적 특성이나 음식의 성질을 고려하지 않은 획일적인 건강식품이나 정보들로 인해 음식이 약이 되는 것이 아니라 오히려 질병을 일으키거나 악화시키는 수단이 될 수 있는 위험성을 지혜롭게 극복할 수 있는 약선의 가장 중요한 장점 중의 하나이다. 동일한 음식이라도 표리(表裏), 한열(寒熱), 허실(虛實), 음양과 장부(臟腑)에 작용하는 바가 각각 다르다는 이론에 근거해 체질, 성별, 연령, 지리적 환경, 계절 기후, 직업 등을 고려하여 병증과 원인에 따라 응용을 달리하는 약선은 사람의 여러 유형과 정황에 따라서 제공되는 가장 알맞은 형태의 음식이라는 점에서 일반 음식과 다른 큰 특징이라고 볼 수 있다.

5) 위의 건강한 소화기능(胃氣)은 효과적 약선이용의 전제조건이다

위기(胃氣)란 음식물을 받아들여 소화 · 흡수하는 운화(運化)기능을 수행하는 데에 직접적으로 영향을 미치는 에너지를 말한다. 우리가 먹는 것이 약이 되든 음식이 되든 그것이 일단 입으로 들어온 후에는 건강한 위장의 소화흡수기능을 거쳐야만 제대로 우리 몸에 이용될 수 있기 때문에 식치(食治)과정 중 위기의 보호에 소홀히 하거나 혹은 위기를 손상시키게 되면 임상의 변증이 아무리 정확하고 배찬(配餐)이 아무리 합리적이어도 소화기능의 무력으로 치료의 최종 목적을 완수하기 어렵게 된다.

때문에 "음식으로 치료하여 낫지 않은 연후에 약을 먹이라(食療不愈, 然後命

藥).”고 한 말은 약재가 비위에 끼칠 수 있는 손해를 감소시키기 위해서, 병을 치료할 때는 약보다는 먼저 음식치료부터 하여 비위를 보호하라고 한 것이다.

사계절의 한열온량(寒熱溫凉)한 기후에 순응하여 재료를 선택하고, 부드럽고 소화시키기 쉬운 익힌 음식을 섭취하는 것을 권장하는 것, 기름지고 단단한 음식과 날것은 금하라고 하는 것, 또한 소량씩 자주 먹고, 한 번에 폭식하지 말 것, 폭음하지 말 것 등에 대한 것은 모두 위기를 보호하기 위한 방법이다.

6) 음식도 궁합이 중요하다: 약식의기

약선은 사과주스나 연잎차 등과 같이 한 가지 재료로 이루어진 것도 많지만 두 가지 이상의 재료로 식재와 식재, 식재와 약재 등이 함께 어울려 만들어지는 경우가 많다. 사람들이 함께 모이는 집단에서도 서로의 성격이나 능력의 조화가 중요하듯이 약선에서도 재료 간의 성질과 효능의 조화가 중요하며 이들이 서로 잘 어울리는 관계인가 아니면 함께 쓰면 안 되는 관계인가를 파악하는 것은 약선메뉴개발에서 중요한 부분의 하나이다. 이러한 관계를 설명하는 것이 ‘의기(宜忌)’이다.

여기서 ‘의(宜)’는 ‘마땅하다’의 의미로, 함께 먹어 서로 시너지효과를 낼 수 있는 잘 맞는 관계 또는 음식이 어떤 사람, 혹은 질병에 ‘잘 맞다’라는 의미를 포함하고 있다. ‘기(忌)’란 ‘꺼리다’, ‘금하다’라는 의미로 ‘의’와는 반대로 함께 먹으면 효능이 떨어지거나 독, 부작용을 나타낼 수 있는 관계 혹은 어떤 사람이나 질병에 ‘맞지 않는다’라는 의미를 포함한다. 이러한 의기는 약선에 쓰이는 재료들의 효능을 설명하는 본초학문헌이나 사전류에는 항상 그 내용을 수록하고 있고 약선을 다른 음식과 구분하는 특징이 된다.

그러나 음식과 음식, 음식과 약재 사이의 의기 내용 중에는 현대의 영양학이론 등에 비추어도 매우 합리적이고 현명한 내용도 많으나, 아주 빈번하게 쓰고 있는 관습적인 경우를 금기에 포함시키기도 하고, 추상적이고 관념적인 이유로 금기하는 경우도 있어 합리적 기준을 찾기 어려운 경우도 많다. 때문에 이들에 대한 이론을 절대적인 것으로 보기는 어렵고 현대의 과학적인 방법에 의해 증명되지 않은 바가 많으므로 신중하고 합리적으로 판단해야 하며, 또 이를 밝히기 위해 끊임없이 연구를 해야 하는 과제를 가지고 있다.

3. 약선의 역사

약선의 역사는 협의의 약선 개념에서 보듯이 기본원리의 뿌리를 한의학에 두고 있다. 건강의 증진과 질병의 예방 · 치료를 도모하는 데 목적을 두고 있기 때문에 그 발전과정은 의학의 발전과정과 밀접한 연관성을 가지고 있다. 이에 약선의 역사에 대한 내용은 한의학과 기본이론체계를 같이 하는 중국의학의 발전사와 그 안에서 약선이 하나의 독립된 학문으로 발전되어 온 자취를 살펴보는 것이 의미가 있다. 때문에 이 장에서는 중국과 우리나라의 약선 발전역사에 대해 함께 살펴보도록 한다.

1) 중국 약선의 발전역사

(1) 맹아시기: 하(夏)~주(周)

이 시기의 특징은 불의 사용과 농업의 발달, 가공음식의 출현, 본격적인 봉건시대의 시작에 따른 의사제도 등 크게 네 가지로 요약할 수 있다. 약과 음식의 구분이 명확하기보다는 건강과 질병의 예방 · 치료에 적당한 음식을 발견하기 시작했다는 데 의미가 있다. 농업의 발달로 식재료의 종류와 양이 증대되고 이에 따라 주류의 가공 등 곡식을 이용한 식품의 가공이 이미 일정 수준에 이르렀다. 불의 사용으로 조리기술이 점차 발달하였고 음식과 관련된 관직제도를 벌써 두었다는 것이 중요한 시사점이다.

중국의 의학에서 식료(食療)에 관한 최초의 내용은 상대(商代) 탕왕(湯王) 때의 제상인 이윤(伊尹)이 탕액(湯液)을 제조했다는 기록이다. 탕제(湯劑)는 오늘날까지도 가장 광범위하게 이용되는 제형(劑型)으로 이는 조리의 형태로도 중요한 의미일 뿐 아니라 약물학의 역사에서도 매우 중요한 의미를 가진다. 탕제의 발명으로 생약(生藥)을 익혀서(熟藥) 사용하게 되면서 약재의 독성을 감소시키고, 약물의 효능을 증강시킬 수 있었으며, 한 가지 약물(單味)만을 사용하는 것에서 여러 가지 약물(復味)을 사용하는 것으로 변환되면서 방제학의 탄생을 촉진시키는 계기가 되었다.

주대(周代)에는 음식의 발달 이외에 음식과 관련한 제도와 관직을 두었다는 것에 중요한 의미가 있다. 《주례(周禮) · 천관(天官)》에는 "食醫中士二人, 掌和王之六食, 六飮, 六膳, 六羞 百醬 八珍之齊"이라는 기록이 나오는데 여기서 말하는 식의(食醫)는 당시 음식의 맛을 조절하고 영양에 주의를 기울여 질병을 방지하고, 사시(四時)

의 음식을 확정하는 일을 담당하는 왕가(王家)의 전담 관리이다. 이는 당시 식치를 매우 높은 지위로 끌어올려 점차 전문화시켰다는 것을 알 수 있다.

식품의 가공에 있어서는 주류의 가공이 매우 성행했음을 알 수 있다. 《전국책(戰國策)》에는 하(夏)나라 우왕(禹王, 기원전 2205~2198년) 때 술을 빚었다는 기록이 있고, 은허(殷墟)에서 출토된 청동기의 대부분이 주기(酒器)라는 것, 〈서경(書經)〉에 상(商)나라 사람들이 술을 지나치게 좋아했다는 기록 등은 이미 양주업(釀酒業)이 매우 성행했음을 짐작케 한다.

그림 1-2 이 윤

(2) 기초성립시기: 전국(戰國)시대~동한(東漢)

이 시기는 약선이 학문적인 기초이론체계를 갖추게 된 시기이다. 춘추전국시대 제자백가(諸子百家)의 다양한 사상과 학파들의 출현은 진(秦), 한(漢) 등 통일된 봉건국가의 성립과 함께 과학문화 방면의 큰 발전을 이루는 토대가 된다.

농업 방면에 있어서 철기의 사용이 보편화되고 수리(水理)사업과 농경기술이 발전하면서 농업생산이 매우 발달하였으며 이에 따라 천문, 역법, 지리, 수학, 공예, 의학, 문학, 사학 등의 학문도 비약적인 발전을 이루었다. 이러한 학문의 발전에 따라 장기간에 걸친 의학적 실천과 경험의 누적은 지식을 점차 이론형성단계로 발전시키게 되었다.

전국시기에 출연한 전면적이고 통일된 한의학이론체계의 고전거작인 《황제내경(黃帝內經)》은 한방생리학분야에 대한 이론서로 약선식료(藥膳食療) 또한 그 이론적 체계를 갖추게 되었다.

동한의 걸출한 의가(醫家)인 장중경(張仲景)이 《내경(內經)》의 학술사상을 계승하여 저술한 《상한잡병론(傷寒雜病論)》은 이(理) · 법(法) · 방(方) · 약(藥)을 포괄하는 변증론치(辨證論治)의 기본원칙을 제시하면서 식료의 이론과 임상응용에 대해 지대한 공헌을 하게 된다.

의학의 발전과 함께 약물학인 본초학(本草學)도 발전하여 서한(西漢)시기에는 본초학에 수록되는 약재가 나날이 증가되었는데 이는 한 무제(武帝, 기원전 140~87년)의 남정북토(南征北討)로 인해 남방의 열대 식물약재와 북방의 한대 식물약재가

그림 1-3 삼황오제(三皇五帝) 중의 하나인 황제(黃帝)

그림 1-4 삼황오제(三皇五帝) 중의 하나인 신농(神農)

전쟁 중에 활발하게 교류되면서 이루어졌다. 호남성(湖南省)의 마왕퇴(馬王堆)에서 출토된《오십이병방(五十二病方)》에는 대량의 식물(食物)이 약용되고 있는데 총 수록된 247종의 약재 중에 곡류(穀類)가 15종, 채류(菜類) 10종, 과류(果類) 5종, 금류(禽類) 6종, 수류(獸類) 22종, 어류(魚類) 3종 총 61종이 식물로 전체 약재의 1/4에 해당한다. 동한시기에 편찬되어진 것으로 추정하고 있는 최초의 약물학 전문서적인《신농본초경(神農本草經)》은 총 365종의 약재를 수록하고 있으며 이 중 다수의 약재는 식용 가능한 식재(食材)로 약물(藥物)과 식물(食物)이 융합되어 식치의 응용범위를 확대함으로써 약선의 선방용약(選方用藥)의 기초를 마련하게 된다.

(3) 형성시기: 진(秦)~당(唐)

이 시기는 약선이 전대의 이론체계 형성의 기초 위에 그간의 임상 경험과 실천을 결합해 점차 한의학의 여러 분과에서 독립된 학문을 형성하는 시기이다.

서진(西晉) 말년에는 수도를 남쪽(南京, 지금의 남경)으로 천도하면서 이 시기의 문화중심이 황하에서 양자강 유역으로 이동하게 되었고 음식을 포함한 모든 문화와 의약(醫藥)도 이를 따라 발전하게 되었다.

동진(東晋)시기의 의가인 갈홍(葛洪)의 저서인《주후비급방(肘後備急方)》에는 각기병의 치료에 두시(豆豉)를 사용한 처방과 배즙(梨汁)으로 기침(嗽)을 치료하고, 해조주(海藻酒)로 영병(癭病, 지금의 갑상선종)을 치료하며 돼지 이자로 소갈(消渴, 당뇨병)을 치료하는 등 적지 않은 식료방(食療方)을 수록하고 있다.

남북조(南北朝)시기 도홍경(陶弘景)의《본초경집주(本草經集註)》는 동물과 식물을 포함, 100여 종 이상의 약재와 식재를 기록하였으며, "자라의 눈이 들어가 있으면 먹지 말라.", "생선 눈이 붉으면 날로 먹지 말라." 등과 같은 음식위생에 관한 내용과 음식금기에 관한 내용을 언급하였다.

동한(東漢)시기에 전파된 불교는 위진남북조시기의 사회혼란과 잦은 전쟁으로 민간에 크게 퍼지면서 홍성하게 되고 이로 인해 채식전문요리분야인 '소식(素食)'이

등장하게 된다. 북위(北魏)시기에 쓰인 중국 최초의 농업전문 서적《제민요술(齊民要術)》은 총 10권 92편으로 구성되어 있는데 이중 25편이 음식에 관한 기록으로 300여 종의 음식과 가공과정, 20여 가지 조리법을 기록하고 있으며 권(卷) 9에 소식(素食)편을 수록하고 있다.

식료가 진정한 하나의 독립된 학문으로 자리 잡은 것은 수당(隋唐)시기이며 당대(唐代)에 와서 대성하게 된다. 당(唐)이라는 강력한 통일국가의 건설로 경제문화가 크게 발달하고, 외국과의 교류가 활발해지면서 새로운 식재료들이 대량 수입되며, 근해어업의 발달과 설탕제조기술의 발달로 음식시장이 번성하게 된다. 이때가 되면서 비로소 식재와 약재의 차이를 명확하게 구분하고 식치(食治), 식료(食療)를 하나의 전문과목으로 형성 · 발전시키게 된다.

그림 1-5《본초경집주》의 도홍경

그림 1-6《천금방》의 손사막

손사막(孫思邈)의《천금방(千金方)》제26권은 식치(食治)편으로 서론 외에 각각을 '과실(果實), 채소(菜蔬), 곡미(谷米), 조수충어(鳥獸蟲魚)'의 네 가지 항목으로 나누어 각각의 성미, 효능, 추치 및 배오에 대해 서술하는 등 음식치료에 대한 전문항목을 두어 기재하였는데, 현존하는 가장 오래된 식치(食治) 전문서로 인정되고 있다. 약선을 이야기할 때마다 등장하는 '무릇 의사된 이는 먼저 병의 원인을 살펴서 그 침범한 바를 알아내고 음식으로 먼저 치료하되 음식으로 치료하여 낫지 않으면 그때 비로소 약을 써야 한다(夫爲醫者, 當須先曉病源, 知其所犯, 以食治之, 食療不愈, 然後用藥).'는 명언이 바로 이《천금방》에 수록되어 있다.

또한 당나라 현경(顯慶, 서기 659년) 때 맹선(孟詵)이 저술한《식료본초(食療本草)》는 민간에 전해져 내려오는 자료를 수집하여 의가에 의하여 만들어진 최초의 '식물요법(食物療法)' 전문서적이다. 이는 원래 맹선이 전대의 식료 경험을 종합해 편찬한《보양방(補養方)》3권에 장정(張鼎)이 원래의 138종의 식물에 89종을 추가해 증보한 것으로 식물의 영양, 치료작용과 임신, 산후 음식금기, 소아의 필요음식 및 이들의 과식과 남용에 따른 부작용 등에 대해 전면적으로 기술하고 있다.

이 외 위진남북조(魏晉南北朝)시기에《수서(隨書) · 경적지(經籍志)》에 수록된《식경(食經)》과 잠은(昝殷)의 《식의심감(食醫心鑒)》, 남당(南唐)시기 진사량(陳士良)의 《식성본초(食性本草)》, 양엽(楊曄)의 《선부경수록(膳夫經手錄)》 등의 서적이 있다.

이렇게 음식을 이용해 질병을 치료하는 '식료'가 하나의 전문과목으로 형성되면서 약선식료학(藥膳食療學)의 이론과 실천에 관련된 많은 의서들의 간행되었고 이로 인해 약선식료학의 전면적인 발전을 위한 견실한 기초를 다질 수 있었다.

(4) 발전시기: 송(宋)~청(淸)

이 시기는 약선을 이용한 식료가 의료보건 방면의 실용학문으로 체계화, 전문화, 관습화되는 시기이다.

송대(宋代)는 농업과 수공업, 상업이 발전하고 석탄채굴과 철의 주조가 발달하면서 대형 음식점들이 출현하게 된다. 인쇄술과 종이제조가 발달하고 의학서적을 전담하는 교정의서국이 설치되면서 송대 이전의 의학문헌 정리가 이루어지고《태평성혜방(太平聖惠方)》과《성제총록(聖濟總錄)》 같은 국가편찬 대형의서들이 출현하게 된다.《태평성혜방》과《성제총록》은 모두 식치문(食治門)을 따로 두어 식료에 대해 광범위하게 받아들이고 있으며, 특히《태평성혜방》에 수록된 식료방(食療方)은 160수(首)로 38종의 질병의 치료에 사용되었으며 죽(粥), 갱(羹), 병(餠), 차(茶) 등의 제형이 출현하고 있다. 그중에서 시죽(豉粥), 갱미도인죽(粳米桃仁粥), 행인죽(杏仁粥), 흑두죽(黑豆粥), 잉어죽(鯉魚粥), 의이인죽(薏苡仁粥) 등의 죽품(粥品)이 가장 많았다.

당시 민간과 의가들 사이에 사용되던 방제들과 역대 처방들을 모아 편찬한《성제총록》도 종용양신죽(蓯蓉羊腎粥), 상륙죽(商陸粥), 생강죽(生薑粥), 고련피죽(苦楝皮粥) 등 총 113수의 죽방(粥方)을 분류, 수록하였다. 이는 송대 이후 약선 중에서 죽방이 주요한 위치를 차지하고 있음을 짐작케 한다.

이 외 송대의 주요저술로는 진달수(陳達叟)의 채식(蔬食) 전문서적인《본심재소식보(本心齋蔬食譜)》와 임홍(林洪)의《산가청공(山家淸供)》, 진직(陳直)의 노인질병의 보건치료학 서적인《양로봉친서(養老奉親書)》 등이 있다.

결과적으로 보면 송대에는 약선식료학이 매우 광범위하고 영향력 있게 받아들여졌던 것으로 보이며 식료방 또한 대량으로 출현해 질병의 예방과 치료는 물론 질병 후의 조리(調理)와 건강증진 등의 목적으로 이용되었음을 알 수 있다.

금원(金元)시기는 여진족과 몽골족 등 북방이민족에 의한 통일로 이민족의 문화가 대량 유입되고 상업과 무역업이 성행하였으며 음식문화에 있어서도 유목민족의 음식문화가 영향을 끼치게 된다. 의학에 있어서는 의학의 백가쟁명시대라고 하는 금원사대가(金元四大家)가 등장하는 시기로 다양한 의학이론이 발전하고 식치에도 영향을 미치게 된다.

그림 1-7 《본초강목》의 이시진

원(元)의 음선태의(飮膳太醫)인 홀사혜(忽思慧)가 1331년경에 펴낸《음선정요(飮膳正要)》는 건강한 사람들의 음식양생방면에 대해 논하기 시작한 중국 최초의 영양학 전문서적이라고 할 수 있다.

이 외 원대(元代) 오서(吳瑞)의《일용본초(日用本草)》나 가명(賈銘)의《음식수지(飮食須知)》, 루거중(婁居中)의《식치통설(食治通說)》, 정초(鄭樵)의《식감(食鑒)》등의 약선식료학 전문서적이 있다.

명대(明代) 이시진(李時珍)의 저서인《본초강목(本草綱目)》은 기존의 본초서들과 식료 관련 문헌들을 정리해 이전의 식료방이나 민간의 식이요법, 수많은 명의들과 시인, 승려 등이 사용했던 식료 경험들을 수집해 기록하여 약선식료학에 커다란 공헌을 했을 뿐 아니라 총 수록된 1,892종의 약재 중 새로 수록된 347종의 약재의 적지 않은 부분이 식품으로 약선식료학 재료의 범위를 크게 확장할 수 있게 되었다.

그 외《구황본초(救荒本草)》,《식물본초(食物本草)》,《식감본초(食鑒本草)》,《음찬복식보(飮饌服食譜)》,《여초편(茹草編)》,《야채박록(野菜博錄)》,《식품집(食品集)》,《준생팔전(遵生八箋)》등도 식료에 중요한 공헌을 한 저서들이다.

청대(淸代)는 이민족으로서 가장 오랫동안 중국을 지배한 왕조로 식문화에서는 만주족의 음식과 기존 음식의 융합, 중국 8대 요리의 규범화, 궁정음식의 발달, 소수민족 음식의 발달 등 특색이 나타나는 시기이다. 식치(食治)도 의가(醫家)들에게 보편적으로 중시되면서 식이요법 저서가 매우 많이 출간된다. 심이용(沈李龍)의《식물본초회찬(食物本草會纂)》, 왕사웅(王士雄, 맹영)의《수식거음식보(隨息居飮食譜)》, 장목(章穆)의《조질음식변(調疾飮食辯)》, 송공옥(宋公玉)의《음식서(飮食書)》, 원매(袁枚)의《수원식단(隨園食單)》, 조정동(曹庭棟)의《노노항언(老老恒言)》등이 있다.

표 1-1 중국의 약선 관련 문헌목록

책 명	저 자	편찬연대	비 고
주례(周禮)	–	주(周)	의례서
황제내경(黃帝內經)	–	전국(戰國)	의서
상한론(傷寒論)	장중경(張仲景)	동한(東漢)	의서
신농본초경(神農本草經)	–	동한(東漢)	본초서
주후비급방(肘後備急方)	갈홍(葛洪)	동진(東晋)	방서
본초경집주(本草經集註)	도홍경(陶弘景)	남북조(南北朝)	본초서
제민요술(齊民要術)	가사협(賈思勰)	북위(北魏)	농서
천금방(千金方)	손사막(孫思邈)	당(唐)	방서
식료본초(食療本草)	맹선(孟詵)	당(唐)	식료서
식의심감(食醫心鑒)	잠은(昝殷)	당(唐)	식료서
식성본초(食性本草)	진사량(陳士良)	남당(南唐)	식료서
태평성혜방(太平聖惠方)	왕회은(王懷隱) 등	송(宋)	방서
성제총록(聖濟總錄)	국가편찬	송(宋)	방서
본심재소식보(本心齋蔬食譜)	진달수(陳達叟)	송(宋)	채식전문서
산가청공(山家淸供)	임홍(林洪)	송(宋)	조리서
양로봉친서(養老奉親書)	진직(陳直)	송(宋)	노인병학전문서
음선정요(飮膳正要)	홀사혜(忽思慧)	원(元)	식료서
식치통설(食治通說)	루거중(婁居中)	원(元)	식료서
식감(食鑒)	정초(鄭樵)	원(元)	식료서
본초강목(本草綱目)	이시진(李時珍)	명(明)	본초서
구황본초(救荒本草)	주숙(朱橚)	명(明)	본초서
음찬복식보(飮饌服食譜)	종성(鍾惺)	명(明)	조리서
야채박록(野菜博錄)	포산(鮑山)	명(明)	식품서
식품집(食品集)	오록(吳祿)	명(明)	식품서
준생팔전(遵生八箋)	고렴(高濂)	명(明)	양생서
식물본초회찬(食物本草會纂)	심이용(沈李龍)	청(淸)	식료서
식감본초(食鑒本草)	비백웅(費伯雄)	청(淸)	본초서
수식거음식보(隨息居飮食譜)	왕사웅(王士雄)	청(淸)	양생서
음식수지(飮食須知)	가명(賈銘)	청(淸)	식료서
수원식단(隨園食單)	원매(袁枚)	청(淸)	조리서
조질음식변(調疾飮食辯)	장목(章穆)	청(淸)	식료서
노노항언(老老恒言)	조정동(曺庭棟)	청(淸)	양생서

2) 우리나라 약선의 발전역사

우리나라 약선의 역사는 중국의 맹아시기와 함께 시작되기는 하였으나 문헌기록의 부재로 인해 그 역사적 가치를 가늠할 저서와 활동은 대개 조선시대에 집중해 있다.

(1) 상고시대

우리나라에서 약선식료학의 시초라 볼 수 있는 최초의 기록은《삼국유사(三國遺事)》에 인용된 고기(古記)에서 환웅천왕(桓雄天王)이 곰과 호랑이를 인신(人身)으로 화하게 하기 위해 사용한 '영애일주(靈艾一炷)'와 '산이십매(蒜二十枚)'에서 찾아볼 수 있다. 단군시대부터 이미 사용되어 오던 쑥과 마늘은《신농본초경》에는 수록되어 있지 않고 후한(後漢)으로부터 위진시대에 이르러 차차 이용되어 왔으며 도홍경의《명의별록(名醫別錄)》에 처음 기재되어 있다.

고조선은 한반도 이북을 점유하고 있는, 상(商)왕조와 함께 청동기를 소유한 고대국가였으며 이 시기의 고조선이나 부여(扶餘), 옥저(沃沮), 읍루(挹婁), 예맥(濊貊) 및 위만조선(衛滿朝鮮)과 한사군(漢四郡)시기의 풍습과 생활 등을 기록한《한서(漢書)·지리지(地理志)》,《삼국지(三國志)·위지동이전(魏志東夷傳)》,《진서(晉書)·사이전(四夷傳)》 등에 의하면 고조선을 비롯한 우리나라의 고대국가에서는 오곡(五穀)을 재배하고 육축(六畜)을 사양(飼養)하였으며 어염(魚鹽) 등 해산물이 중요한 음식이었다는 것, 논농사를 통하여 벼를 수확하였고 과일로는 잣(松柏)과 조율(棗栗)이 있었다는 것을 알 수 있다.

또한 음식에는 작(爵), 조(俎), 두(豆)를 사용하였고 제천행사 때에는 작을 사용하여 음주(飮酒)하고 유교의 예법에 따랐다는 것을 알 수 있다.

(2) 삼국시대

삼국시대는 대략 중국의 한(漢)나라에서 위진남북조를 거쳐 수(隋), 당(唐)나라에 이르는 시기에 걸쳐 있다. 이때는 중국의 많은 의서(醫書)들이 수입되고 인도의 불교가 중국 본토를 지나 한반도로 유입되었으며 이들이 다시 일본으로 전해진 시기로 의학이나 약선에 관한 사료들은《삼국사기(三國史記)》나《삼국유사(三國遺事)》및 중국이나 일본의 기록에 의존해서 살펴볼 수 있다.

고구려 평원왕 3년(A.D. 561년)에 중국 오(吳)나라의 지총(知聰)에 의해 전해진 내외전(內外典) · 약서(藥書) · 명당도(明堂圖) 등 164권에는《황제내경(黃帝內經)》을 비롯한 의경(醫經)을 포함하여 왕숙화(王淑和)의《맥경(脈經)》,《신농본초(神農本草)》,《오보본초(吳普本草)》, 도홍경의《신농본초경》3권 및 집주(集註) 7권,《명의별록(名醫別錄)》3권 등이 포함된 것으로 추정하고 있다. 이들은 약선식료학의 이론적 체계를 형성하는 데 중요한 역할을 한 의서들로서 이들의 수입으로 삼국시대에도 약선의 근간이 되는 이론에 대한 인식이 이미 형성되었을 것으로 판단된다.

또한 당시의 고구려 및 백제에서 산출된 많은 약재의 왕래로써 본초에 관한 지식의 교류가 상당하였을 것으로 보이며 도홍경의《본초경집주(本草經集註)》나《신수본초(新修本草)》등에서 품질의 우수성이나 우리나라가 유일한 산지로 지목된 약재들에는 인삼(人蔘)과 세신(細辛), 오미자(五味子), 곤포(昆布), 무이(蕪荑), 관동화(款冬花) 등이 있으며 이들은 지금까지도 약선의 재료로 빈용(頻用)되는 것들이다.

그 외 이들 본초서에 수록된 식재에 대한 성미와 효능에 대한 정보도 전달되었을 것으로 추정된다.

(3) 통일신라시대

통일신라시대는 당의 학문과 제도를 연구하기 위해 많은 유학생을 당으로 파견하였고 의학에 있어서도 당의 교육체계와 제도를 많이 따랐던 것으로 보인다. 약선이 중국에서 하나의 독립된 학문으로 자리를 잡아 대성하게 되는 때가 바로 이때로 당시 간행되었던《천금방(千金方)》,《외대비요(外臺秘要)》,《식료본초(食療本草)》,《식의심감》등의 내용도 신라에 전해졌을 것으로 판단된다.

통일신라 때 저장식품으로서 주(酒), 유(油), 밀(蜜)장(醬), 시(豉), 포(脯), 감(醯)을 기록하고 있고, 대렴(大廉)이 당에서 차(茶)의 종자를 가져와 지리산에 심은 후 음차(飮茶) 풍습이 성행하였다고 기록하고 있다.

(4) 고려시대

고려는 통일신라시대의 문화를 그대로 계승한 국가로 당시 중국은 후진(後晋)이었으나 A.D. 960년 송나라가 들어서게 된다. 이 시기의 의학은 당, 송 의학의 토대에 인도의학 또는 아라비아의학 등의 지식을 받아들였으며 이론서적보다는 방서(方書)

와 같은 임상의학에 중점을 둔 것이 특징이라고 볼 수 있다.

《태평성혜방》도 두 차례에 걸쳐 수입되었다. 말기에는 원(元)의 의학과 접촉하게 되었고, 수입 약재인 당약(唐藥)의 상대개념이라 할 수 있는 국산약재, 즉 향약(鄕藥)이 발달하면서 이에 관한 방서가 나타나기 시작한다.

음식에 있어서는 연등회, 팔관회와 같은 국가지정 연회와 송과 기타 국가와의 빈번한 사신왕래 등으로 인해 연회음식이 발달하였을 것으로 보인다.

그러나 약선식료학에 있어서 고려시대의학의 가장 큰 의미는 의사제도(醫事制度)이다. 고려시대에는 궁중에서 어약(御藥)을 관장하는 상약국(尙藥局, 奉醫署) 외에 어찬(御餐)을 담당하는 사선서(司膳署)가 있었고 여기에 식의를 따로 두었다. 이러한 의사제도는 조선조 태종 때까지 이어지다가 사선서가 사옹원과 내의원으로 분리되면서 사라지게 된다.

(5) 조선시대

조선시대는 천문, 기상학의 발달, 금속활자 주조,《농가집성(農家集成)》등 농서의 간행과 향약과 동의학연구 집성 등 과학기술의 신장이 약선음식의 발전에도 영향을 끼치게 된다. 명(明), 청(淸)의 영향을 받긴 하였으나 자주적인 민족문화를 고취하고 정비하려는 노력에 의해 의학에 있어서도《세종실록지리지(世宗實錄地理志)》,《향약집성방(鄕藥集成方)》,《의방유취(醫方類聚)》,《의림촬요(醫林撮要)》,《동의보감(東醫寶鑑)》,《제중신편(濟衆新編)》,《동의수세보원(東醫壽世保元)》등의 괄목할 만한 의서들이 간행되어 약선식료학에 미치는 영향이 적지 않았으며 한글의 창제로 인해 수입된 의서들의 언해(諺解)가 간행되면서 여성을 포함한 다수에의 정보공유가 가능하게 되었다.

또한《식료찬요(食療纂要)》와《산가요록(山家要錄)》,《수운잡방(需雲雜方)》,《음식디미방(飮食知味方)》,《규합총서(閨閤叢書)》,《시의전서(是議全書)》,《도문대작(屠門大爵)》,《주방문》,《소문사설(謏聞事說)》과 같은 식치, 조리 관련 서적과《산림경제(山林經濟)》,《고사신서(攷事新書)》,《해동농서(海東農書)》,《임원십육지(林園十六志)》와 같은 농서들, 그 외 작자미상의 많은 고조리 서적과 서간, 문집들의 간행은 한국 음식문화의 특징을 담고 있어 한국 약선(藥膳)의 내용을 풍부하게 하는 바탕이 되고 있다. 그 외 조선시대 왕명의 출납과 제반 행정사무 등 국정 전

반에 걸친 내용을 매일 기록하고 있는《승정원일기》에는 왕을 비롯한 왕가의 건강과 관련된 기사들도 기록함으로써 당시의 약선음식과 식치에 대한 내용을 연구할 수 있는 중요한 사료가 되고 있다.

표 1-2 한국의 약선 관련 문헌목록

책명	저자	편찬연대	비고
산가요록(山家要錄)	전순의(全循義)	1450년대	농서
식료찬요(食療纂要)	전순의(全循義)	1460년	식의요법서
용재총화(慵齋叢話)	성현(成俔)	1525년	수필
수운잡방(需雲雜方)	김수(金綏)	1540년대	조리서
동의보감(東醫寶鑑)	허준(許浚)	1610년	의서
도문대작(屠門大嚼)	허균(許筠)	1611년	식품, 명산지수록
구황촬요(救荒撮要)	이택의 건의로 국가편찬	1554년	구황식품
신간구황촬요(新刊救荒撮要)	신속(申洬)	1660년	구황식품
음식디미방(飮食知味方)	안동장씨부인	1670년대	조리서
주방문(酒方文)	하(河) 생원	1680년대	조리서
요록(澆綠)	작자미상	1680년대	조리서
산림경제(山林經濟)	홍만선(洪萬選)	1718년	농서(백과서)
증보산림경제(增補山林經濟)	유중림(柳重臨)	1766년	농서(백과서)
음식보(飮食譜)	작자미상	1790년대	조리서
원행을묘정리의궤(園行乙卯整理儀軌)	국가편찬	1795년	의궤(의례서)
경도잡지(京都雜誌)	유득공(柳得恭)	1800년대	풍속서
규합총서(閨閤叢書)	빙허각 이씨	1815년	생활백과서
(술방문)고대규합총서	빙허각 이씨	1815년	–
열양세시기(烈陽歲時記)	김매순(金邁淳)	1819년대	풍속서
임원십육지(林園十六志, 林園經濟志)	서유구(徐有榘)	1840년대	농서
동국세시기(東國歲時記)	홍석모(洪錫謨)	1849년	풍속서
시의전서(是議全書)	작자미상	1890년대	조리서
조선무쌍신식요리제법(朝鮮無雙新式料理製法)	이용기	1924년	조리서

4. 약선의 분류

약선은 의학의 발전과 식품조리기술의 발달 및 각지의 식품특색과 가공방법에 따라 그 유형이 매우 다양하게 변화되어 왔다. 일반적으로 역대 의가들의 저서에 수록된 약선들은 대개가 그 효능에 따라 분류한 후 다시 제형에 따라 분류하는 방법을 채택하여 방제(方劑)서적과 기본적으로 동일한 틀을 가지고 있다.

여기서는 약선의 제형에 따른 분류, 효능에 따른 분류, 병증에 따른 분류로 각각 나누어 살펴보도록 한다.

1) 제형에 따른 분류

약선을 조리, 제조한 방식에 근거해 분류한 것이다.

약선 관련 문헌에서 나타나는 제형들은 초기에는 주로 탕제가 많았으나 조리방법과 식재료의 다양화로 인해 그 제형분류가 매우 세분화되었다. 특히, 약선이 의학 중의 한 분과로 자리 잡고 관련 전문서적이 나오기 시작하면서 형태가 매우 다양해지게 된다.

당의 《식의심감》에는 죽(粥), 갱(羹), 채효(菜肴), 주(酒), 침주(浸酒), 차방(茶方), 탕(湯), 유방(乳方), 색병(索餠), 환(丸), 회(膾), 즙(汁), 산(散) 등 총 15종의 약선 제형이 수록되어 있다.

송대에 가서는 이러한 제형이 더욱 다채로워져 《태평성혜방》과 《성제총록》에는 반방(飯方), 면방(麵方), 필라방(畢羅方), 혼돈방(餛飩方), 밀음방(蜜飮方), 소전방(酥煎方), 제호방(醍醐方) 등이 추가되었고 이러한 약선들은 각각의 의료(醫療)작용에 따라 다시 28종으로 분류하였다. 송대의 또 다른 전문서적인 《양로봉친서》에서는 약선의 조리·가공 특징에 따라 크게 연식류(軟食類) 5종〔죽(粥), 갱(羹), 학(臛: 고깃국), 혼돈(餛飩: 만두), 박탁(餺飥: 수제비)〕, 경식류(硬食類) 1종〔(색병(索餠)〕, 음료류(飮料類) 6종〔탕(湯), 음(飮), 주(酒), 유(乳), 차(茶), 장(漿)〕, 채효류(菜肴類) 5종〔엄(腌), 회(膾), 욱(燠), 자(炙), 전(煎)〕으로 나누었다.

명대(明代)의 《준생팔전》에서는 차천류(茶泉類), 탕품류(湯品類), 숙수류(熟水類), 과실분면류(果實粉麵類), 포선류(脯鮮類), 가소류(家蔬類), 온조류(醞造類), 첨식류(甛食類), 죽미류(粥糜類), 법제약품류(法製藥品類) 등 총 10종으로 분류하였고, 후대에 와서는 그 제형이나 종류가 더욱 다양해졌다.

이러한 제형의 분류를 정리해 살펴보면 크게 마시는 음료류와 곡류를 이용한 주식류, 주식에 곁들이는 찬품이나 혹은 단품으로 먹을 수 있는 요리인 반찬류(菜肴類), 육류나 어패류를 재료로 국물과 건더기를 함께 먹는 국류(湯) 및 떡이나 빵, 정과 등과 같은 후식류로 나눌 수 있다.

(1) 음료류

- **생즙류(汁)**: 수분이 많은 과일이나 근경류 및 엽채류를 분쇄, 압착한 것을 말한다. 생과일주스나 채소즙 등이 여기에 속한다.
- **차음류(茶飮)**: 재료에 따뜻한 물을 붓고 우려마시는 것을 말한다. 녹차가 대표적이며 이외 방향성이 있는 꽃이나 잎이 기원인 재료의 이용에 많이 쓰인다.
- **탕액류(湯液)**: 재료에 물을 붓고 달여 마시는 음료를 말한다. 가장 오래되고 일반적인 제형으로 체내 흡수가 빠르다. 쌍화탕 등이 여기에 속한다.
- **과립차(速溶飮)**: 재료를 달여서 농축한 후 적당한 부형제를 넣고 과립 형태로 건조해 물에 타 마시는 것을 말한다.
- **분말차(糊)**: 재료를 볶거나 쪄서 한 번 호화시킨 후 건조해 곱게 분쇄한 후 물에 타 마시는 것을 말한다. 미숫가루 등이 여기에 속하며 음료로 분류하긴 하였으나 주식대용으로도 가능하다.
- **농축차(膏)**: 재료를 달여 낸 후 오랫동안 농축하여 아교나 꿀 등의 부형제를 넣고 걸죽한 형태로 만들어 더운 물에 타 마시는 것을 말한다. 물에 타지 않고 그냥 먹기도 하나 음료의 형태로 많이 이용되므로 음료류에 분류하였다. 추리고(秋梨膏) 등이 여기에 속한다.
- **주류(藥酒)**: 곡물이나 과실을 발효시켜 얻은 발효주와 재료를 술에 침지시킨 침출주로 나눌 수 있다.

(2) 주식류

- **죽류(粥)**: 곡물에 충분한 물을 붓고 오랫동안 끓여 묽게 만든 유동식 음식을 말한다. 소화가 용이하고 다양한 재료를 활용할 수 있어 약선에서 가장 많이 활용되는 대표적인 제형의 하나이다.

- 밥류(飯): 쌀에 물을 붓고 끓여 죽보다는 되게 만든 음식을 말한다. 약재 달인 물을 이용하거나 기타 다양한 재료를 첨가해 활용할 수 있다.
- 국수류(麵): 밀가루를 비롯한 곡류의 분말에 물을 붓고 반죽하여 길고 가는 형태로 가공한 후 물에 삶아 끓여 먹거나 비벼 먹는 음식을 말한다. 약재를 함께 제분하여 섞거나 반죽에 쓰는 물, 육수, 고명으로 쓰이는 재료를 이용하는 등으로 활용할 수 있다.
- 만두류(餃, 餛飩, 包子): 밀가루 등을 반죽해 만든 껍질 안에 콩류, 채소류, 육류 등의 속재료를 넣고 싸서 찌거나 굽거나 삶아 먹는 것을 말한다. 약재분말을 이용해 반죽을 하거나 속재료를 다양하게 활용할 수 있다.

(3) 반찬류

- 찜류(蒸): 육류, 어패류 등 주로 동물성 식품을 주재료로 하고, 채소 및 버섯 등을 부재료로 하여 갖은 양념을 하여 물을 넣고 푹 익혀 재료의 맛이 충분히 우러나고 국물이 남아 있도록 만든다. 약재를 달여서 약물로 넣거나 약재분말을 넣어 만들 수 있다.
- 볶음류(炒): 육류, 어패류, 채소류, 해조류, 버섯류 등의 다양한 재료를 기름에 볶는 것으로 물기 없이 단시간에 조리한다.
- 무침류(拌): 채소류, 버섯류, 육류 등의 재료를 간장, 소금, 고추장, 초고추장 양념으로 무치는 조리로 한국음식에서 가장 기본적이고 대중적인 찬류이다.
- 구이류(烤): 수조육류, 어패류, 채소류에 소금 간을 하거나 간장, 고추장으로 양념하여 불에 구운 음식으로 직접 불이 닿게 굽는 직접구이와 번철을 이용한 간접구이가 있다.
- 절임류(腌): 어패류, 채소 및 과실류 등의 식품재료를 주원료로 하여 소금, 식초, 당류, 장류 등에 절인 후 장기간 저장할 수 있는 음식으로, 그대로 또는 다른 부재료를 넣고 양념하여 무쳐 먹을 수 있다.

(4) 국 류

- 맑은장국: 양지머리와 사태를 덩어리째 넣고 끓여 만든 육수에 수조육류, 어패류, 채소류 등의 건더기를 넣어 소금과 청장으로 간을 맞춘 국이다.

- **토장국:** 쌀뜨물에 된장을 풀어 간을 맞추어 끓인 국이며, 고추장이나 고춧가루를 넣어 매운맛을 낸다.
- **곰국:** 쇠고기이나 내장, 뼈를 오랫동안 푹 고아서 진한 국물이 우러나도록 끓이고, 먹을 때 간을 맞추는 국이다.
- **냉국:** 냉수에 수조육류나 채소를 건더기로 하여 새콤한 맛이 나도록 시원하게 만든 여름철 국이다.

(5) 후식류

- **떡:** 곡식을 가루로 만들어 찌거나, 여러 가지 방법으로 익혀 낸 것으로 만드는 방법에 따라 찌는 떡, 치는 떡, 지지는 떡, 빚는 떡이 있다. 쌀가루에 다양한 부재료로서 과실류, 견과류, 두류, 약재 등을 배합하여 만들 수 있어 색, 향, 맛, 모양뿐 아니라 효능 등의 기능성을 더할 수 있다.
- **정과:** 식물의 뿌리나 줄기, 열매를 꿀이나 물엿 등의 당류로 졸여서 수분을 없애고 졸깃졸깃하고 달콤한 맛이 나도록 만든다.

2) 효능에 따른 분류

효능에 따른 분류는 크게 건강보건약선류와 치료보조약선류로 나눈다.

건강보건약선은 병은 없지만 허약체질인 사람 혹은 노화방지나 미용, 두뇌건강 등의 특수한 보건작용을 목적으로 건강한 사람에게 공급되는 것으로 약성(藥性)이 평이하고 효능이 완만하게 나타나며 대한대열(大寒大熱)의 폐단이 없다.

치료보조약선은 환자의 구체적인 상황에 맞게 약선을 선택해 질병의 치료에 활용하거나 치료에 보조적으로 쓰이는 약선을 말한다. 때문에 변증의 결과에 따라 약성이 편중되기도 하므로 본인에게 맞지 않는 약선을 지나치게 장복하는 경우 오히려 건강에 좋지 않은 영향을 끼칠 수도 있다.

(1) 건강보건약선류

- **건신증력류(健身增力類):** 몸을 강건하게 하고 힘을 길러 주는 약선이다.
  - 약선: 삼조죽(蔘棗粥), 기정대조탕(氣正大棗湯), 삼기계(蔘芪鷄) 등

• 재료: 쇠고기, 쌀, 포도, 흑임자, 오디, 산약, 인삼, 황기, 만삼, 대추 등

■ **경신감비류(輕身減肥類)**: 익기건비(益氣健脾), 거담제습(祛痰除濕)하여 비만을 개선시키는 약선이다.

• 약선: 하엽죽(荷葉粥), 의이인연자죽(薏苡仁蓮子粥), 삼화감비차(三花減肥茶) 등

• 재료: 연잎, 율무, 팥, 동과, 다시마, 곤약, 보리, 메밀 등

■ **건뇌익지류(健腦益智類)**: 사고(思考)가 민첩하고 기억력이 좋으며 정신이 맑아 머리가 좋아지는 약선이다.

• 약선: 용안죽(龍眼粥), 익지당(益智糖), 건뇌죽(健腦粥), 산약오어권(山藥烏魚卷) 등

• 재료: 용안육, 호두, 포도, 흑임자, 오징어, 차, 백합, 산약 등

■ **미용양안류(美容養顔類)**: 자신조간(滋腎調肝), 양혈자음(養血滋陰), 이기거어(理氣祛瘀), 청열량혈(淸熱凉血) 등의 방법을 통해 피부가 촉촉하고 얼굴이 아름다워지게 하는 약선이다.

• 약선: 호두우유차(胡桃牛乳茶), 청호갑어탕(菁蒿甲魚湯), 불수순첨(佛手笋尖) 등

• 재료: 앵두, 구기자, 여지(荔枝), 흑임자, 산약, 우유, 백합(百合) 등

■ **미발오발류(美髮烏髮類)**: 자보간신(滋補肝腎), 양혈전정(養血塡精) 등의 효능을 가진 약재로 머릿결을 건강하게 하고 검게 하는 약선을 말한다.

• 약선: 지마호두죽(芝麻胡桃粥), 수오황정죽(首烏黃精粥), 상심고(桑椹膏) 등

• 재료: 흑임자, 하수오, 오디, 전복, 부추씨 등

■ **양간명목류(養肝明目類)**: 시력을 좋게 하거나 시력감퇴를 예방하는 약선이다.

• 약선: 결명자국화음(決明子菊花飮), 명목기국주(明目杞菊酒) 등

• 재료: 구기자, 국화, 결명자, 당근, 소간, 돼지간, 닭간, 다슬기, 전복 등

■ **익신총이류(益腎聰耳類)**: 청력을 좋게 하는 약선이다.

• 약선: 두충오계죽(杜冲烏鷄粥), 저신호두죽(猪腎胡桃粥) 등

• 재료: 산약, 연자육

■ **강신고치류(强腎固齒類)**: 소아의 치아성장을 촉진하거나 성인의 치아를 튼튼하게 하는 약선이다.

• 약선: 석곡녹차음(石斛綠茶飮), 자신고치팔보압(滋腎固齒八寶鴨) 등

• 재료: 상추, 화초 등

(2) 치료보조약선류

■ **해표약선(解表藥膳)**: 주로 매운맛을 가진 약재와 식재로 구성된 약선으로 땀을 내서 사기(邪氣)를 내보내는 효능을 가져 주로 감기 등에 활용된다. 약성의 온(溫), 양(凉)에 따라 신온해표(辛溫解表)와 신량해표(辛凉解表)로 나뉜다.

• 약선: 오신탕(五神湯), 강당음(薑糖飮) 등

• 재료: 생강, 파, 무, 갓, 담두시, 박하, 소엽 등

■ **사하약선(瀉下藥膳)**: 열결(熱結)변비나 숙식(宿食)의 정체, 수음(水飮)의 정체, 어혈(瘀血) 등을 제거하는 데 쓰인다. 주로 윤장(潤腸) 효능을 이용한 변비의 치료 약선이 많다.

• 약선: 봉밀향유탕(蜂蜜香油湯) 등

• 재료: 흑임자, 잣, 호두, 땅콩, 고구마, 시금치, 바나나, 꿀

■ **청열약선(淸熱藥膳)**: 차가운 성질의 약재와 식재로 조성하여 세균이나 바이러스 감염 등으로 인한 발열과 염증 등 열성병(熱性病)을 치료하는 데 쓰인다.

• 약선: 은화로(銀花露), 칠선탕(七鮮湯) 등

• 재료: 씀바귀, 고과(苦瓜), 오이, 수박, 녹두, 연근, 미나리, 무, 금은화, 민들레 등

■ **거한약선(祛寒藥膳)**: 따뜻한 성질의 약재와 식재로 조성된 약선으로 양기(陽氣)를 진작시키거나 한사(寒邪)를 제거하는 데 사용된다.

• 약선: 부자양육탕(附子羊肉湯), 당귀양육탕(當歸羊肉湯) 등

• 재료: 건강(乾薑), 생강, 마늘, 후추, 계피, 닭고기, 개고기, 양고기, 부추, 새우 등

■ **거습약선(祛濕藥膳)**: 성질이 건조하거나 소변을 잘 보게 하는 효능을 가진 약재와 식재로 조성되어 몸안에 불필요한 수분 노폐물인 담음수습(痰飮水濕) 등을 제거하는 데 사용하는 약선이다.

• 약선: 두구(豆蔻)만두, 복령포자(茯苓包子), 이인주자(苡仁肘子), 설화계탕(雪花鷄湯) 등

• 재료: 백두구, 복령, 연자육, 율무, 오가피, 모과 등

■ **소도화적약선(消導化積藥膳)**: 소화가 잘 되게 하는 약선을 말한다.

• 약선: 산사육간(山査肉干) 등

• 재료: 산사, 맥아, 신곡, 무, 계내금 등

■ **보익약선(補益藥膳)**: 자보(滋補) 강장(强壯)의 약재와 식재로 조성되어 일체의 허증(虛證)을 치료하는 약선이다.

- 약선: 귀기증계(歸芪蒸鷄) 등
- 재료: 인삼, 황기, 만삼, 당귀, 숙지황, 용안육, 백합, 사삼, 산약, 쌀, 대추, 쇠고기, 돼지고기, 닭고기 등

■ **이기약선(理氣藥膳)**: 기(氣)의 운행을 돕는 약재와 식재로 조성된 약선이다.

- 약선: 진피계(陳皮鷄), 정향계(丁香鷄) 등
- 재료: 귤피, 오렌지, 무, 매괴화(玫瑰花), 정향(丁香) 등

■ **이혈약선(理血藥膳)**: 혈액이 순환을 원활하게 해주는 약재와 식재로 조성된 약선이다.

- 약선: 전칠증계(田七蒸鷄), 당귀전계(當歸全鷄) 등
- 재료: 산사(山楂), 익모초, 우슬, 홍화(紅花), 단삼(丹參), 천궁(川芎), 당귀(當歸) 등

■ **거담지해약선(祛痰止咳藥膳)**: 가래를 삭히고 기침을 경감시키거나 멎게 해주는 효능을 가진 약재와 식재로 조성된 약선이다.

- 약선: 패모설리(貝母雪梨), 은이갱(銀耳羹) 등
- 재료: 무, 배, 백합(百合), 은행(白果), 비파(枇杷), 행인(杏仁), 다시마 등

■ **안신약선(安神藥膳)**: 양심(養心) · 안신(安神) · 진정(鎭靜) 효능을 가진 약재와 식재로 조성되어 불면이나 불안 등을 치료하는 데 쓰이는 약선이다.

- 약선: 인삼파교(人蔘菠餃) 등
- 재료: 연자육, 백합, 용안육, 산조인, 통밀, 양송이, 돼지염통(豬心) 등

3) 병증에 따른 분류

약선이 활용되는 증상과 질병에 따라 나눈 것으로 발열(發熱), 두통(頭痛), 현운(眩暈), 황달(黃疸), 불면(失眠), 기침(咳嗽), 천식(喘息), 복통(腹痛), 설사(泄瀉), 변비(便秘), 변혈(便血), 복부창만(腹脹), 붕루(崩漏), 대하(帶下), 요통(腰痛) 등의 증상 분류에 따라 적합한 약선을 분류하기도 하고, 또는 고혈압, 당뇨병, 고지혈증, 기관지천식, 간염, 위염, 관절염 등 질병의 치료에 적합한 약선을 분류하기도 한다.

2장 약선기초 한의학이론

약선메뉴의 개발을 위한 재료의 선정과 개발된 메뉴를 어떤 사람에게 줄 것인가에 대한 판단의 기준은 주로 한의학이론에 그 뿌리를 두고 있으므로 합리적이고 올바른 약선(藥膳)을 활용하기 위해서는 한의학 기초이론에 대한 이해가 필수적이라고 할 수 있다.

이 장에서는 한의학에서 우리 몸을 이해하는 데 가장 기본으로 삼는 음양오행(陰陽五行)이론과 내장(內臟)기관의 생리기능에 대한 장상(臟象)이론 및 우리 몸을 구성하고 생리기능을 수행할 수 있게 하는 물질기초인 기(氣), 혈(血), 정(精), 진액(津液)에 대해 살펴보도록 하겠다.

1. 음양학설

음양(陰陽)학설은 동양의 전통적인 자연철학사상으로, 인간과 자연을 인식하고 해석하는 세계관과 방법론이다. 세상의 모든 존재하는 물질과 현상은 상호의존적, 협조적으로 존속되는 유기적 관계를 가지고 있다는 동양철학의 정체관 아래, 자연과 함께 더불어 살고 있는 인체의 생리 · 병리에 대한 이해와 진단 · 치료의 방법, 약물(藥物)과 식물(食物)의 성질과 이용에까지 모든 방면을 설명할 수 있는 방법론으로 한의학의 근본이론이 되고 있다.

1) 음양의 개념 및 속성

음양이 갖는 최초의 의미는 매우 소박한 것으로 햇빛을 바라보고 있느냐 아니냐에서 시작되었다. 즉, 태양을 향하고 있어 햇빛이 충만한 곳을 양(陽)이라 하고, 태양을 등지고 있어 햇빛이 적은 곳을 것을 음(陰)이라 하였다.

이것이 후에 햇빛의 특징을 근거로 그 의미가 넓어져, 밝고 따뜻한 물체나 현상은 양에 귀속시키고, 어둡고 서늘한 물체나 현상은 음에 귀속시켜, 기후의 한온(寒溫), 방위(方位)의 상하(上下), 좌우(左右), 내외(內外), 운동형태의 동정(動靜) 등으로 확대되어 가면서 점차 자연계의 모든 현상을 해석하는 가장 기본적 규율이 되었다.

이러한 음양은 자연계에서 상호 관련이 있는 모종의 사물과 현상의 대립된 두 속성을 개괄한 것으로 대립통일(對立統一)의 개념을 함축하고 있다.

음과 양은 상호대립되는 사물을 대표하기도 하지만 하나의 사물 내부에 존재하고 있는 상호대립하고 있는 양방면이라고도 할 수 있다. 낮이 있으면 밤이 있고 맑은 날이 있으면 흐린 날도 있으며, 뜨겁고 차갑고, 운동 상태에 있거나 정지 상태에 있거나 등등 음과 양의 대립통일된, 모순된 운동은 우주의 모든 사물들의 발생과 발전, 변화를 일으키는 원인이라고 본다.

일반적으로 격렬히 운동하고 있는, 외향적인, 상승하는, 따뜻한, 밝은 것은 모두 양에 속하고, 상대적으로 정지해 있는, 내향적인, 하강하는, 차가운, 어두운 것은 모두 음에 속한다. 하늘과 땅을 볼 때 하늘의 기는 가볍고 맑으니 양에 속하고 땅의 기는 무겁고 탁하니 음에 속한다. 물과 불의 경우 물은 성질이 차고 아래로 흐르는 특징이 있으니 음에 속하고, 불은 뜨겁고 위로 타오르는 성질을 가지고 있으니 양에 속한다.

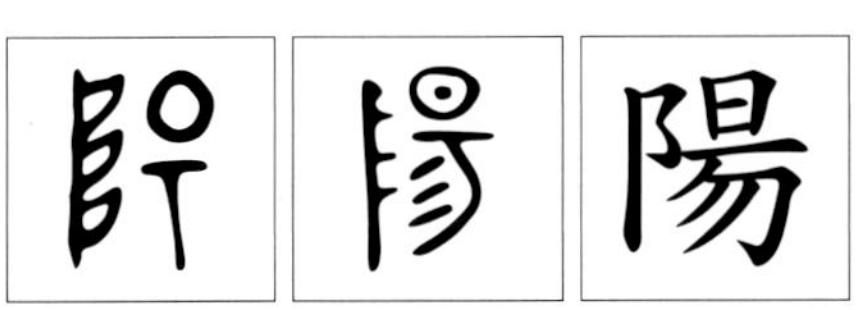

甲骨文　金文　楷体

'양(陽)'자의 자형 변화

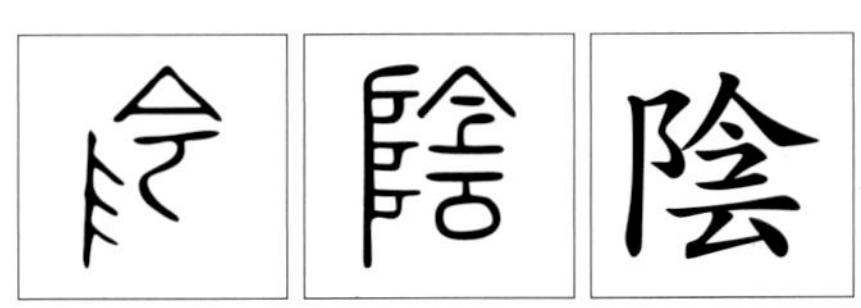

金文　小篆　楷体

'음(陰)'자의 자형 변화

그림 2-1 음양(陰陽)의 자형(字形) 변화

2) 인체의 조직구조와 음양

인체의 조직구조에서는 위치상 태양과 가까운 두면부와 상부는 양, 하부는 음, 몸의 바깥쪽에 해당하는 체표(體表)는 양, 안쪽에 해당하는 체내(體內)는 음, 활동성이 큰 팔다리는 양, 활동성이 적은 몸통은 음, 해를 등지고 섰을 때 태양을 받는 배요부(背腰部)는 양, 태양을 받지 못하는 흉복부(胸腹部)는 음에 배속된다.

어떤 사물이 음양으로 계속 분할되어도 그 안에 전체가 들어 있어 또다시 음양으로 나뉜다는 음양학설의 특징에 따라 양으로 배속된 팔다리의 경우 몸통 쪽에 가까운 내측은 음에, 바깥쪽에 가까운 외측은 양으로 다시 나뉘고, 음으로 배속된 흉복부도 몸통의 위쪽에 속한 흉부는 양으로, 아래쪽에 해당하는 복부는 음으로 나뉜다.

음으로 배속된 체내의 경우, 체내에 있는 내장기관을 다시 음양으로 분할할 수 있다. 간(肝), 심(心), 비(脾), 폐(肺), 신(腎) 등의 오장(五臟)은 정기(精氣)를 저장하고 있으나 이를 밖으로 발설하지 않으므로 음에 배속되고, 담(膽), 소장(小腸), 위(胃), 대장(大腸), 방광(膀胱), 삼초(三焦)의 육부(六腑)는 물질을 전달은 하지만 안으로 저장하지 않으므로 양에 배속된다.

오장은 다시 상부(上部)인 흉강(胸腔)에 위치하고 있는 심장(心臟)과 폐장(肺臟)을 양으로, 하부(下部)인 복강(腹腔)에 위치하고 있는 간과 비, 신장을 음으로 배속한다. 이러한 분할은 단순한 음양의 분할로 끝나는 것이 아니라 조직구조의 생리기능과 병리기전과도 연계가 된다.

3) 인체의 생리기능과 음양

인체 생리기능의 음양속성을 살펴보면 신진대사기능은 그것을 수행하기 위해 공급되는 영양물질에 비해 상대적으로 동적이므로 양에 배속되고, 그중에서 신진대사를 촉진하고 활성화시키는 것, 흥분시키는 것, 물질을 분해하는 이화작용, 밖으로 배설하는 기능 등은 양에 배속되고, 신진대사를 억제하고 진정시키는 것, 물질을 합성하는 동화작용, 밖의 것을 받아들이는 섭납(攝納)작용 등은 상대적으로 음에 배속된다. 이러한 생리기능의 음양이 조화를 이룬 상태를 우리는 건강이라고 하고 이 균형이 깨어진 상태를 건강하지 못하다고 한다.

4) 인체의 병리기전과 음양

건강하지 못한 상태의 병리기전에 대한 음양의 분류는 질병을 일으키는 병인(病因)과 병리기전인 병기(病機)로 나누어 설명할 수 있다.

한의학에서는 병을 일으키는 요인을 사기(邪氣)라 하고, 질병을 이겨내는 인체의 능력을 정기(正氣)라고 한다. 정기는 인체의 질병에 대한 대항능력과 내외 환경에 대한 적응력 및 자체적인 조절 회복력 등을 모두 포괄하며, 사기는 각종의 질병을 일으키는 인체 내외의 모든 요인을 다 포괄한다. 이때 정상적인 건강 상태를 유지하는 정기는 양에, 건강하지 못한 상태를 유발하게 만드는 원인이 되는 사기를 음에 배속시킬 수 있고, 정기는 다시 음정(陰精)과 양기(陽氣)로 나누고, 사기는 음사(陰邪)와 양사(陽邪)로 나눈다.

질병의 과정은 대개가 정기와 사기의 투쟁과정이며, 그 결과로서 인체의 음양의 편중된 성쇠(盛衰)가 유발된다. 따라서 질병의 발생, 발전 변화가 아무리 복잡하다고 해도 음양의 편승편쇠(偏勝偏衰)로써 개괄할 수 있다.

음양의 어느 한쪽이 치우치게 강해져서 정상적인 수준보다 높아지는 병리 상태가 되는 경우, 예컨대, 온열(溫熱)의 양사가 인체에 침범하면 고열이 나면서 땀이 나고 얼굴이 붉어지며 가슴이 번열로 답답해지고 갈증이 나며 맥이 빨라지는 등의 열증(熱證)이 나타나고, 음사(陰邪)인 한사(寒邪)가 침입하면 얼굴이 창백하고 몸이 추우며 배가 차고 아프며 묽은 설사를 하는 등의 한증(寒證)이 나타나게 된다.

음양의 어느 한쪽이 치우치게 쇠약해져서 정상적인 수준보다 낮아지는 병리 상태가 되는 경우, 예컨대 양기가 부족하면 얼굴색이 창백해지고 추위를 타며 손발이 싸늘하고 몸을 웅크리거나 눕기를 좋아하고, 음액(陰液)이 부족하면 광대뼈 부위가 도홧빛을 띠고 미열이 올랐다 내렸다 하며, 잘 때 도한(盜汗)이 나고 손발바닥과 가슴에 미열이 나고 입술과 혀가 자꾸 마르고 가늘고 약한 맥이 뛰는 등의 증상이 나타난다.

5) 약선의 응용과 음양

생리와 병리에 대한 이해를 바탕으로 밖으로 나타나는 체징(體徵)과 자각 증상을 분류하여 질병의 속성과 상태를 판단하는 진단에 이용하며, 진단된 질병의 속성에 맞춰 음양의 조화와 균형을 찾을 수 있는 약재나 식재들을 선택하게 된다. 이러한 재료의 선택에 있어서도 그들의 생육환경과 형태, 부위, 성질 등에 근거해 분류된 성질과 맛(氣味; 四氣五味) 및 그들의 작용방향인 승강부침(升降浮沈)이라는 음양의 속성에 근거한 효능을 기초로 이루어지게 된다. 때문에 어떤 재료를 이용해서 어떤 약선을 만들어야 할지에 대한 판단에 있어 음양은 기준을 세우는 지표역할을 한다고 볼 수 있다. 예를 들어, 양열(陽熱)이 심하여 음액(陰液)이 손상되어 부족해진 사람에게 쓸 약선이라면 열을 내리는(淸熱) 효능을 가진 재료로 열을 몰아냄과 동시에 겸하여 음액을 보충(滋陰)하는 효능을 가진 재료를 선정해 약선을 만들어야 한다는 것이다.

표 2-1 음양의 속성

구 분	양(陽)	음(陰)
최초의 의미	태양을 바라보는 곳(陽地)	태양을 등진 곳(陰地)
기본 성질	따뜻하고 밝고 건조하고 동적인 것(溫 · 明 · 乾 · 動)	차갑고 어둡고 습하고 정적인 것(凉 · 暗 · 濕 · 靜)
음양의 상징	불(火)	물(水)
자연계	하늘(天) 태양(日) 빛나는 별(星)	땅(地) 달(月) 빛나지 않는 별(辰)
계 절	봄(春) · 여름(夏)	가을(秋) · 겨울(冬)
시 간	낮(晝) · 오전	밤(夜) · 오후
방 위	위쪽(上) · 바깥쪽(外) 남쪽(南) · 동쪽(東)	아래쪽(下) · 안쪽(內) 북쪽(北) · 서쪽(西)
성 별	남자(男)	여자(女)
연 령	어린이(少)	노인(老)
인체구조	상부(上部) 배요부(背腰部) 사지(四肢) 체외(體外) 육부(六腑)	하부(下部) 흉복부(胸腹部) 몸통(體幹) 체내(體內) 오장(五臟)
생리활동	기능(신진대사)	물질(영양물질)
	추동(推動) · 온후(溫煦) 흥분(興奮) 이화(異化) · 분해(分解) 배출(排出)	응축(凝縮) · 자윤(滋潤) 억제(抑制) 동화(同化) · 합성(合成) 섭납(攝納)

2. 오행학설

1) 오행학설의 형성과 발전

오행(五行)학설은 음양학설과 더불어 동양의 전통적인 자연철학사상으로, 인간과 자연을 인식하고 해석하는 세계관과 방법론이다. 오행이란 우주만물을 구성한다는 목(木)·화(火)·토(土)·금(金)·수(水)의 다섯 가지 물질(五材)의 운동변화(行)를 말한다. 오행은 최초에 목·화·토·금·수의 다섯 가지의 기본 물질인 '오재(五材)'에서 시작되었으나 후에 목·화·토·금·수 오행의 특성 및 그 상생·상극의 원리로써 자연을 인식하고 자연현상을 해석하며 자연법칙을 탐구하는 일종의 우주관이자 방법론으로, 우주만물을 오행의 기능속성에 따라 오대(五大) 계통으로 분류하여 사물 간의 상호관계를 분석하고 오행의 생극제화(生克制化)관계로써 사물 간에 존재하는 복잡한 연계성이나 일부 사회현상과 생명현상을 해석해 내는 데까지 확대되었다.

2) 오행의 기본개념과 특성

중국 한나라 때의《상서(尙書)》〈홍범(洪範)〉편에는 오행에 대해 '목'은 곡직(曲直), '화'는 염상(炎上), '토'는 가색(稼穡), '금'은 종혁(從革), '수'는 윤하(潤下)라고 각각의 특징에 따른 속성을 언급하였다.

- **목(木)**: 목을 곡직(曲直)이라 한 것은 땅에서 새싹이 몸을 비틀고 나와 큰 나무로 성장하는 것을 표현한 것이다. 생장(生長)과 발생(發生), 승발(升發), 조달(條達), 서창(舒暢) 등의 특성을 갖는다. 이러한 특성을 갖는 사물이나 현상은 목으로 귀납시킨다.
- **화(火)**: 화를 염상(炎上)이라 한 것은 불꽃이 일렁이며 타오르는 모습을 표현한 것으로 뜨거운 불(火熱)과 불이 번지듯 무성해지는 번무(繁茂), 분열(分裂), 승등(升騰) 등의 특성을 갖는다. 이러한 특성을 갖는 사물이나 현상은 화로 귀납시킨다.
- **토(土)**: 토를 가색(稼穡)이라 한 것은 씨를 뿌리고(稼) 거두어 들이는(穡) 농사를

표 2-2 오행 배속표

오행(五行)	목(木)	화(火)	토(土)	금(金)	수(水)
특 성	곡직(曲直)	염상(炎上)	가색(稼穡)	종혁(從革)	윤하(潤下)
오화(五化)	생(生)	장(長)	화(化)	수(收)	장(藏)
오시(五時)	춘(春)	하(夏)	장하(長夏)	추(秋)	동(冬)
육기(六氣)	풍(風)	火 · 熱(暑)	습(濕)	조(燥)	한(寒)
오방(五方)	동(東)	남(南)	중(中)	서(西)	북(北)
오색(五色)	청(靑)	적(赤)	황(黃)	백(白)	흑(黑)
오장(五臟)	간(肝)	심(心)	비(脾)	폐(肺)	신(腎)
육부(六腑)	담(膽)	소장(小腸) 삼초(三焦)	위(胃)	대장(大腸)	방광(膀胱)
오관(五官)	목(目)	설(舌)	구(口)	비(鼻)	이(耳)
오액(五液)	루(泪)	한(汗)	연(涎)	체(涕)	타(唾)
오체(五體)	근(筋)	맥(脈)	육(肉)	피(皮)	골(骨)
오화(五華)	조(爪)	면(面)	순(脣)	모(毛)	발(髮)
오신(五神)	혼(魂)	신(神)	의(意)	백(魄)	지(志)
오지(五志)	노(怒)	희(喜)	사(思)	비(悲) · 우(憂)	공(恐) · 경(驚)
오미(五味)	산(酸)	고(苦)	감(甘)	신(辛)	함(鹹)
오곡(五穀)	참깨(麻)	보리(麥)	기장(稷)	벼(稻)	콩(豆)
오과(五果)	자두(李)	살구(杏)	대추(棗)	복숭아(桃)	밤(栗)
오축(五畜)	개(犬)	말(馬)	소(牛)	닭(鷄)	돼지(彘)
오채(五菜)	부추(韮)	염교(薤)	아욱(葵)	파(蔥)	콩잎(藿)

뜻하는 것으로 땅이 뿌려진 씨앗을 받아들여 다시 곡식으로 되돌려 주는 변화를 일으키는 역할을 한다는 것을 의미한다. 때문에 승재(承載), 생화(生化), 수납(受納) 등의 특성을 갖는다. 이러한 특성을 갖는 사물이나 현상은 토로 귀납시킨다.

- 금(金): 금을 종혁(從革)이라 한 것은 쇠가 녹여 달궈진 후 본래의 모습을 소용에 따라 다른 것으로 바뀌어 변하는 과정을 따른 다는 것을 의미한다. 때문에 변혁(變革), 숙살(肅殺), 침강(沈降), 수렴(收斂), 청결(淸潔) 등의 특성을 갖는다. 이러한 특성을 갖는 사물이나 현상은 금으로 귀납시킨다.
- 수(水): 수를 윤하(潤下)라 한 것은 물이 대지를 적시며 많은 것을 품고 흘러가는 것을 의미한다. 때문에 자윤(滋潤), 한랭(寒冷), 폐장(閉藏), 하향(下向) 등의 특성을 갖는다. 이러한 특성을 갖는 사물이나 현상은 수로 귀납시킨다.

이러한 오행의 특성은 음양학설과 마찬가지로 자연계를 분류, 해석하는 것뿐만 아니라 인체의 조직기관과 치료에 쓰이는 약재와 식재료의 효능분류와 해석에도 응용되고 있으며 오행 간의 상호관계를 통해 인체 각 조직기관의 생리기능과 병리기전의 해석과 설명에도 응용되고 있다. 이러한 오행의 속성에 따른 배속은 표 2-2와 같다.

3) 오행의 생극제화

■ **개념 및 의의:** 오행의 생극제화(生克制化)란 오행인 목 · 화 · 토 · 금 · 수가 서로 독립되어 정지 불변하는 것이 아니라, 순서에 따라 상생(相生)과 상극(相克)으로 서로 조화 · 협조 · 통일을 이루어 생화(生化)가 쉬지 않고 끊임없이 이어지게 되는 오행 상호 간의 관계 및 변화의 규율을 말한다.

오행의 이러한 '생극제화(生克制化)'는 안으로는 오장(五臟)을 중심으로 인체의 각 조직기관 및 그 생리현상을 연역하여 체내의 장부 · 기관조직 및 그 생리현상 간에 '생극제화'가 이루어지는 관계를 설명하였고, 밖으로는 자연계의 각종 사물의 오행 속성을 인식함으로써 인체의 내외환경 간에 '생극제화'로 이루어지는 관계를 설명하였다.

■ **오행의 상생과 상극:** 상생(相生)이란 오행이 목생화(木生火), 화생토(火生土), 토생금(土生金), 금생수(金生水), 수생목(水生木)의 순서로 서로 자생(滋生, 資生), 조장(助長), 촉진(促進)의 관계에 있는 것을 말하고, 상극(相克)이란 목극토(木克土), 토극수(土克水), 수극화(水克火), 화극금(火克金), 금극목(金克木), 목극토(木克土)의 순서로 억제(抑制), 극제(克制), 제약(制約)하는 관계에 있는 것을 말한다.

■ **오행의 상승과 상모:** 오행 사이의 생극제화를 통한 정상적인 협조 평형이 파괴됨으로써 발생하는 비정상적인 상극을 말한다. 상승(相乘)은 상극이 지나친 경우를 말하고, 상모(相侮)는 상극이 반대로 일어나는 경우를 말하는데 반모(反侮) 또는 반극(反克)라고도 부른다.

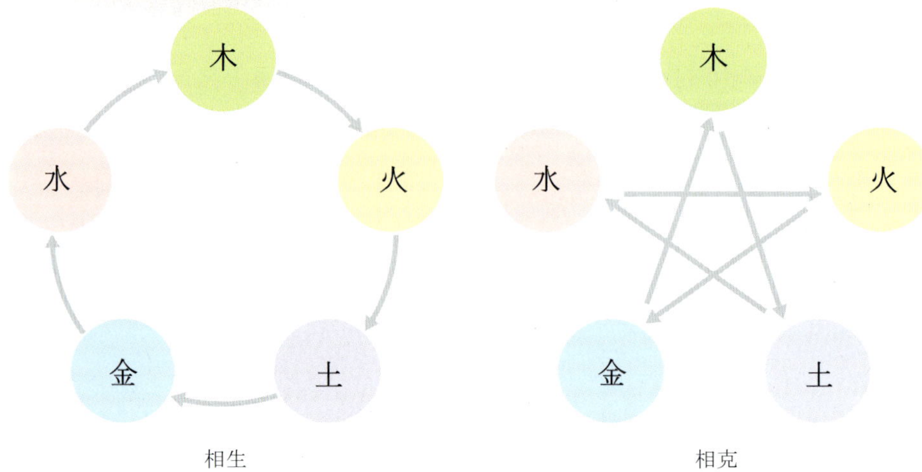

그림 2-2 오행의 생극규율(生克規律)

3. 장상학설

장상학(藏象學)은 살아 있는 유기적 정체(整體)인 인체를 대상으로 하여 인체의 각 장부조직기관의 생리기능과 병리변화 및 상호관계를 연구하는 학설이다.

'장(藏)'은 체내에 있는 내장장기(內臟臟器)를 가리키고, '상(象)'은 내장의 제반 정황이 외부에 표출되어 나타나는 모든 징후와 증상을 가리킨다. 즉, '장상(藏象)'이란 내재(內在) 장부의 생리활동과 병리변화가 인체의 외부에 반영되어 나타나는 징상(徵象)을 말한다.

장상학설은 음양오행론(陰陽五行論)의 지도하에 오장을 중심으로 경락(經絡)의 락속(絡屬)관계를 통해 인체의 각 부분이 서로 분업하면서 협력하고 외계환경과 상통하는 유기적 정체로서 파악하여 인체가 정상적인 생명활동을 유지하는 기초로 한의학의 생리 · 병리 면에서의 유기적인 관점을 구체적으로 나타내 준다.

장부(臟腑)는 장상의 기초로서 인체의 내부에 있는 장기(臟器)의 총칭을 말한다. 장부는 각각의 생리기능 특성에 따라 오장과 육부 및 기항지부(奇恒之腑)로 분류한다.

1) 오 장

오장(五臟)은 심·폐·비·간·신의 다섯 가지 내장기관의 총칭이다. 인체의 정상적인 생명활동 중에 필요한 물질인 정기, 즉 정·기·혈·진액 등을 화생(化生)하고 저장하는 것이 공통된 생리기능이다.

2) 육 부

육부(六腑)는 위·대장·소장·삼초·방광·담 등 여섯 개의 내장기관의 총칭이다. 음식물의 부숙(腐熟), 소화(消化), 흡수(吸收) 및 배설(排泄)이 공통된 생리기능으로 우리가 섭취한 음식물이 체내로 들어와 체외로 배출될 때까지의 통로역할을 한다. 강(降)과 통(通)이 과(過)하거나 불급(不及)한 것 모두 병태(病態)에 속한다.

3) 기항지부

'기항(奇恒)'은 '이상(異常)'의 뜻으로 그 생리기능이나 조직구조가 다른 부(腑)와는 다르다는 뜻이다. 기항지부(奇恒之腑)는 뇌(腦)·수(髓)·골(骨)·맥(脈)·담(膽)·여자포(女子胞)의 여섯 가지가 있는데, 형태상으로는 속이 비어 있어서 육부와 비슷하나 그 생리기능은 수곡(水穀)을 전화(傳化)하지 않고, 정미(精微)로운 물질을 저장할 수 있을 뿐만 아니라 정신활동에도 관계되는 경우가 많아서 오히려 오장과 흡사하다. 일반적인 장(臟)이나 부에 속하지 않으므로 별도의 이름을 붙여서 '기항지부'라고 일컬은 것이다.

오장五臟

심(心)

- 위치 및 형태특징: 흉강(胸腔) 내, 격막(膈膜) 위에 위치한다. 연꽃 봉오리를 거꾸로 해놓은 것 같은 형태를 하고 있다.
- 주요 생리기능
  - ✓ 주혈맥(主血脈)-전신의 혈의 기능을 주관한다.
  - ✓ 주신지(主神志)-정신사유활동 기능을 주관한다.
- 오행배속관계: 화(火)-혀(舌), 맥(脈), 얼굴(面), 땀(汗), 기쁨(喜), 쓴맛(苦), 소장(小腸)

폐(肺)

- 위치 및 형태특징: 흉강(胸腔)의 좌우에 하나씩 위치하고 있다. 가장 높이 있는 장이라 하여 '화개(華蓋)'라는 별명을 가지고 있다.
- 주요 생리기능
  - ✓ 주기(主氣), 사호흡(司呼吸)-전신의 기(氣)의 기능과 호흡을 주관한다.
  - ✓ 주선발숙강(主宣發肅降)-상승, 발산 · 하강, 수렴하는 신진대사를 주관한다.
  - ✓ 조백맥(朝百脈)-전신의 기혈이 모여들었다 전신으로 퍼지나가게 한다.
- 오행배속관계: 금(金)-코(鼻), 피부(皮), 터럭(毛), 콧물(涕), 슬픔(悲), 매운맛(辛), 대장(大腸)

비(脾)

- 위치 및 형태특징: 복부(腹部)에 위치하고 격(膈) 아래에 있다.
- 주요 생리기능
  - ✓ 주운화(主運化): 음식물의 소화흡수를 주관한다.
  - ✓ 주승청(主升淸): 운화(運化)된 정미(精微)물질의 상승(上升)을 주관한다.
  - ✓ 주통혈(主統血): 혈액이 혈관 밖으로 유출되지 못하게 한다.
- 오행배속관계: 토(土)-입(口), 기육(肌肉), 입술(脣), 맑은 침(涎), 생각이 많음(思), 단맛(甘), 위(胃)

간(肝)

- 위치 및 형태특징: 복부(腹部)에 위치하고 격(膈) 아래, 우협(右脇) 안에 위치한다.
- 주요 생리기능
  - ✓ 주소설(主疏泄): 전신의 기(氣)의 운행을 소통시키고 조절한다.
  - ✓ 주장혈(主藏血): 혈을 저장하고 혈량을 조절하는 것을 주관한다.
- 오행배속관계: 목(木)-눈(目), 힘줄(筋), 손발톱(爪), 눈물(泪), 노함(怒), 신맛(酸), 담(膽)

신(腎)

- 위치 및 형태특징: 허리에 위치하고 척주(脊柱) 좌우로 하나씩 있다.
- 주요 생리기능
  - ✓ 주장정(主藏精): 정기(精氣)를 저장함으로써 생장(生長), 발육(發育), 생식(生殖)을 주관한다.
  - ✓ 주수(主水): 체액대사를 주관한다.
  - ✓ 주납기(主納氣): 폐의 호흡기능을 도와 깊은 호흡을 하게 한다.
- 오행배속관계: 수(水)-귀(耳)와 이음(二陰), 골수(骨髓), 머리카락(髮), 침(唾), 무서움(恐), 짠맛(鹹), 방광(膀胱)

4. 기혈정진학설

정, 기, 혈, 진액은 인체를 구성하고 생명활동을 유지하는 가장 기본이 되는 물질이다. 인체의 장부, 경락, 형체, 관규 등의 조직기관은 모두 정, 기, 혈, 진액 등 물질로 구성되어 있고 또 이들의 유양(濡養)에 의해 정상적인 생리활동을 유지하게 된다.

동시에 정, 기, 혈, 진액의 생성(生成)과 그 대사는 장부, 경락, 형체, 관규 등의 생리활동에 의해 비로소 진행이 된다. 때문에 생리(生理) 방면이든 병리(病理) 방면이든 간에 정, 기, 혈, 진액과 장부, 경락 등의 조직기관 사이에는 서로 인과(因果)가 되는 밀접한 관계에 있다.

1) 정(精)

■ 개념: 정은 정화(精華), 정미(精微)의 의미이다. 원초적 생명 물질로 기, 혈, 진액과 음식 중에서 섭취한 영양물질 등을 모두 포괄한 일체의 정미한 물질이라는 광의(廣義)와 생식지정(生殖之精)이라는 협의(俠義)를 가지고 있다.

■ 생성 및 분포: 선천(先天)의 신기(腎氣)와 섭취한 수곡에서 얻어지는 영양물질이 결합하여 생화된다. 주로 신장에 저장되어 있고 간에서 소설(疏泄)을 맡고 심장에서 주재(主宰)하며 상화(相火)를 따라서 동(動)한다. 신장 외에 오장, 육부, 형체, 관규 등 조직기관에도 분포하고 있다.

■ 분 류

- 선천지정(先天之精): 부모에게 받은 원시생명물질이다.
- 수곡지정(水穀之精): 소화흡수된 영양물질로 후천지정(後天之精)이라고도 한다.
- 생식지정(生殖之精): 신장에 저장되어 있고 생식을 담당한다.
- 장부지정(臟腑之精): 오장육부에 분포되어 생리기능을 수행한다.

■ 생리기능

- 생식기능을 수행한다.
- 성장발육을 담당한다.
- 생수화혈(生髓化血)이라고 해서 골수, 뇌수, 척수 등과 혈의 생성기초가 된다.
- 조직기관을 유윤(濡潤), 자양(滋養)한다.

2) 기(氣)

■ 개념: 만물 사이에 발생하는 감응(感應)현상의 중개자로 인체를 구성하는 가장 기본이 되는 물질이며 또한 인체의 생명을 유지하는 가장 기본적인 물질이다.

■ 기(氣)의 생성: 부모에게서 품부(稟賦)받은 선천의 정기와 음식물 중의 영양물질인 수곡의 정기, 그리고 자연계에 존재하는 청기(清氣)에 의해 생성된다. 수곡의 정기는 비위(脾胃)의 운화작용에 의해서 생성되고, 대기 중의 청기는 폐의 호흡작용에 의해서 흡입된다.

이와 같이 기의 생성은 폐, 비, 신 삼장(三臟)의 종합적인 작용에 의해 완성된다. 따라서 폐, 비, 신의 생리기능이 정상적으로 잘 이루어지면 기(氣)의 생성도 충만해지고 반대로 폐, 비, 신 어느 한 장이라도 기능실조가 나타나게 되면 '기'의 생성에 영향을 끼쳐 기허(氣虛) 등의 병리변화를 일으키게 된다. 단, 그중에서도 비위의 운화작용은 특히 더 중시된다.

■ 생리기능

- 추동(推動): 인체의 생장, 발육, 장부, 경락 등의 생리활동, 혈과 진액의 생성과 운행을 격발(激發)시킨다.
- 온후(溫煦): 체온을 항온(恒溫)으로 유지시키고 혈과 진액 등 액상(液狀)의 물질들의 정상적인 순행을 보장한다.
- 방어(防禦): 질병으로부터 인체를 보호하는 작용이다.
- 고섭(固攝): 혈, 진액 등 액상물질이 이유 없이 유실되는 것을 막는 것과 내장장기가 상대적으로 고정된 위치를 유지하게 하는 작용이다.
- 기화(氣化): 각종 신진대사 활동을 개괄하는 것으로 물질과 에너지의 전화(轉化)과정이다.

■ 운동형식(氣機)

- 승(昇) · 강(降) · 출(出) · 입(入)의 네 가지 형식으로 이루어진다.
- 승강 · 출입의 협조평형 상태를 기기조창(氣機調暢)이라고 한다.
- 승강 · 출입의 불균형은 기기실조(氣機失調)라고 한다.
- 기기실조에는 기체(氣滯), 기역(氣逆), 기함(氣陷), 기탈(氣脫), 기결(氣結), 기울(氣鬱), 기폐(氣閉) 등이 있다.

3) 혈(血)

- **개념**: 붉은색의 액상 물질로 인체를 구성하고 생명활동을 유지하는 기본이 되는 물질이며 영양(榮養)과 자윤작용을 가지는 물질을 말한다.
- **조성과 생성**: 주로 영기(榮氣)와 진액에 의해 조성된다. 영기와 진액 모두 음식물이 비위의 소화흡수 작용을 거친 수곡정미(水穀精微)에 의해 생성되므로 섭취하는 음식물의 영양 가치와 비위 운화기능의 강약은 혈액의 생성에 직접적으로 영향을 미친다.
- **생리기능**
  - 전신을 자윤하고 영양한다.
  - 정신활동의 물질적 기초로 정신을 맑고 활력있게, 영민하게 한다.

4) 진액(津液)

- **개념**: 체내에 있는 일체(一切)의 정상적인 수액(水液)의 총칭으로, 각 장부조직기관에 내재하고 있는 체액(體液) 및 위액(胃液), 장액(腸液), 콧물, 눈물 등 정상적인 분비물을 포괄하는 개념이다.
- **진액의 생성**: 수곡(水谷)을 기원으로 비, 위, 소장, 대장 등의 소화흡수기능을 거쳐 생성된다.
- **진액의 운행과 수포(輸布)**: 진액의 운행은 비, 폐, 신, 심, 간, 삼초 등의 장부기능의 종합작용에 의해 완성된다.
- **진액의 배설**: 폐, 신, 방광, 대장, 삼초 등 장부의 공통작용에 의해 호흡기도와 땀, 소변, 대변으로 배설된다.
- **진액의 생리기능**
  - 전신을 촉촉하게 자윤하고 유양하는 작용을 한다.
  - 혈액의 구성성분이 된다.

3장 약선재료의 약성이론

약성(藥性)이란 약물의 치료효과와 관련된 성질과 효능에 대한 종합적인 개괄이다. 이러한 약성은 사기(四氣), 오미(五味), 승강부침(升降浮沈), 귀경(歸經) 등을 포함한다.

한의학에서 질병의 발생 및 발전 변화 과정은 모두 인체의 음양사정(陰陽邪正)의 상호 소장(消長)에 의한 장부(臟腑)기능의 실조(失調)가 반영되어 나타나는 편성(偏盛)·편쇠(偏衰)의 상태라고 본다. 따라서 약물의 치료작용 또한 장부기능의 상호협조 관계를 회복시켜 편성·편쇠의 병리현상을 제거하는 것이라고 본다. 따라서 질병의 예방치료는 각종 약물이 가지고 있는 서로 다른 치우친 성질을 이용하여, 장부기능의 편성·편쇠의 상태를 조화·협조의 상태로 돌려놓는 데에 있다고 할 수 있다. 그러므로 약성, 즉 본초의 성능을 숙지하는 것이 임상에서 약의 선택을 결정하는 관건이 된다.

식재(食材) 또한 '식약동원(食藥同源)'에 의거 약재(藥材)와 같이 각각의 성질과 특징을 가지며 그에 따라 각각의 고유한 효능을 가지고 있다. 때문에 약성이론은 식재가 가지고 있는 영양학적 가치 및 효능과 함께 약선식료학(藥膳食療學)에서도 매우 중요한 의의를 가지고 있다.

1. 사기(四氣)

1) 개 념

음양(陰陽)이론에 근거하여 분류한 한(寒)·열(熱)·온(溫)·량(凉)의 네 가지 약성으로 사성(四性)이라고도 한다. 이는 약재와 식재가 가지고 있는 내재적인 성질이며 기능의 총체적 개괄이다.

온열(溫熱)은 양(陽)의 성질을 나타내고, 한량(寒凉)은 음(陰)의 성질을 나타낸다. 또한 열성(熱性)과 한성(寒性)은 그 작용이 강하고, 온성(溫性)과 양성(凉性)은 작용이 완만하고 서서히 나타난다.

이들은 다시 대열(大熱), 대한(大寒), 미온(微溫), 미한(微寒) 등으로 세분화되어 그 강약(强弱)을 나타내기도 한다.

질병의 치료에 있어 일반적으로는 "한증(寒證)은 덥게 해주고, 열증(熱證)은 차게 해준다(寒者熱之, 熱者寒之)." "더운 것으로 한증을 치료하고, 차가운 것으로 열증을 치료한다(以熱治寒, 以寒治熱)."의 법칙을 따르고 있으므로 약재나 식재의 사성을 이용할 때는 인체의 표리(表裏), 허실(虛實), 한열(寒熱) 등 질병(疾病)의 상황을 정확히 파악해 운용해야 한다.

2) 한(寒) · 량(凉)

- **효능:** 청열사화(淸熱瀉火), 양혈(凉血), 지혈(止血), 해독(解毒), 강화(降火), 자음(滋陰) 등
- **적용증:** 열증, 양증
- **체내작용:** 산소소모량을 감소시키고 음수량(飮水量)을 줄이며 중추신경계 억제 등의 경향을 나타낸다.
- **주의사항:** 중초(中焦)를 손상시키고, 양기를 상하게 하는 등의 부작용을 가지고 있으므로 한증, 음증(陰證)에는 신용(愼用)하거나 금용(禁用)해야 한다.

3) 온(溫) · 열(熱)

- **효능:** 거풍산한(祛風散寒), 선산(宣散), 제습(除濕), 온통기혈(溫通氣血), 조양익화(助陽益火), 회양(回陽) 등
- **적용증:** 한증, 음증
- **체내작용:** 산소소모량을 증가시키고 당대사를 촉진하며 음수(飮水)량을 증가시키는 경향과 중추신경계에 대한 흥분 등의 경향을 나타낸다.

표 3-1
식품의 사기(四氣) 분류표

구 분	온(溫) · 열성(熱性)	한(寒) · 량성(凉性)	평성(平性)
곡 류	찹쌀(糯米), 수수(高粱)	밀(小麥), 보리(大麥), 메밀(蕎麥), 좁쌀(粟米), 율무(薏苡仁), 감자(馬鈴薯), 곤약(魔芋)	멥쌀(粳米), 옥수수(玉蜀黍), 고구마(蕃薯), 마(山藥), 토란(芋頭)
두 류	작두콩(刀豆)	팥(赤小豆), 녹두(綠豆), 두부(豆腐)	황대두(黃大豆), 흑대두(黑大豆), 까치콩(白扁豆), 완두(豌豆), 누에콩(蠶豆), 동부(豇豆)
채소류	고추(辣草), 부추(韭菜), 갓(芥菜), 고수(胡荽), 순무(蕪菁), 양파(洋葱), 파(蔥白)	동과(冬瓜), 수세미(絲瓜), 오이(黃瓜), 애호박(越瓜), 여주(苦瓜), 토마토(蕃茄), 가지(茄子), 무(蘿菖), 연근(藕), 셀러리(旱芹), 미나리(水芹), 상추(萵苣), 쑥갓(茼蒿), 근대(莙薘菜), 아욱(冬葵葉), 죽순(毛笋), 냉이(薺菜), 구기엽(枸杞葉), 고사리(蕨)	호박(南瓜), 당근(胡蘿菖), 배추(黃芽白菜), 양배추(甘藍), 유채(蕓薹), 시금치(菠菜)
식용균류			양송이(蘑菇), 표고버섯(香菇), 노루궁뎅이버섯(猴頭菇), 목이(木耳), 백목이(銀耳)
과일류	복숭아(桃), 살구(杏), 밤(栗子), 석류(石榴), 산사(山楂), 앵도(櫻桃), 용안육(桂圓), 여지(荔枝), 호두(胡桃仁), 잣(海松子)	배(梨), 감(柿子), 비파(枇杷), 무화과(無花果), 사과(苹果), 바나나(香蕉), 딸기(草莓), 파인애플(菠蘿), 레몬(檸檬), 오디(桑椹), 망고(芒果), 참외(甛瓜), 수박(西瓜)	매실(靑梅), 귤(橘), 대조(大棗), 포도(葡萄), 흑임자(黑芝麻), 땅콩(落花生), 은행(白果), 연밥(蓮子), 가시연밥(芡實)
가금류 · 육류 · 내단류	닭고기(鷄肉), 오골계(烏骨鷄), 참새고기(雀), 쇠고기(牛肉), 개고기(狗肉), 양고기(羊肉), 양유(羊乳), 사슴고기(鹿肉)	돼지고기(豬肉), 토끼고기(兎肉), 우유(牛乳), 오리알(鴨卵)	오리고기(白鴨肉), 달걀(鷄蛋), 메추리(鵪鶉), 메추리알(鵪鶉蛋)
수산물류	새우(對蝦), 드렁허리(鱔魚), 조기(石首魚), 갈치(帶魚), 미꾸라지(泥鰍), 붕어(鯽魚)	굴(牡蠣肉), 가물치(鱧魚), 해파리(海蜇), 다시마(昆布), 김(紫菜)	해삼(海蔘), 오징어(烏賊魚), 잉어(鯉魚), 게(蟹), 문합(文蛤肉), 자라고기(鱉肉)
조미료(양념)류	마늘(大蒜), 생강(生薑), 후추(胡椒), 화초(花椒), 회향(茴香), 계피(桂皮), 흑설탕(赤沙糖), 식초(酢), 술(酒)	참기름(麻油), 간장(醬油)	꿀(蜂蜜), 설탕(白砂糖)

■ 주의사항: 기혈(氣血)과 진액(津液)을 손상시키기 쉽고, 심한 경우 동화생열(動火生熱)하는 부작용이 있으므로 열증, 양증에는 신용하거나 금용해야 한다.

4) 평(平)

약성이 화평(和平)하고 한열온량(寒熱溫凉)에 뚜렷하게 편중(偏重)되지 않은 것을 말한다. 그러나 평하다고 해도 실질적으로는 한성(寒性)이나 열성(熱性)으로 조금씩 치우치는 경향을 가지고 있으므로 이를 사성의 범주에 넣어 함께 지칭한다.

쌀이나 콩 등과 같이 일상에서 계절에 구애 없이 사시사철 먹게 되는 식재 중에 평성(平性)을 가진 것들이 많으며 상복(常服), 장복(長服)하는 보약류(補藥類) 중에도 여기에 속한 것이 많다.

2. 오미(五味)

약재료나 식재료가 가지고 있는 산(酸) · 고(苦) · 감(甘) · 신(辛) · 함(鹹) 다섯 가지 맛을 말한다.

우리가 먹을 수 있는 것은 모두 맛을 가지고 있으며 각각 맛이 다 다르다. 일반적으로 맛이라 하면 미각기관인 혀에서 느껴지는 것을 그 근거로 하지만 약성에서의 오미는 미각으로 느껴지는 맛뿐만 아니라 임상에서 반영되어지는 효능에 근거해서 종합적으로 정해진 경우가 많다.

음식의 맛이 다섯 가지만 있는 것은 아니나 한의학에서는 오미로 크게 귀납하여 각각의 특성과 효능을 분류하였다. 여기에 담미(淡味)나 삽미(澁味)를 더하기도 하는데 담미는 감미(甘味)에 속하는 경우가 많고 삽미는 산미(酸味)와 동류로 취급된다.

1) 매운맛: 신미(辛味)

■ 작용: 발산(發散), 행기(行氣), 활혈(活血), 신윤(辛潤) 등의 작용을 가지고 있다.

■ 적용증: 외감표증(外感表證), 기체혈어증(氣滯血瘀證). 표위(表衛)에 침습한 사기

(邪氣)에 의해 일어난 감기와 같은 병증에 쓰이거나 정체된 기(氣)와 혈(血)을 운행시키는데, 진액의 운행을 촉진시켜 전신에 퍼지게 함으로써 촉촉하게 해주는 데 사용된다. 외감표증(外感表證) 치료에 많이 쓰이는 생강(生薑)과 무(蘿葍), 계지(桂枝), 박하(薄荷) 등이 여기에 속하며 진피(陳皮)나 향부자(香附子) 등의 행기약(行氣藥)과 천궁(川芎), 홍화(紅花)와 같은 활혈화어(活血化瘀) 약재들도 신미를 가져 기체혈어(氣滯血瘀) 병증(病證)에 흔히 사용된다.

■ 주요성분 및 약리작용: 캡사이신(capsaicin), 차비신(chavicine), 진저롤(gingerole), 알리신(allicin) 등과 같이 휘발성 혹은 비휘발성 정유성분이 많다. 위(胃)와 장(腸)의 유동을 활발하게 하므로 각종 향신료 중에 신미를 가진 것이 많고, 발한(發汗), 해열(解熱)작용 및 관상동맥의 확장이나 관상동맥 혈류증가 효과 등 알려진 신미의 약리학적 작용은 발산, 행기, 활혈작용을 잘 설명해 주고 있다.

■ 주의사항: 기운을 흩어지게 하고 열을 내는 특성으로 인해 기음(氣陰)의 손상(損傷)을 일으키기 쉬우므로 기가 부족하거나, 음액이 부족한 경우, 몸이 허해 땀이 나는 경우에는 신용하거나 금용한다.

2) 단맛: 감미(甘味)

■ 작용: 보익(補益), 화중(和中), 완급지통(緩急止痛), 윤조(潤燥) 등의 작용을 가지고 있다.

■ 적용증: 허증(虛證), 통증(痛症) 등. 감미는 구강의 모든 근육을 이완시키고 입맛을 다시며 허기와 피로를 신속히 회복한다. 때문에 대부분의 보허약(補虛藥)은 감미를 가지고 있다. 인삼(人蔘), 황기(黃芪) 등은 감온(甘溫)으로 보기(補氣)하고, 잔대(沙蔘), 맥문동(麥門冬), 석곡(石斛) 등은 감한(甘寒)으로 양음생진(養陰生津)하며 이들은 대개 허증을 치료하는 데 주로 사용된다.

또한, 화중, 조화제약(調和諸藥), 독성의 완화, 완급지통 등의 작용이 있어서 감초(甘草)와 같은 약재는 복부나 사지의 통증과 약물중독 등을 치료하는 데 사용된다. 감초, 대추, 꿀 등은 처방 중에서 재료들을 잘 어우러지게 하고(調和諸藥), 독성을 완화하는 작용으로 자주 사용된다. 이 외, 감미는 자윤윤조(滋潤潤燥)하는 작용이 있어 윤폐화담(潤肺化痰)과 윤장통변(潤腸通便)작용으로도 쓰인다.

담미 淡味

담미는 담담하여 미각상으로 특별한 맛이 없는 맛인데 대체로 삼설이규(滲泄利竅)하여 이수삼습(利水滲濕)하는 작용이 있어서 주로 수종(水腫), 소변불리(小便不利) 등을 치료한다. 담(淡)은 감미와 가까워 통상적으로 감담(甘淡)으로 함께 칭하여 따로 구별하지 않고 오미에 포함시킨다.

■ **주요성분 및 약리작용:** 단맛은 대개 유기물질에 있는 하이드록시기(−OH)에 의하며 이러한 단맛을 나타내는 성분에는 당류 외에 당알코올, 일부 아미노산, 방향족 화합물, 알데히드 등이 있다. 인체의 중요한 에너지원으로 사용되며 이는 감미의 보익작용을 설명할 수 있다.

식품조리에 있어서 단맛의 연육작용이나 전분의 노화방지와 같은 작용도 어떤 의미에서 보면 감미의 완급(緩急)작용의 다른 표현이라고 볼 수 있다.

■ **주의사항:** 조습(助濕)하기 쉬우므로 비허습체(脾虛濕滯)의 경우에는 신용하거나 금용한다.

3) 신맛: 산미(酸味)

■ **작용:** 염한(斂汗), 염기(斂氣), 지사(止瀉), 섭정(攝精), 축뇨(縮尿), 지대(止帶), 지혈(止血) 등의 작용을 가지고 있다.

■ **적용증:** 정기(正氣)의 부족으로 인해 체내 중요물질이 체외로 유실되는 병증이나, 진액 부족에 쓰인다. 신맛을 느낄 때는 구강의 근육들이 수축하고 몸을 오그리게 된다. 때문에 산미는 이러한 수축(收縮), 수렴(收斂)작용을 통해 기혈, 진액 등 체내의 물질들이 유실되는 것을 저지하는 데 쓰인다. 오배자(五倍子)나 오미자(五味子)와 같이 땀을 멎게 하는 작용을 가진 약재나, 선학초(仙鶴草), 백급(白芨)과 같이 지혈작용이 있는 재료들, 적석지(赤石脂), 석류피(石榴皮)와 같이 설사를 멎게 하는 재료, 금앵자(金櫻子), 상표초(桑螵蛸) 등 냉대하를 멎게 하는 효능을 가진 약재들이 산미를 가지고 있으며, 이들은 정기가 허(虛)하지만 사기의 침습이 일어나지 않은 상태의 활탈불금(滑脫不禁)으로 인한 여러 증상을 치료하는 데 사용된다.

삽미澁味

삽미는 떫은맛으로 대개 탄닌(tannin)류가 입안의 표피 단백질을 응고시켜 일어나는 것으로 알려져 있다. 수렴고삽(收斂固澁) 작용을 가지고 있다. 산미와 효능이 기본적으로 같아 대개 산삽(酸澁)이라고 함께 일컬어지기도 하나 삽미를 가지면서도 산(酸)하지 않는 용골(龍骨), 모려(牡蠣) 등도 있어 구분되기도 한다.

이 외에 산미는 생진(生津), 개위(開胃), 소식(消食)작용이 있어 위음부족(胃陰不足)으로 인해 입안이 마르고 갈증이 나며 식욕이 없고 설홍소태(舌紅少苔)한 등의 증상에 사용할 수 있으며, 진액의 손상으로 근맥이 영양을 받지 못해 경련이 일어나거나 굴신(屈伸)이 잘안되는 등의 증상이 나타나는 데 사용할 수 있다.

■ 주요성분 및 약리작용: 신맛은 주로 약재나 식재에 존재하는 수소이온(H^+)에 의해 감지되는 맛으로 유기산 성분을 많이 함유하고 있을 때 강하게 느낀다고 알려져 있다. 이들은 주로 땀샘과 소화관 및 비뇨생식기 평활근의 활동을 조절한다.

식품조리에서 식초를 이용한 단백질 응고처리와 같이 산미를 가진 약재나 식재들은 조직 내의 단백질을 침전, 응고시켜 점막이나 상처면을 보호하는 역할을 함으로써 지사(止瀉)와 지혈(止血)작용을 일으킨다고 알려져 있다.

■ 주의사항: 수렴작용으로 인해 염사(斂邪), 즉 사기를 내보내지 못하고 붙들어두기 쉬우므로 실사(實邪)가 있는 경우에는 신용하거나 금용한다.

4) 쓴맛: 고미(苦味)

■ 작용: 청열(淸熱), 설강(泄降), 조습(燥濕), 견음(堅陰), 건위(健胃)작용을 가지고 있다.

■ 적용증: 열증, 습증(濕證). 쓴맛은 미각 중에서도 역치가 가장 낮은 맛으로 적은 양으로도 그 맛을 감지할 수 있으며 쓴맛을 먹으면 단맛과 같이 받아들이려는 것보다는 뱉어내거나 꿀꺽 삼켜버리는 등 내보내려고 하는 경향이 있다. 때문에 고미(苦味)는 설강(泄降)하는 데 능하다.

고미가 설강한다는 데에는 통설(通泄), 강설(降泄), 청설(淸泄)의 세 가지 의미가 있다. 통설은 대황(大黃)처럼 통하사화(通下瀉火)작용이 있어 열결(熱結) 변비에 사용하는 것, 강설은 행인(杏仁)처럼 강기평천(降氣平喘)작용이 있어 기침 증상에 사용하는 것이며, 청설은 치자(梔子)처럼 청화제번(淸火除煩) 작용이 있어 열이 나고 불안초조한 증상에 사용하는 것 등을 말한다.

고미는 또 조습작용을 가지고 있어 습증에도 많이 응용된다. 습증은 한습(寒濕)과 습열(濕熱)의 구분이 있는데 고미 약재나 식재의 성질에 따라 고한조습(苦寒燥濕)과 고온조습(苦溫燥濕)의 두 종류로 나누어진다.

■ 주요성분 및 약리작용: 쓴맛을 나타내는 것은 주로 알카로이드(alkaloids)나 배당체(glycoside, saponin) 성분으로 많은 약재들의 유효성분이기도 하다.

■ 주의사항: 신음휴허(腎陰虧虛)로 인한 상화항성(相火亢盛)에 사용하기는 하나 일반적으로 음진부족(陰津不足)에는 신용하거나 금용한다.

5) 짠맛: 함미(鹹味)

■ 작용: 연견(軟堅), 윤조(潤燥), 보신(補腎), 양혈(養血), 자음(滋陰) 등의 작용을 갖는다.

■ 적용증: 대변조결(大便燥結, 변비), 담핵(痰核), 나력(瘰癧), 간신음혈부족(肝腎陰血不足). 짠맛은 무, 배추 같은 김장거리에 소금을 뿌려 두면 숨이 죽어 흐물흐물해지는 것처럼 단단한 것을 무르게 풀어 주는 연견작용을 가지고 있다. 함미(鹹味)의 연견은 망초(芒硝)처럼 능히 사하(瀉下)하여 대변조결(大便燥結)을 치료하는 것과 모려(牡蠣)가 연견하여 나력(瘰癧)과 담핵(痰核)을 없애는 것과 같은 것을 의미한다.

함미가 있는 약재나 식재는 해산물 외에도 자하거(紫河車), 녹용(鹿茸), 합개(蛤蚧) 등과 같이 자양강장시키는 효능을 가진 동물성 약재나 식재들인 경우가 많은데, 이들의 경우 근경류(根莖類), 경엽화류(莖葉花類), 과실(果實)·종자류(種子類) 등의 약재나 식재에 비해 염분 함량이 높고 대부분 고단백, 고콜레스테롤 식품으로 영양적으로 가치가 높은 것들이다. 이들 동물성 약재나 식재를 '혈육유정지품(血肉有情之品)' 이라 하여 간신(肝腎)의 정혈부족(精血不足)에 사용한 경우가 많다.

■ **주요성분 및 약리작용**: 짠맛을 나타내는 것은 주로 무기 혹은 유기염류에 의한 것으로 특히 염소이온(Cl^-)과 관련이 있으며 염소이온과 결합된 Na, K, Ca, Mg 등 양이온에 따라 조금씩 그 짠맛이 달라진다. 체액의 조절 및 신경흥분의 전달 역할을 한다.

■ **주의사항**: 비허(脾虛)로 인한 설사, 부종, 기침 증상의 경우 신용하거나 금용한다.

표 3-2
오미(五味)의 특성분류표

구분	작용	적용	성분	식품
산미(酸味)	염한(斂汗), 염기(斂氣), 지사(止瀉), 섭정(攝精), 축뇨(縮尿), 지대(止帶), 지혈(止血)	정허무사(正虛無邪)의 활탈불금(滑脫不禁)−허한(虛汗), 해수(咳嗽), 구설(久泄), 유정(遺精), 유뇨(遺尿)	유기산 성분(H^+)	살구(杏子), 석류(石榴), 매실(靑梅), 오미자(五味子), 귤(橘) 등 과일류, 개고기(狗肉), 식초(醋)
고미(苦味)	청열(淸熱), 설강(泄降), 조습(燥濕), 견음(堅陰), 건위(健胃)	열증(熱證)−열결변비(熱結便秘), 기역천해(氣逆喘咳), 열성심번(熱性心煩), 습증(濕證)	알카로이드(alkaloids) 배당체(glycoside, saponin)	여주(苦瓜), 씀바귀 외 약재들
감미(甘味)	보익(補益), 화중(和中), 완급지통(緩急止痛), 윤조(潤燥)	허증(虛證), 통증(痛症)	당류 외에 당알코올, 일부 아미노산, 방향족 화합물, 알데히드 등	대부분의 곡류(穀類)와 두류(豆類), 과류(果類) 외 많은 식재(食材)
신미(辛味)	발산(發散), 행기(行氣), 활혈(活血), 신윤(辛潤)	외감표증(外感表證), 기체혈어(氣滯血瘀)	휘발성 혹은 비휘발성 정유성분	파(蔥白), 생강(生薑), 고추(辣椒), 후추(胡椒), 계피(桂皮), 무(蘿蔔), 갓(芥菜), 부추(韭菜), 고수(胡荽), 박하 등
함미(鹹味)	연견(軟堅), 윤조(潤燥), 보신(補腎), 양혈(養血), 자음(滋陰)	대변조결(大便燥結), 나력(瘰癧), 담핵(痰核), 신정휴허(腎精虧虛)	무기 혹은 유기염류(Cl^-)	다시마(昆布), 김(紫菜), 굴(牡蠣肉), 모시조개(文蛤肉), 오징어(烏賊魚) 등 해산물, 돼지고기(豬肉), 개고기(狗肉) 등 육류, 좁쌀(粟米), 소금

3. 승강부침(升降浮沈)

1) 개 념

약재나 식재가 인체 내에서 갖는 네 가지의 서로 다른 작용경향을 말한다.

이들이 인체에 들어간 후에 발생하는 승제거함(升提擧陷), 하강평역(下降平逆), 상향발산(上向發散), 하행설리(下行泄利) 등의 작용은 병세가 하함(下陷)과 상역(上逆) 등으로 편중된 상태를 조절할 수 있다.

일반적으로 향상(向上), 향외(向外)하는 작용은 승부(升浮)라고 하며, 향하(向下), 향내(向內)하는 작용은 침강(沈降)이라고 한다.

2) 승부(升浮)

■ **작용**: 승양(升陽), 거함(擧陷), 발표(發表), 개규(開竅), 거풍(祛風), 산한(散寒) 등

■ **특징**: 신(辛) · 감미(甘味), 열성(熱性)을 가진 것들이 많다. 재질에 있어서도 신이(辛夷), 박하(薄荷) 등과 같은 꽃이나 잎을 이용하는 재료나, 승마(升麻)와 같이 재질이 가벼운 경향이 있다.

3) 침강(沈降)

■ **작용**: 잠음(潛陰), 강역(降逆), 수렴(收斂), 지해(止咳), 평천(平喘), 청열(淸熱), 이수(利水), 통변(通便) 등

■ **특징**: 대개 산(酸) · 고(苦) · 함(鹹) · 삽미(澁味)와 한량(寒凉)한 성질을 가진 것들이 많다. 재질에 있어서도 과실(果實), 종자류(種子類), 광물류(鑛物類)와 같이 무거운 것들이 많다.

4. 귀경(歸經)

귀경은 어느 한 약물이 특정의 장부경락(臟腑經絡)의 병변(病變)에 대하여 뚜렷한 치료효과의 선택작용을 나타내는 약물의 적용범위다.

귀경의 '귀(歸)'는 약물이 작용하는 부위의 귀속(歸屬)을 가리키고, '경(經)'은 인체의 장부경락을 가리킨다. 약물의 작용과 인체의 장부경락을 연계(聯繫)시켜 약물의 효능이 적용되는 범위를 설명함으로써 임상의 변증논치(辨證論治)에서 약물을 선택하는 근거를 제공해 준다.

질병의 발생은 한열허실(寒熱虛實)의 차이 이외에도 장부경락 등 발병 부위의 특이성을 고려해 변증 분석해야 하기 때문에 각각의 약재나 식재의 장부경락에 대한 선택적 특이성은 질병의 예방과 치료에 매우 의미가 크다고 할 수 있다.

4장 약선처방의 배오이론

약선(藥膳)은 궁극적인 의미에서 음식에 속하므로 단일 재료로 만들어진 경우도 있으나 대개는 여러 가지 재료를 함께 사용하여 만들게 된다. 이때 재료의 구성에 대한 일정한 규율과 원칙을 갖게 되는데 그것이 배오(配伍)이론이다.

이러한 배오이론은 한의학의 방제학에서 주로 다루는 문제로 치료효능의 증강과 치료범위의 확장 및 각 약재의 지나친 성질 억제와 독성완화에 그 목적이 있다.

약선이 그저 맛을 내기 위해 조합된 음식이 아니라 건강의 증진과 치료보조효과라는 일정한 목적을 가지고 활용되는 음식인 만큼 배오이론은 약선을 특징짓는 중요한 점이라고 할 수 있다. 이러한 배오이론을 칠정(七情)과 군신좌사(君臣佐使) 및 배오의기(配伍宜忌)를 통해 알아본다.

1. 칠정(七情)

1) 개 념

한약이나 약선에서 재료 배합의 7가지 유형을 말한다. 단행(單行), 상수(相須), 상사(相使), 상외(相畏), 상쇄(相殺), 상오(相惡), 상반(相反)으로 나눈다.

2) 목적 및 의의

첫째, 여러 가지 약물의 장점을 발휘하고 촉진한다.

둘째, 약물의 단점이나 독성 · 부작용을 서로 억제한다.

셋째, 장부(臟腑)의 생리적, 병리적 특성과 연계시키도록 한다.

3) 분 류

■ 단행(單行): 약물이나 식재료 한 가지만 사용하여 치료작용을 나타내는 방법으로 약물의 효능을 뚜렷하게 알 수 있고 그 효능에 집중해서 치료효과를 볼 수 있으나 잘못 사용했을 때 부작용 또한 그대로 나타날 수 있다. 주로 병의 상태가 단순한 경우에 응용한다.

■ 상수(相須): 효능이 서로 유사한 두 가지 이상의 약물이나 식재료를 배합하여 상승작용하게 하여 효능이 본래보다 더 증강되게 하는 배합방법이다.

■ 상사(相使): 약성(藥性)과 효능에 서로 공통된 부분이 있는 약물을 함께 사용하되 한 가지 약이 위주가 되고 다른 한 가지 약은 보조가 되게 하여 주재료(君)가 되는 재료의 효능을 강화시키는 배합방법이다.

■ 상외(相畏): 어느 한 가지 약물의 독성이나 부작용이 다른 한 가지 약물에 의해 감경(減輕)되거나 제거되는 배합방법이다.

■ 상쇄(相殺): 어느 한 가지 약물이 다른 한 가지의 약물의 독성이나 부작용을 감경 또는 제거시켜 주는 배합이다.

■ 상오(相惡): 두 가지 약물을 함께 사용했을 때, 어느 한 가지의 약물이 다른 한 가지의 약물의 효능을 파괴하거나 저하시키는 배합이다. 예를 들어, 인삼과 무를 배합하면 무가 인삼의 보기(補氣)작용을 파괴하거나 저하시킨다.

■ 상반(相反): 두 가지의 약물을 함께 사용했을 때 독성이나 부작용이 더욱 증강되는 배합이다. '십팔반(十八反)' · '십구외(十九畏)' 등에서는 함께 사용을 금하는 경우를 따로 명시하고 있다.

일반적으로 약물이나 음식물의 배합은 한 가지 재료만을 활용하는 것보다 효과가 더욱 좋으며 활용범위도 더 넓어지는 장점이 있다. 그러나 음식물과 약을 배합할 때 일정한 원칙이 없이 가짓수를 너무 많이 하지 않는 것이 좋다.

일반적으로 한약이나 약선의 배합(配合)에서 상수(相須), 상사(相使), 상외(相畏), 상쇄(相殺)의 방식은 자주 활용되고 있으나 상오(相惡), 상반(相反)의 방식은 금기되어 있다.

2. 군신좌사(君臣佐使)

1) 개 념

약선 처방구성의 기본 원칙이다. 여러 재료를 단순히 더하는 것이 아니라 사용할 사람의 상태와 질병의 현재 상태를 판단기준으로 세워진 사용목적에 맞게 재료의 주종(主從)관계를 설정하고 운용하는 방식이다.

《소문(素問) · 지진요대론(至眞要大論)》에서 "주병지위군(主病之謂君), 좌군지위신(佐君之謂臣), 응신지위사(應臣之謂使)"라 이른데서 지금의 '군(君)', '신(臣)', '좌(佐)', '사(使)'의 한의학방제 배오원칙이 성립되었으며 약선 또한 이 원칙을 따르고 있다.

2) 군신좌사의 의의

- 군(君): 주요 원료이다. 전체 약선방 중에서 필수가 되는 주재료로서 약선을 이용하게 되는 사람의 신체 상태에 따라 정해진다. 예를 들어, 진액(津液)의 부족으로 인한 변비를 치료하기 위한 약선이라면 윤장통변(潤腸通便)이 가장 주된 목적이므로 소자마인죽(蘇子麻仁粥)이나 욱이인죽(郁李仁粥)에서는 마인(麻仁)과 욱이인(郁李仁) 등 윤장통변 효능이 있는 재료가 군이 된다.
- 신(臣): 군(君)의 작용을 보조하여 효능을 증강시키기 위한 보조재료이다. 주요 상태와 관련있는 증상이 나타나는 것을 겨냥해 정해진다. 예를 들어, 진액의 부족으로 인한 변비의 경우 진액 부족과 함께 폐와 위의 기(氣)가 하강하지 못하거나 내열(內熱)이 성(盛)한 등의 원인이 동반되므로 생진윤장(生津潤腸)하면서 강기통부(降氣通腑)하거나 자음제열(滋陰除熱) 등의 효능을 가진 재료를 선택하여 보조사용하게 되는데 소자마인탕(蘇子麻仁湯)에서 강기통부(降氣通腑)하는 소자(蘇子)를 이용해 마인의 통변(通便)작용을 돕게 하는 것과 같은 것을 말한다.
- 좌(佐): 보조재료이다. 대략적으로 세 가지 목적을 위해 사용된다. 첫째는 겸증(兼證)이나 차요(次要)한 증상, 즉 주요 증상 이외에 함께 나타나는 증상의 치료를 위해 사용한다. 둘째는 군(君)이 되는 재료의 독성이나 맹렬한 약성을 제어하

기 위해 사용한다. 셋째는 반좌(反佐)작용으로 병의 상태가 약을 받아들이려 하지 않을 때 그 상반되는 성격의 재료를 소량 가함으로써 받아들여질 수 있도록 하기 위해 사용한다.

■ 사(使): 인경(引經)하거나 다른 재료들 간의 조화를 위해 쓰이는 재료이다.

3) 약선에서의 의의

약선은 특수한 형태의 음식으로서 평상시에 먹는 음식과 유사한 점이 비교적 많지만 치료에 전적으로 쓰이는 치료 방제(方劑)와는 차이가 있다.

첫째로는 대다수의 경우 약선방(藥膳方)은 전통적인 식재료와 배합하여 만든 음식이므로 약물로만 조성되는 방제와는 다르다는 것이고, 둘째는 음식이기 때문에 사용되는 약물의 종류와 수는 적지만 양은 많다는 것이다.

주제(酒劑)와 일부 약선방을 제외하고는 대부분의 약선에 사용되는 약재(藥材)는 단 몇 가지 혹은 한두 가지에 지나지 않는다. 상대적으로 볼 때 군(君)·신(臣)·좌(佐)·사(使) 또한 일반 방제처럼 그렇게 복잡하지 않다.

약선은 음식이기 때문에 그 배오의 방법은 약재의 선택과 전통적인 식재의 선택 두 방면으로 고려해야 한다.

식재(食材) 선택의 경우 주식(主食)이나 간식의 재료는 쌀이나 밀 등을 이용해 죽 같은 간식종류를 제작하게 되는데 이들 재료들은 대개 소화흡수기능을 제고시키는 건비화위(健脾和胃)의 효능을 가지고 있고, 볶음이나 찜 등과 같은 요리의 경우 육류나 가금류, 난류(卵類) 등의 재료를 선택하게 되는데 이들은 '혈육유정지품(血肉有情之品)'이라 하여 몸조리를 하거나 몸을 보(補)하는 약선방에 주로 이용된다.

이러한 전통적인 주원료들은 품종이 매우 다양하여 성미와 효능에 각각 차이가 있으므로 선택, 사용할 때 이들의 성미 등에 근거하여야 한다.

예를 들어, 상대적으로 음(陰)이 허(虛)한 경우 자라(甲魚), 돼지고기(豬肉), 해산물(海産物)류가 많이 이용되고, 양(陽)이 허한 경우에는 개고기(狗肉)나 양고기(羊肉) 등이 많이 사용되는 것과 같다. 채소류에 있어서도 평소에 많이 식용되는 재료라 하더라도 약선의 원료로 사용할 경우에는 그 성미의 차이를 고려하여 사용하여야 한다. 약재 선택의 경우 약선방의 조성변화 규율에 따라 구체적으로 운용되어야 한다.

3. 배오금기(配伍禁忌)

약선은 약물과 일반 식재료를 적절히 배합하여 조리하는 것이므로 약선의 효능을 최대한 발휘시키도록 하려면 약선 원료 간의 배합금기는 물론이고 환병기간, 복약기간, 임신기간 · 산후 등의 음식금기사항을 잘 지켜야 한다.

식품영양학적 관점에서 영양소의 흡수율 저하나 파괴를 초래할 수 있는 식품 간의 상호관계도 여기에 포함된다고 볼 수 있다. 그중에서도 한의학이론을 기본이론으로 하고 있는 약선이니 만큼 현재 그 사람이 처해져 있는 병리적 상태에 근거한 증후(證候)에 관한 금기가 가장 중요한 위치를 차지한다고 할 수 있다.

배오금기에 있어서는 비록 한 가지 약선에 사용되는 약재가 대개는 2~3가지에 그치는 경우가 많지만 이들이 약선 구성안에서 주재료나 부재료로 중요한 작용을 수행하므로 그들 간의 상호관계에 대해 주의를 기울여야 한다.

배오관계 중에서 상오(相惡) · 상반(相反)관계에 있는 재료들은 함께 사용하는 것을 금하고, 이외 십팔반 · 십구외에 속하는 금기사항들 또한 지켜야 한다.

그러나 앞장의 약선의 특징에서도 언급했던 바와 같이 이러한 의기(宜忌) 내용 중에는 현대의 영양학이론 등에 비추어도 매우 합리적이고 현명한 내용도 많으나, 아주 빈번하게 쓰고 있는 관습적인 경우를 금기에 포함시키기도 하고, 추상적이고 관념적인 이유로 금기하는 경우도 있어 합리적 기준을 찾기 어려운 경우도 많다. 따라서 신중하고 합리적으로 판단해야 하며 또 이를 밝히기 위해 끊임없이 연구를 해야 한다.

약재와 약재 간의 금기사항을 살펴보면 다음과 같다.

■ 십팔반(十八反)

- 반하 · 과루 · 패모 · 백렴 · 백급은 오두(烏頭)와 사용하지 않는다.
- 해조 · 대극 · 감수 · 원화(芫花)는 감초와 사용하지 않는다.
- 모든 삼(蔘)과 세신 · 작약은 여로(藜蘆)와 사용하지 않는다.

■ 십구외(十九畏): 유황(硫黃)은 박초(朴硝)를, 수은(水銀)은 비상(砒霜)을, 랑독(狼毒)은 밀타승(密陀僧)을, 파두(巴豆)는 견우(牽牛)를, 정향(丁香)은 울금(鬱金)을, 아초(牙硝)는 경삼릉(京三稜)을, 초오(草烏) · 천오(川烏)는 서각(犀角)을, 인삼(人蔘)은 오령지(五靈脂)를, 관계(官桂)는 적석지(赤石脂)를 각각 상외(相畏)한다.

표 4-1
약재료와 식재료 간의 금기

약재명	잘 맞지 않는 식재료(忌)	약재명	잘 맞지 않는 식재료(忌)
감 초	해조	숙지황	무, 무씨, 패모, 느릅나무열매(무이)와 뿌리껍질(유근피), 파, 마늘
단 삼	오수유, 검은콩, 식초, 신 음식	오미자	둥굴레(옥죽)
당 귀	석창포, 해조	오수유	단삼, 진피(秦皮)
더 덕	방기, 검은콩	인 삼	검은콩, 무, 무씨
보골지	감초, 유채	지 황	무, 무씨(나복자), 패모, 웅담
복 령	식초	창 출	고수, 참새고기, 청어, 복숭아, 추리, 마늘
복숭아씨	자라고기	하수오	모든 피, 무, 파, 마늘
산수유	도라지(길경), 방풍, 세신	황 기	백선피, 세신, 별갑
석창포	엿, 양고기, 양피	후 박	택사, 검은콩, 붕어
세 신	황기, 산수유		

표 4-2
식재료와 식재료 간의 금기

식재명	잘 맞지 않는 식재료(忌)	식재명	잘 맞지 않는 식재료(忌)
쇠고기	부추, 생강, 돼지고기, 기장	새 우	개고기, 닭고기
돼지고기	오매, 대황, 도라지, 하수오, 창이자, 오수유, 자라고기	잉 어	천문동, 주사, 족두, 닭고기, 돼지간, 개고기
개고기	잉어, 살구씨, 마늘, 오리	자라고기	돼지고기, 토끼고기, 오리고기, 달걀, 닭고기, 복숭아, 겨자
양고기	호박, 하수오, 반하, 석창포	밀	무씨, 조피나무열매(산초)
닭고기	잉어, 자라, 붕어, 토끼고기, 새우	검은콩	피마자씨, 후박, 인삼, 더덕
오리고기	추리, 자라고기	녹 두	잉어, 비자
꿩고기	메밀, 사슴고기, 돼지간, 붕어, 참나무버섯, 호두	꿀	부추, 파
게	감, 꿀, 대추	대 추	생선, 파
붕 어	후박, 맥문동, 주사, 돼지간, 사슴고기	무	숙지황, 하수오

5장 약선재료의 포제

1. 개 념

약선(藥膳)은 식재료뿐 아니라 생약재를 함께 사용하는 경우가 많다. 때문에 이들 재료들을 조리하기 이전에 약선의 효능을 최대화하기 위한 특별한 전처리 과정이 필요한 경우가 있는데 이러한 특수한 전처리 과정을 포제(炮製) 또는 수치(修治)라고도 한다.

2. 포제의 목적

대체로 약물의 성능을 증진시키고, 치료효과를 강화하며 독성과 부작용을 감소시켜서 사용과 저장에 편리하게 하는 것이 목적이다. 구체적인 목적은 다음과 같다.

- 이물질을 제거한다. 대개 원재료의 경우 흙이나 먼지, 근막(筋膜)이나 잡털, 비늘 등과 같이 식용할 수 없는 물질이나 부위를 깨끗이 제거해 약선음식의 위생 상태를 보장하기 위해서이다.
- 교미교취(矯味矯臭)의 작용이 있어 나쁜 맛이나 나쁜 냄새 등을 교정하여 약선의 관능적인 부분을 강화한다. 양고기의 누린내나 자하거(紫河車)의 비릿한 피 냄새, 구신(狗腎)의 비린내, 죽순(竹筍)의 씁싸름하고 떫은맛 등은 포제를 거치면서 제거되어 약선의 맛을 보장하게 한다.
- 효능 부위를 선택하여 사용하게 한다. 많은 약선재료들이 부위에 따라 조금씩 그 효능이 다르다. 연(蓮)의 경우 연자육(蓮子肉)은 보비지사(補脾止瀉), 연예(蓮

蕊)는 청심(淸心), 연근(蓮根)은 지혈(止血)에 능하다. 때문에 원재료의 전체 중 필요에 따른 부위를 선택하여 약선의 효능을 극대화시키는 것도 포제의 목적이 된다.

- 원료의 조리와 조제를 간편하게 한다.
- 원료의 저장과 복용을 편리하게 한다.
- 약선의 예방, 치료효과를 제고(提高)시킴으로써 효능을 증강시킨다. 복령(茯苓)을 우유를 이용하여 전처리(乳制)하면 자보(滋補)기능이 증강되고, 향부자(香附子)를 식초를 이용하여 전처리(酢製)하면 쉽게 입간(入肝)하여 산사(散邪)하게 되는 것 등이 이에 속한다.
- 원료의 독성이나 부작용을 경감시켜 약선의 안전성을 확보한다. 반하(半夏)와 같이 유독(有毒)한 약재를 생용(生用)하면 구토와 인후종통(咽喉腫痛) 등의 독성반응을 일으키지만 포제를 거칠 경우 이러한 독성반응을 제거할 수 있다.
- 병증의 요구에 맞게 원료의 성질과 효능을 변화시킨다. 생지황(生地黃)은 성질이 차가워 청열량혈(淸熱凉血), 양음생진(養陰生津)작용을 하지만 포제를 거친 숙지황의 경우 성미가 온(溫)하게 되어 보혈자음(補血滋陰)에 능하게 된다. 땅콩 또한 생것일 경우 평(平)하지만 볶은 후에는 온성(溫性)으로 변하게 된다.
- 약물작용의 목표가 되는 장부경맥으로 인경(引經), 귀경(歸經)하게 한다.
- 원료의 성분을 보존하여 공업제품화에 유리하게 한다.
- 원료의 형질을 개선시켜 상품가치를 증강시킨다.

3. 포제방법

1) 정선(淨選)

가장 간단한 포제방법으로, 여러 가지 약물에 대한 포제하기 전의 준비단계라고 할 수 있다. 주로 이물질을 제거하여 약물의 순정도(純淨度)를 확보하고 대소(大小)로 구분하여 가공포제하기 쉽게 하는 과정이다.

2) 절제음편(切製飮片)

절제음편이란 정선과 연화(軟化)를 거친 재료 혹은 세정(洗淨)한 신선한 재료 등을 성질과 요리의 형태에 따라 사용하기에 편리하도록 편(片: 나박썰기), 괴(塊: 큼직한 덩어리로 통썰기), 정(丁: 깍뚝썰기, 팔모썰기), 절(節: 길이썰기), 사(絲: 채썰기) 등의 형태로 또는 약재를 얇게 잘라 음편(飮片)으로 만드는 방법을 말한다.

약재를 절제(切製)하여 음편을 만들면 약효성분의 전출(煎出)이 용이하고, 포제하기에 간편하며, 조제하기에 편리한 장점이 있다. 약재의 절편은 약재의 건조와 분쇄에 편리할 뿐 아니라 처방 응용 시 무게 달기나 달일 때에 유효성분의 용출에 유리하다.

3) 수제(水製)

깨끗한 물로써 약재 중의 흙이나 모래, 잡질(雜質), 불량한 냄새 등의 약용(藥用)하지 않는 부분을 제거하는 것을 말한다.

수제하면 식물류 약은 유연해져서 절편하기가 쉽고, 광물류 약물은 질(質)이 순정(純靜)·세니(細膩)해져서 응용하기가 쉬우며, 일부 유독약물에 대해서는 그 독성을 감저(減低)시켜서 내복하기에 편하다. 단, 일부 약물의 유효성분은 물에 잘 용출되기 때문에 수제할 때 약재의 성질과 채취할 때 적당한 방법에 근거해 응용함으로써 약물의 유효성분이 손실되어 치료효과가 저하되는 일이 없도록 해야 한다.

흔히 상용하는 것은 물에 씻어 내는 세도(洗淘), 흐르는 물에 담가 두는 수표(水漂), 물에 담가 불리는 침포(浸泡), 수분을 뿌려 촉촉하고 부드럽게 하는 임윤(淋潤), 물속에서 곱게 갈아 정제하는 수비(水飛) 및 젖, 쌀뜨물, 약즙, 탄산나트륨액 등에 담가 두는 침윤(浸潤) 등이 있다.

침윤법은 침포법(浸泡法)을 쓰면 좋지 않은 재료들을 부드럽게 하는 데 쓰는 방법이다.

연와(燕窩), 패모(貝母), 동충하초(冬蟲夏草), 은이(銀耳), 마고(蘑菇) 등을 맑은 물을 이용해 침윤하는 것을 수윤(水潤)이라 하고, 복령이나 인삼(人蔘) 등을 우유나 양유(羊乳) 등에 침윤하는 것을 내즙윤(奶汁潤), 창출(蒼朮)이나 천마(天麻) 등의 조성(燥性)을 제거하기 위해 쌀뜨물에 침윤하는 것을 미감수윤(米泔水潤), 산사즙을 이용한 육포처럼 어떤 약성(藥性)을 갖게 하기 위해 약즙(藥汁)을 이용해 침윤하는 것을 약즙윤(藥汁潤)이라 한다.

4) 화제(火製)

재료를 직접 또는 간접으로 불을 사용하여 가공 처리하는 방법으로 가장 광범하게 사용하며, 원료 그대로 또는 다른 보조재료(輔料)를 첨가하여 포제하는데, 초(炒)·자(炙)·단(煅)·외(煨)·탕(燙) 등의 방법이 있다.

- **초제(炒製)**: 원료(약재)를 용기(프라이팬) 안에 넣고 저어가면서 적당히 볶아 내는 포제법으로 재료만을 볶는 청초법(淸炒法)과 보조재료를 넣고 볶는 보료초법(輔料炒法) 및 모래나 조개가루를 뜨겁게 달군 후 거기에 재료를 볶아 내는 탕제법(燙製法) 등이 있다. 대개 도쇄(搗碎)하기에 편리하고 약효성분의 용출을 용이하게 하며, 음편의 품질 보존을 위한 방법이며 보료초법의 경우 사용하는 보료의 성질과 효능에 영향을 받는다.
- **자제(炙製)**: 벌꿀, 술, 소금물, 약즙, 식초 같은 액체보료를 약재에 삼투(滲透; 滲入)시키거나 혼합하여 용기 속에 넣고 약재를 뒤집어가면서 가열하여 굽거나 볶는 포제법이다.
- **외제(煨製)**: 약재를 습지(濕紙)나 밀가루 반죽으로 싸서 약한 불에 쬐어 말리거나 불속에 넣어 말리는 방법으로 외제의 목적은 약물 중의 치료에 불리한 유지(油脂)나 자극성 휘발물질을 제거하고 독성(毒性)을 완화시키기 위한 것이다.

5) 수화공제(水火共製)

수화공제는 물과 불을 함께 사용하는 종합적인 포제방법이다. 대표적인 것으로 시루나 찜통에 넣고 찌는 증(蒸), 팔팔 끓이는 자(煮), 열매의 껍질이 잘 벗겨지도록 혹은 핏물 제거와 비린내 제거를 위해 살짝 데치는 천(燀), 광물성 약재의 약성을 완화시키고 부숴지기 쉽게 담금질하는 쉬(淬)의 4가지 방법이 있다.

6) 기타 포제법

- **법제(法製)**: 약즙제(藥汁製), 복제법(復製法)이라고도 하는데, 규정된 조작 순서에 따라 반복적으로 포제하는 일종의 특수한 가공방법이다. 약물의 특성을 변화시켜 독성 또는 자극성이나 부작용을 감소시키는 데 목적이 있다. 부자(附子)나 반하(半夏) 등의 포제에 쓰인다.
- **발효법**: 일정한 온도조건하에 발효처리하여 새로운 치료효과를 가지는 별도의 약품을 만들어 내는 방법으로, 신곡(神麯), 담두시(淡豆豉) 등이 있다.
- **돈제법(燉製法)**: 약재를 중탕하여 장시간 고는 방법으로 생지황을 숙지황으로 만들 때도 사용할 수 있다.
- **발아법(發芽法)**: 맥아(麥芽), 곡아(穀芽), 대두황권(大豆黃卷) 등에서와 같이 곡류나 두류 등을 침습시키거나 물을 뿌려 싹이 나게 하는 방법이다.
- **홍배법(烘焙法)**: 분쇄하거나 저장하기에 편리하도록 원료를 약한 불로 간접 혹은 직접 가열하여 충분히 건조시키는 방법이다.

4. 포제에 쓰이는 보료의 역할

보료(輔料)란 수제나 화제의 포제방법에 쓰이는 보조재료를 말한다. 보료 각각이 가지고 있는 성미, 특성에 따라 그 작용이 각각 다르다.

- **술(酒)**: 술을 이용하면 술의 신열(辛熱)한 성질을 빌리어 차가운 성질을 완화시킴과 동시에 활혈통락(活血通絡)하는 효능을 강화시켜 주고 나쁜 맛과 냄새를 제거한다. 동시에 술은 좋은 유기용매제의 하나로서, 일반 알카로이드, 정유 등의 물질을 모두 쉽게 용해시키기 때문에 유효성분이 쉽게 용출되어 치료효과를 높일 수 있다.
- **식초(醋)**: 기혈(氣血)의 운행을 원활하게 하고, 통증을 완화시키는 작용을 한다. 간경(肝經)으로 들어가 유간지통(柔肝止痛)하는 작용을 강화시켜 준다.
- **소금물(鹽水)**: 소금물은 신장을 보익(補腎), 고정(固精)하거나 자음강화(滋陰降

火)하는 약물에 많이 사용한다.

■ **생강즙(生薑汁)**: 약물의 건위(健胃) · 진구(鎭嘔) · 거담(祛痰)하는 효능을 강화시켜 줌과 동시에 약물의 한량(寒凉)한 성질과 일부 약물의 독성 및 용토(湧吐)하는 등의 부작용을 제거시켜 준다. 주로 반하, 남성(南星) 등의 약재를 포제할 때 많이 사용한다.

■ **꿀(蜂蜜)**: 폐를 도와 기침을 멎게 하고(潤肺止咳), 소화흡수기능을 증강시켜 기운을 나게 하는 작용(補脾益氣)을 강화한다. 또한 나쁜 맛이나 냄새를 제거(矯味矯臭)한다.

■ **기름(油)**: 참기름이나 양기름을 이용한다. 단단한 약물이 잘 부수어지게 하고 일부 약물의 유독성분을 제거하여 독성약재에 많이 사용한다.

6장 약선조리이론

1. 약선조리 특징

약선(藥膳)은 보통 음식과는 달리 일반 음식이 가지고 있는 색(色)·향(香)·맛(味)·형태(形) 이외에도 건강증진, 질병의 예방과 치료, 미용, 보건, 장수 등의 효과를 갖추어야 하므로 재료의 선택과 배오(配伍), 조리 방면 등에서 약선만의 특수성을 가진다.

1) 약선재료의 선택

일반 음식의 주요기능은 에너지와 영양을 공급하는 데 있기 때문에 일정 수준의 질과 양을 유지해야 하는 동시에 입맛과 식욕에 맞추기 위해 부단히 재료와 조리방법을 변화시켜야 할 필요가 있다. 그러나 약선은 각각의 병증(病證)과 체질 상태에 근거해 그에 맞는 원료를 선택해야 한다.

예를 들어, 양고기(羊肉)나 개고기(狗肉)와 같이 온신장양(溫腎壯陽) 효능을 가진 재료들은 양허(陽虛)에 편중된 체질의 사람이 추위를 잘 타거나, 허리와 무릎이 시큰거리고 힘이 없거나, 성기능장애 등의 증상이 나타날 때 사용할 수 있다.

이러한 식품들은 영양이 풍부하다 해도 양허(陽虛)인 사람에게는 적합하나 모든 사람에게 적합한 음식은 아니다. 그러므로 약선 원료의 선택과 조합은 약선을 먹는 사람의 상태에 따른 한의학이론에 근거한 원료의 선택과 배방(配方)이 필요하다.

2) 약선조리의 특징

앞 장의 포제(炮製)에서 언급했던 것처럼 모든 경우는 아니지만 약선이 한약재를 포함하는 경우가 있기 때문에 원료의 준비과정과 조리과정 중에서 약재의 유효성분의 손실을 가능한 줄여서 약효가 더욱 잘 발휘될 수 있도록 반드시 조리형식과 방법에도 주의를 기울여야만 한다. 전통적인 약선의 조리방법으로는 주로 중탕(炖), 끓이기(煮), 찜(蒸), 고(悶)를 사용했는데 이는 가열과정 중 약재의 유효성분을 최대한도로 용출시켜 치료효과를 증강시키기 위함이다.

약선의 조리에 있어서는 다른 음식과 마찬가지로 감각기관에서 느껴지는 감각이 매우 중요하다. 만약 약선에서 약재(藥材)가 주체가 된다면 사용자의 입장에서는 약을 먹고 있는 것이지 음식을 먹고 있는 것이 아니라는 느낌을 주게 되고 이는 반드시 식욕에 영향을 미치게 되므로 음식으로서의 목적을 달성하기 어렵게 된다. 그러므로 약선의 조리 · 가공에 있어서는 상황에 따라 약재가 음식 속에서 드러나지 않고 감추어지도록 해야 한다.

대다수의 단미(單味) 약재나 인삼, 황기, 구기자, 천마, 동충하초, 삼칠 등과 같은 일부 고가의 귀한 약재 또는 본래의 맛이나 향 또는 형태와 질감(形質)이 뛰어난 약물은 굳이 숨길 필요가 없으므로 음식과 함께 조리한 후에도 약선을 이용하는 사람의 눈앞에 보이도록 하는 경우가 많다.

반면 전갈이나 수질(水蛭) 같은 약재에서와 같이 일부 혐오감을 준다거나 향이나 맛이 강하다거나 혹은 들어가는 약재의 가지 수가 많은 약선의 경우 약재들로 인해 식욕에 영향을 줄 수 있으므로 이럴 때에는 약물만 따로 제조해서 유효부분을 식재와 함께 조리하는 방법을 사용하는 것이 좋다.

신선한 약재의 즙(汁)이나 약재를 전탕한 후 얻은 약액(藥液)을 식재료와 혼합하거나 약재와 식재를 함께 조리한 후 약재는 빼고 식재만 공급하거나 약재를 분말 형태로 만들어 식재와 함께 조리하는 등의 방법을 사용하게 된다.

이와 같이 약물을 음식 속에 감추어지게 함으로써 약선을 먹는 사람들이 음식의 관능적인 면에 끼치는 약재의 좋지 않은 영향을 최소화함으로써 약선의 목적을 원활하게 달성할 수 있다.

3) 약선양념

우리가 사용하는 여러 양념 종류들은 맛있는 음식에 대한 욕구를 충족시키지만 마늘, 생강, 파 등 많은 조미품(調味品)들이 강한 맛을 지니고 있고 이들은 한의학에서 독자적인 성미와 효능을 가지고 있는 것들이기 때문에 약선의 조리 중에서 이러한 조미품들을 사용할 경우에는 그 원칙과 방법에 주의를 기울여야 한다.

일반적으로 각종 약선 원료들은 조리를 거친 뒤에도 원료 자체의 고유한 맛을 가지게 되므로 강한 조미품들을 사용해 그 본연의 맛을 변화시키는 것은 바람직하지 않다. 왜냐하면 그 본연의 맛이 바로 약선의 효능을 구성하는 일부분이기 때문에 약선의 조리에 있어서는 최대한 그 본래의 맛을 유지하는 것이 중요하다. 물론 일부 음식은 소금과 식용유 등 기본적인 조미품들에 의해 맛을 내어야 먹는 이들이 기꺼이 받아들일 수 있기 때문에 약선에서도 상용되기는 하지만, 후추(胡椒), 회향(茴香), 팔각향(八角香), 천초(川椒), 계피(桂皮) 등은 그 자체가 강한 향미(香味)를 가지고 있고 대개 신감온열(辛甘溫熱)한 성질의 부류에 속하기 때문에 약선에 사용할 때에는 약선을 먹을 사람의 건강 상태에 근거해 선택, 사용해야 한다.

이러한 특징들로 인해 약선을 만들기 위해서는 조리에 능통하는 것 이외에도 한의학적 지식을 가지고 원료의 본초학적인 성질과 효능을 숙지하는 것이 중요하다. 이는 재료들 간의 영양학적 가치뿐 아니라 약리적인 효능을 고려해야 하기 때문에 약선의 조리가 어렵게 느껴지는 이유이다.

2. 약선기본조리방법

1) 약재 달이기(전탕)

한약재의 전탕방법은 처방 자체만큼이나 중요한 요소로서 약재의 효능이 충분히 발휘될 수 있는 전제조건이 된다.

약선음식의 대부분을 차지하고 있는 음차류와 죽, 밥 등은 대부분 약재를 우려내거나 혹은 달인 물을 사용하는 경우가 많고, 국이나 기타 찬품류의 경우에도 약재가 가지고 있는 강한 향미와 좋지 않은 식감 등으로 인해 음식에 직접 첨가하기보다는 달여 낸 약물을 사용하는 것이 바람직한 경우가 많으므로 약재의 전탕방법은 실질적인 약선조리의 기본이라고 할 수 있다. 따라서 약재를 달이는 방법에 대해 달이는 용기, 전처리, 물의 양, 시간 등에 대한 기본적인 방법을 숙지하는 것이 좋다.

(1) 달이는 용기

옛날에는 은기(銀器)를 최고로 하였으나 기본적으로 옹기, 도기, 유리 등의 용기를 사용하는 것이 좋다. 철, 동, 주석 등은 권장하지 않았는데, 특히 철기(鐵器)의 경우 침전이 발생하여 용해도가 떨어지고, 화학반응 등에 의한 성분변화가 효능에 부정적인 영향을 줄 수도 있으므로 사용하지 않는 것이 좋다.

(2) 물(用水)

고대의 의가들은 장류수(長流水, 먼 곳에서부터 흘러오는 강물), 천수(泉水, 샘물), 감란수(甘爛水, 폭포수 등과 같이 휘저어 거품이 있는 물), 미감수(米泔水, 쌀뜨물), 주수(酒水, 술) 등을 사용하였으나 지금에서는 청결한 물을 쓰면 된다. 수돗물이나 우물물, 증류수 등이 사용되는데 최근에는 정수된 물을 사용하는 경우가 많다.

(3) 물의 양

약재와 음식재료의 종류에 따라서 물의 양과 끓이는 시간이 다를 수 있지만 보통 물의 양은 음식재료가 잠기고 3~5cm 정도 올라오게 붓는다. 약재 30g에 대하여 물 1대접(200~300cc)을 사용하는 것이 보통이나 약재의 경우 대부분 건재를 쓰기 때문에 어느 부위를 쓰느냐에 따라 물의 양이 많이 달라지므로 부피에 따라 물의 양을 달리하는 것이 합리적일 수 있다. 나무껍질이나 가지처럼 섬유질이 많은 부위 혹은 작은 종자류 등과 같은 경우 물을 많이 필요로 하지는 않으나 전분이 많은 열매나 뿌리 등은 많은 양의 물을 필요로 하므로 주의해야 한다.

(4) 전처리

포제에서 살펴본 것과 같이 약을 끓일 때에는 우선 약재성분이 잘 우러나도록 얇게 또는 잘게 썰어야 하며 마른 약재나 식재료는 찬물에 30분~2시간 정도 담가 불려서 쓴다. 물에 너무 오래 불리면 약성분이 다 우러나므로 불리기 전에 약재를 깨끗이 씻어서 불리고, 불리고 난 뒤에는 그 물을 그대로 조리용으로 다시 사용해야 약효성분의 유실을 방지할 수 있다.

(5) 불의 세기

불의 세기는 불꽃의 고저(高低)와 불빛의 명암(明暗), 복사열의 강약(强弱) 등을 고려해 대개 센 불(武火), 중간 불(文火), 약한 불(微火)로 나눈다.

센 불은 불꽃이 높고 안정적이며 황백색을 띠고, 불빛이 밝으며 열기가 매우 센 불을 말한다.

중간 불은 불꽃이 낮고 요동치며 붉은색을 띤다. 불빛은 비교적 어두운 편이나 열기는 비교적 강하다.

약한 불은 불꽃이 매우 작아 일었다 죽었다 하고 청록색을 띤다. 불빛은 비교적 어두우며 열기도 세지 않다.

약재를 달일 때는 대개 센 불로 달이다 끓어오르면 불을 줄여 중간 불과 약한 불로 달이게 된다.

(6) 끓이는 시간

일반적으로 기미(氣味)가 무겁고 진한 보약류는 약한 불에서 달이되 끓기 시작하여 1~2시간 동안 오래 달이고, 일반 약은 좀 센 불에서 끓이기 시작하여 30분~1시간 달인다. 기미가 방향(芳香)하여 쉽게 휘발되는 박하나 국화 같은 잎 종류와 꽃 종류 및 발한(發汗)시키는 약은 끓기 시작하여 15~30분 정도 짧게 끓인다. 패각류나 광물성 약재는 다른 약들보다 먼저 달이다 다른 약재를 넣고, 화엽류와 사인, 백두구 같이 방향성이 있는 약재들은 약재들을 달이다가 마지막에 넣고 잠깐만 달이기도 한다.

2) 곡류의 조리

(1) 죽

약이라는 측면과 음식이라는 측면을 모두 가지고 있는 약죽은 질병에 대한 예방치료 효과를 충분히 살리면서도 누구나 먹기 좋게 만들어야 한다. 약죽 만드는 법은 사용하는 약재와 식품의 성질 및 특성에 따라 다음 4가지로 나눌 수 있다.

■ 한약재와 쌀을 함께 끓인다. 원래 상태대로 먹을 수 있는 한약재를 사용하는 약

죽은 대부분 이 방법으로 만든다. 예를 들면, 용안육(龍眼肉), 상심(桑椹, 오디), 산약(山藥), 의이인(薏苡仁), 백자인(柏子仁) 등을 이용한 경우이다.

■ 한약재를 가루 상태로 만들어 쌀과 함께 끓인다. '천화분죽〔天花粉粥, 천화분(하눌타리 뿌리)으로 만든 죽〕', '오수유죽(吳茱萸粥)', '초면죽(椒麵粥, 산초와 밀가루죽)' 등의 예가 있다.

■ 한약재를 달인 물에 쌀을 끓인다. 가장 널리 쓰이는 방법으로 섬유가 많거나 질감이 딱딱하여 소화에 어려움이 있는 약재인 경우 원래 상태로 먹기에 어려우므로 약물로 만든 다음에 이를 죽에 이용한다. '보허정기죽(補虛正氣粥, 원기가 나게 하는 죽)', '발한시죽(發汗豉粥, 발한을 촉진하는 담두시죽)', '삼령죽(蔘苓粥, 인삼과 복령죽)', '토사자죽〔菟絲子粥, 토사자(새삼씨)죽〕' 등은 이 방법으로 만든다.

■ 재료를 끓인 국물로 쌀을 끓인다. 집오리, 돼지족발, 잉어 등을 재료로 사용할 때 흔히 쓰이는 방법이다. 육류 중에서 살코기 외에 뼈가 있거나 결합조직이 많아 질긴 부위는 유효성분을 추출하는 데 오랜 시간이 걸리기 때문에 미리 재료를 푹 고아 낸 다음 이 국물로 죽을 끓여야 한다.

(2) 밥

약선밥은 죽과 마찬가지로 사용하는 식재료와 약재료의 성질과 특징에 따라 약재와 쌀을 함께 넣고 짓는 방법과 약재 달인 물을 넣고 밥을 짓는 방법으로 나눌 수 있다. 수분량을 충분히 하여 푹 퍼지도록 끓이는 죽과 달리 밥은 쌀의 종류와 함께 사용하는 약재 등의 성질에 따라 전처리와 물의 양이 달라야 하므로 주의해야 한다. 잘 된 밥은 쌀알이 잘 퍼져 속심이 없고, 쌀의 외부에 물기가 없으면서도 밥알이 부슬부슬 흩어지지 않아야 한다.

■ **쌀 씻기와 불리기:** 쌀을 씻는 동안 약 10% 흡수되며, 이때 불순물이 함께 스며들고 티아민 손실이 우려되기 때문에 재빨리 씻어야 한다. 쌀을 물에 담가 불리면 물의 온도에 따라 물이 흡수되는 속도와 양이 다르나 2시간 경과 시 30%의 물을 흡수하므로 평상시에는 냉수에 2시간 불리면 되고, 급할 때는 물온도를 높여서 30분간 불린다. 현미나 잡곡, 종실류인 약재를 함께 사용할 때는 미리 불려서 쌀

표 6-1
죽의 종류 및 특성

종류	특성
죽	쌀 분량의 5~6배의 물을 사용 • 옹근죽: 쌀알을 그대로 쑤는 죽 • 원미죽: 쌀알을 굵게 갈아서 쑤는 죽 • 무리죽: 쌀알을 곱게 갈아서 쑤는 죽
암죽	곡물을 말려 가루로 만들어 물을 넣고 끓인 것 • 쌀암죽, 밤암죽
응이	곡물을 갈아서 앙금을 얻어 이것으로 쑨 것 • 율무, 연근, 수수, 갈분, 보리, 밀, 연실, 녹두 등의 앙금을 사용
미음	곡물 분량의 10배가량의 물을 붓고 낟알이 푹 물러 퍼질 때까지 끓인 다음 체에 밭쳐 국물만 마시는 음식 • 쌀, 차조, 메조 등을 사용

자료 : 이주희 외(2008). 과학으로 풀어 쓴 식품과 조리원리. 교문사.

과 익는 속도를 맞추어야 한다.

- **물의 양**: 물의 양은 쌀의 종류와 사용하는 약재의 종류에 따라 달라진다. 현미는 일반미에 비하여 물의 양이 많아야 하고, 건조 상태에 따라서도 묵은 쌀로 밥을 지을 때 햅쌀보다 물을 더 넣어야 한다. 잡곡이나 종실류, 과일류, 근채류 등 수분함량이 쌀보다 많은 재료들과 함께 밥을 지을 경우 물의 양은 쌀의 0.7~1배 정도로 다소 적게 잡는다. 죽과 마찬가지로 섬유질이 많거나 단단하여 소화가 어려운 약재나 식감이 좋지 않은 약재를 사용할 경우에는 약재를 달여 그 약물을 밥물로 잡아 사용한다. 가열하는 동안 증발되는 물의 양은 쌀의 양과 상관이 없으므로 쌀의 양이 적을 때는 상대적으로 많은 양의 물이 필요하다.
- **가열방법**: 처음에는 센 불로 가열하여 물이 끓기 시작하면 용기 안의 쌀 온도가 균일하게 되도록 10분간 끓이고, 물을 많이 흡수하여 팽윤되도록 하기 위해 계속 끓도록 중간 불로 조절하여 5~10분간 끓인다. 외부의 수분이 쌀 속으로 스며들어가 쌀알의 중심부까지 호화되도록 약한 불로 줄여 10~15분간 뜸 들이기를 한다.
- **찹쌀밥**: 찹쌀은 아밀로펙틴이 100%이므로 팽윤도 쉽고, 점성도 강해 멥쌀보다 노화가 느리다. 멥쌀보다 흡수성이 커서 2시간 정도 물에 담가 두면 40% 정도 수

분을 흡수하게 되는데, 맛있는 찹쌀밥을 짓기 위해서는 찹쌀이 호화하는 데 필요한 물의 양이 찹쌀 부피의 0.9배이므로 찹쌀 낟알이 물 위로 올라오게 된다. 그러므로 물에 잠기지 않고 위로 올라와 있는 찹쌀은 수분흡수가 어려워 호화가 어렵고, 물에 잠긴 부분은 수분흡수가 지나쳐 진밥이 된다. 그러므로 수분흡수를 고르게 하려면 찌는 것이 좋다. 뿐만 아니라 찹쌀에 흡수된 물과 수증기만으로는 찹쌀전분의 완전 호화가 어려우므로 찌는 도중에 물을 2~3회 정도 뿌려 주는 것이 좋다.

(3) 떡

떡을 만들기 위해서는 쌀가루의 입자를 부드럽게 하는 것이 중요한데 이를 위해서는 쌀을 8~12시간 정도 충분히 수침하여 분쇄해야만 한다. 약재를 사용할 경우에도 마찬가지로 충분히 불린 후 분쇄하도록 한다. 그리고 쌀 전분이 부드럽게 호화되기 위해서는 수분함량이 약 50%가 필요한데 보통 쌀가루의 수분함량이 약 30%이므로 별도로 쌀가루에 수분을 첨가하여 떡을 만들어야 한다. 만약 수분을 넣어주지 않으면 마른 채 익으므로 재가열해도 익지 않는 딱딱한 떡이 되어 먹을 수 없게 된다. 이때의 수분은 죽이나 밥과 마찬가지로 약재 달인 물을 사용할 수도 있다.

경단이나 송편과 같은 떡을 만들 때 떡반죽은 익반죽을 해야 한다. 왜냐하면 쌀단백질은 물로 반죽했을 때 밀단백질처럼 끈기가 생기지 않기 때문에 끈기 있는 반죽을 만들기 위해서는 끓는 물로 익반죽하여 쌀전분의 호화를 일으켜 끈기가 생기도록 해야 한다.

또한 경단반죽을 할 때 반죽 횟수가 많을수록 공기혼입으로 탄성이 부드러워지고, 입에서의 씹는 질감이 좋아지고, 백색도가 증가하게 된다. 이는 반죽을 하는 동안 경단 속으로 미세한 공기입자가 흡입되어 반죽이 균일한 망상구조가 되기 때문이다.

그 밖에 떡반죽할 때에 설탕을 첨가하면 설탕의 친수성으로 인하여 장시간의 노화를 지연시켜 잘 굳지 않고 쫀득한 질감의 떡을 만들 수 있다.

(4) 만두피

찌는 만두의 만두피는 익반죽을 해야 한다. 찌는 만두는 밀가루 반죽이 증기에 의해 호화되기에는 수분함량이 너무 적기 때문에 미리 뜨거운 물로 일부 호화를 시키고 반죽 내의 수분보유량을 높임으로써 부드러운 만두피를 만들 수 있다. 삶는 만두(물만두)의 만두피는 끓는 물에서 충분히 수분이 공급되어 호화되므로 찬물로 반죽한다.

3) 육류의 조리

(1) 장조림

장조림에 적합한 부위는 지방과 결합조직이 적으며 근섬유 다발이 커서 세로결로 잘 찢어질 수 있는 대접살, 우둔, 홍두깨, 사태 등이 있다. 고기는 큼지막하게 토막을 내어 찬물을 붓고 삶아 어느 정도 익은 후 간장을 넣어 약한 불에 조린다. 연한 설탕물에 넣고 끓이면 더 연하게 끓일 수 있다. 처음부터 간장을 넣어 조리면 삼투현상으로 고기의 육즙이 빠져나와 질겨지고 맛이 없게 된다.

(2) 편 육

편육은 고기의 구수한 맛이 고기에 배어 있도록 하기 위하여 끓는 물에 고기를 덩어리째 넣어 불의 세기를 줄인 후 삶아야 고기 추출물의 유실을 막을 수 있다. 누린내를 제거하기 위해 생강 등을 넣을 때는 생강의 프로테아제에 의해 표면 단백질이 분해되어 결이 지저분하게 될 수 있으므로 고기의 표면이 어느 정도 익어 단백질이 응고된 뒤에 넣는다. 삶는 시간은 3시간 이상 충분히 삶아야 콜라겐의 젤라틴화가 완전히 일어난다. 고기가 다 익은 후에 바로 썰면 고기즙의 유출로 편육이 건조해져 부스러지기 쉬우므로 반드시 식은 후 썰어야 한다. 액체 상태의 젤라틴은 식으면 묵과 같은 형태로 굳으므로 수육을 만들 때는 뜨거운 상태에서 면포로 감싸 실로 묶어두면 고기가 흩어지지 않고 일정한 모양을 유지할 수 있다.

(3) 고깃국

고깃국은 국물에 맛성분들이 많이 추출되어야 하므로 고기를 찬물에 넣고 끓이기 시작하여 끓으면 불의 세기를 줄여 콜라겐이 젤라틴화될 때까지 충분히 끓인다. 적합한 부위는 아미노산, 유기산, 핵산 같은 맛성분이 많이 들어 있는 운동량이 많은 부위인 양지머리나 사태가 좋다.

(4) 뼛 국

사골과 같은 뼛국은 넉넉한 물에 사골(뼈)을 넣고 끓이는데, 뽀얀 국물을 만들기 위해서는 뚜껑을 닫고 끓여야 한다. 뚜껑을 닫고 끓이다 보면 국물 속에 들어 있는 작은 분자의 지방구가 휘발하다가 뚜껑에 맺혀 다시 국물 속에 떨어지면서 육수 안에서 더 작은 입자로 분해되어 인지질이 분산된 상태의 유화액이 만들어져 뽀얀 국물이 만들어진다.

(5) 찜

찜은 결합조직이 많은 갈비, 사태, 대접살, 목, 양지, 꼬리 등의 질긴 부위를 이용한다. 우선 고기에 간을 하지 않고 소량의 액체를 넣어 뚜껑을 닫고 푹 익혀야 부드럽게 먹을 수 있다. 그 다음 각종 양념을 넣어 간을 하고 채소를 넣고 다시 끓여 맛이 배이게 한다.

(6) 수 프

서양음식에서 수프를 만들기 위해서는 우선 수프 스톡, 즉 육수를 만들어야 한다. 이 육수는 목, 장정육, 사태, 꼬리, 다리, 양지 등과 같은 질긴 고기와 뼈를 이용하며 고기나 뼈의 핏물을 빼고 찬물부터 끓이기 시작한다. 2~3시간 끓인 다음 양파, 셀러리, 파, 당근 등 각종 채소와 월계수잎, 정향, 후추 등의 향신료를 넣고 2시간가량 끓인 다음 여과하여 수프 스톡을 만든다. 이렇게 만든 수프 스톡을 기본으로 하여 각종 수프를 만들 수 있다.

4) 어패류의 조리

(1) 전처리

- 어류: 어류의 비린내는 표피부분에서 많이 나며 주원인은 트리메틸아민(TMA)과 피페리딘에 의하며 수용성이므로 흐르는 물에 씻으면 제거된다. 물로 씻는 어취의 제거방법 외에 식초나 과즙을 뿌리거나 콜로이드 흡착성이 있는 된장, 고추장, 우유와 같은 재료를 이용할 수도 있고, 황화합물을 함유한 파, 마늘, 양파를

이용하여 비린내를 약화시킬 수 있다. 그 밖에 술과 같이 알코올의 휘발성을 이용하거나 강한 향과 풍미를 지닌 생강, 후추, 고추, 파슬리, 고추냉이, 미나리, 깻잎 등의 채소를 이용하여 비린내를 감소시킬 수 있다. 세척 후에는 물기를 제거하고 용도에 따라서 자른 뒤에 다시 씻지 않고 조리한다. 왜냐하면 수용성의 단백질이나 이노신산(inosinic acid) 같은 맛성분이 유실되기 때문이다.

■ 조개: 조개는 껍데기를 깨끗이 씻은 다음 스스로 해감하도록 해야 한다. 해감 시 소금물의 농도는 바닷물 염도(3~4%)보다 반드시 낮아야 하며 1~2시간 동안 주위를 어둡게 하고 담가 두면 입을 벌리고 자연스럽게 흙이나 모래가 나오게 된다. 만약, 소금물 농도가 바닷물 농도보다 높으면 조개가 탈수되어 질기고 맛이 없다. 해감을 하면 조개가 세포 안팎의 삼투압을 조절하기 위해 세포 내의 아미노산을 증가시키므로 맛이 좋아진다. 굴은 옅은 소금물에 가볍게 씻으면서 껍데기를 제거하고 무즙을 약간 넣었다가 씻으면 검은 점액이 깨끗하게 제거된다. 민물조개인 재첩은 맹물에 해감한다.

■ 연체류와 갑각류: 새우는 내장이 등쪽에 있으므로 등쪽 두 번째 마디 사이로 꼬지를 넣어 내장을 제거한다. 익었을 때 동그랗게 수축되는데 이를 방지하려면 배쪽에 잔칼집을 넣거나 꼬챙이를 길이로 끼우면 된다.

오징어는 무색투명할수록 신선한 것이며, 껍질의 색소포가 터져 전체가 붉은색이 되면 신선도가 떨어진다. 오징어 근육은 직경 5μm 가는 근섬유가 가로방향으로 평행하게 발달되어 있어 말린 오징어가 옆으로 잘 찢어진다. 오징어 조리 시 모양이 줄어들지 않게 하기 위해서는 가열했을 때 수축의 방향이 껍질과 근육이 직각이므로 껍질을 벗긴 오징어 안쪽에 두께의 반 정도까지 칼집을 넣으면 된다. 오징어를 솔방울 모양으로 완전히 둥글게 하려면 오징어의 안쪽에 칼집을 넣고, 약간 둥글게 하려면 껍질에 군데군데 칼집을 넣어야 한다.

(2) 조 림

생선은 가열하면 살이 단단해지고 무게가 감소하는데 이는 생선의 구조 단백질이 가열에 의해 응고되고 수축하기 때문이다. 생선살이 가열에 의해 단단해지는 정도는 생선의 종류에 따라 다르므로 흰살생선과 붉은살생선은 조리법이 약간 다르다.

조림은 처음부터 양념을 넣어야 재료의 맛이 용출되고 형태를 유지할 수 있다. 흰살생선은 살이 부드럽고 담백하므로 최소한의 열을 가하여 생선 자체의 맛을 살려야 한다. 너무 오래 끓이면 생선살이 단단해지고 비린내가 나며 맛이 저하될 수 있다. 그래서 양념국물이 끓기 시작할 때 생선을 넣고 양념국물의 양이 처음의 1/2 정도 되었을 때 불을 꺼야 한다.

붉은살생선은 살이 비교적 단단하고 흰살생선보다 비린내가 강하므로 양념이 깊이 스며들 수 있도록 처음에는 간을 약하게 하여 생선살의 중심부까지 열이 전달되도록 비교적 오래 졸이는 것이 좋다.

(3) 구 이

구이는 생선 자체의 맛을 살리는 조리법으로 생선을 구우면 수분은 비린내 성분과 함께 증발하고 단백질은 응고하며 지방은 용해된다. 지방함량이 높은 생선에 더욱 적합하며 조미하는 방법에 따라 소금구이와 양념구이로 나눌 수 있다. 소금구이는 작은 생선은 통으로 굽고, 큰 생선은 도막을 내어 굽기 전에 소금에 짜지 않게 절이고 구울 때 소금을 뿌려 굽는다. 양념구이는 양념장에 20~30분간 담갔다가 맛이 들게 한 다음 굽거나 생선을 어느 정도 구운 후 양념장을 발라 가며 굽는다.

(4) 찌 개

생선찌개는 비린내가 나지 않고 살이 단단한 대구, 우럭, 생태, 병어, 민어, 조기 등의 흰살생선이 많이 이용된다. 찌개에 넣기 전에 신선한 생선을 손질하여 소금을 조금 뿌려 두면 살이 단단해지고 간이 잘 배어 맛이 좋다. 생선찌개를 끓일 때는 반드시 국물이 끓을 때 생선을 넣고 약 5~10분간 더 끓여야 국물이 맑게 된다. 그러나 너무 오래 끓이면 생선살이 풀어지므로 주의한다.

(5) 튀 김

생선튀김은 지방함량이 높은 생선을 튀기면 기름이 생선에 스며들어 기름기가 너무 많게 되고 튀기는 과정에서 생선기름이 나와 기름의 질을 떨어뜨린다. 그러므로 지방함량이 적은 흰살생선이 적합하다.

(6) 전유어

생선전유어는 대구, 동태, 민어, 광어 등 흰살생선이 적합하다. 새우와 패주는 잔칼집을 넣어야 심하게 수축되는 것을 방지할 수 있고, 굴은 소금물에 씻어 건져내 물기를 없앤다. 특히, 생선전을 할 때 생선의 소금간은 전 부치기 직전에 해야 한다. 소금간을 해놓고 전부치는 시간이 길어지거나, 밀가루를 묻힌 다음 바로 전을 부치지 않으면 삼투압 현상에 의해 생선에서 육즙이 흘러나와 생선전의 질감이 건조하게 되고, 가루멍울이 생겨 전을 부칠 때 타거나 지저분하게 된다. 그러므로 반드시 전 부치기 직전에 생선에 밑간을 하고 밀가루를 얇게 묻혀 즉시 달걀 푼 것에 담갔다가 달구어 놓은 번철에 기름을 두르고 지져야 한다.

2부 약선조리의 실제

practice part

1. 감기
2. 기침
3. 불면
4. 식은땀
5. 소화불량 · 식욕부진
6. 설사
7. 변비
8. 현기증
9. 허리다리통증
10. 부종
11. 빈뇨
12. 기억력 감퇴 · 집중력 저하
13. 시력저하
14. 당뇨병
15. 고혈압
16. 비만

감기

감기는 바이러스에 의한 코와 목부분을 포함한 상부호흡기계의 감염 증상으로, 재채기, 콧물, 코막힘, 발열, 인후통 등이 주요 증상이다. 대개는 5~7일이면 낫지만 경우에 따라 바이러스 감염으로 손상당한 점막이 2차적으로 세균에 의해 감염되어 고열과 함께 전신증상이 나타나기도 한다.

변증유형은 침습된 사기(邪氣)에 따라 풍한(風寒), 풍열(風熱), 서습(暑濕) 등으로 나뉜다.

감기에 많이 쓰는 약재·식재

선산풍한(宣散風寒) 생강(生薑) | 파(蔥) | 고수(胡荽) | 갓(芥菜) | 계지(桂枝) | 차조기잎(紫蘇葉)

소산풍열(疏散風熱) 박하(薄荷) | 뽕잎(桑葉) | 국화(菊花) | 칡뿌리(葛根) | 두시(豆豉) | 차(茶) | 무(蘿葍)

一. 곽향미음 감기

여름철 감기에 적합하다. 여름철 습기와 무더위로 인해 기운이 없고 몸이 무거우며 두통과 메스꺼움, 기침, 콧물 등이 동반되는 감기 증상에 응용한다. 곽향은 우리나라에서 배초향, 방아풀 등의 이름으로 불리며, 방향성이 강해 여름철의 서습(暑濕)을 제거하는 데 자주 이용되는 재료이다.

■ 효능: 청서거습해표(淸暑祛濕解表)

만드는 법

1. 곽향을 돌냄비에 넣고 물을 부어 20분쯤 달인 뒤 체에 거른다.
2. 찹쌀가루에 물을 넣고 덩어리 없이 잘 푼다.
3. ①의 곽향 달인 물을 끓인다. ②와 설탕을 넣고 저으면서 잠시 더 끓여 낸다. 하루에 3~4회 마신다.

재료(본초명)	성 미	귀 경	효 능
곽향 藿香	신미온 辛微溫	폐비위 肺脾胃	거서해독 祛暑解毒 화습화위 化濕和胃
찹쌀 糯米	감온 甘溫	비위폐 脾胃肺	보중익기 補中益氣 건비지사 健脾止瀉 축뇨 縮尿 염한 斂汗 해독 解毒

재료 및 분량

곽향 20g, 찹쌀가루 1컵, 물 10컵, 설탕 2큰술

곽향

二. 파죽 감기

노인들이나 몸이 허약한 사람들이 감기에 걸려 오한, 발열과 두통, 코막힘 등이 있을 때 적합하다. 세균성 이질 초기에도 쓸 수 있다. 파는 발한(發汗)을 촉진하여 열을 내리는 작용을 하기 때문에 감기에 흔히 사용되며, 파기름이 기관지 점막을 가볍게 자극하여 점막으로부터의 분비를 촉진하므로 가래를 제거하는 데 효과적이다. 또 위장기능의 조정 · 혈액순환의 개선 · 이뇨작용도 한다.

■ 효능: 발한산한해표(發汗散寒解表)

재료 및 분량

파뿌리 5개, 불린 멥쌀 2컵, 물 12컵, 소금 1/2작은술

TIP

총백(葱白)은 파의 흰 부분과 파뿌리를 함께 쓴다.

만드는 법

1. 파의 뿌리와 흰 부분을 5cm 길이로 잘라 깨끗이 씻어 둔다.
2. 냄비에 불린 멥쌀을 넣고 물을 붓고 파를 넣는다. 처음에는 센 불에서 끓이다가 불을 줄여 쌀이 잘 퍼질 때까지 끓인다.
3. 거의 다 되었을 때 소금으로 밑간하여 그릇에 담아 수시로 먹는다.

재료(본초명)	성미	귀경	효능
파뿌리 葱白	신온 辛溫	폐위 肺胃	발표 통양 해독 發表 通陽 解毒
멥쌀 粳米	감평 甘平	비위폐 脾胃肺	보기건비 제번갈 지사리 補氣健脾 除煩渴 止瀉痢

三. 자소엽죽 감기

자소엽죽(紫蘇葉粥)은 풍한(風寒)으로 인한 감기로 코가 막히고 콧물이 흐르며 기침과 식욕부진 등이 있는 경우에 적합하다. 자소는 일본식 매실장아찌인 우메보시를 만들 때 쓰는 차조기를 말하는 것으로 감기에 많이 쓰이는 재료이며 해산물로 인한 식중독 예방 및 치료에도 쓰인다.

■ 효능: 해표발한(解表發汗), 소풍산한(消風散寒)

재료 및 분량

차조기잎(말린 것) 10g, 불린 멥쌀 2컵, 물 12컵, 참기름 1큰술, 고추장 1/2큰술

TIP

- 자소엽죽을 먹고 이불을 덮거나 옷을 두껍게 입고 땀을 좀 내는 것이 효과적이다.
- 고추장은 성미가 신온(辛溫)하여 해표발한 효능을 돕는다.

차조기잎

만드는 법

1. 불린 멥쌀을 냄비에 담고 참기름과 고추장을 넣어 볶는다.
2. 볶은 쌀에 물을 붓고 처음에는 센 불에서 끓이다 가끔 저어가며 약한 불에서 쌀이 잘 퍼지도록 끓인다.
3. 잘 퍼진 죽에 차조기잎을 곱게 채 썰어 넣고 저어가며 잠시 끓여 낸 뒤 그릇에 담는다.

재료(본초명)	성미	귀경	효능
차조기잎 紫蘇葉	신온 辛溫	폐비위 肺脾胃	산한해표 행기화담 안태 해어해독 散寒解表 行氣化痰 安胎 解魚蟹毒
멥쌀 粳米	감평 甘平	비위폐 脾胃肺	보기건비 제번갈 지사리 補氣健脾 除煩渴 止瀉痢

四. 우엉씨죽 감기

오한, 발열과 인후통 등이 동반되는 풍열(風熱)감기에 적합하다. 우엉씨는 우방자(牛蒡子)라고 하는데 인후통을 동반한 감기에 효과적이며 통변(通便)을 원활하게 하여 열을 내리는 데도 도움이 된다. 그러므로 감기 이외 인후염이나 편도선염, 이하선염 등에도 응용할 수 있다.

■ 효능: 소풍산열(疎風散熱)

재료 및 분량

우엉씨 30g, 불린 멥쌀 2컵, 물 12컵, 설탕 1큰술

TIP

우엉씨를 구하기 어렵다면 우엉을 다져서 사용할 수도 있으나 효능은 우엉씨에 비해 떨어진다.

우엉씨

만드는 법

1. 우엉씨를 씻어 건져 돌냄비에 담아 물을 붓고 천천히 달여 체에 걸러 준비한다.
2. 냄비에 불린 멥쌀과 우엉씨 달인 물을 넣고 설탕을 약간 넣는다. 처음에는 센 불에서 끓이다가 불을 줄여 쌀이 잘 퍼질 때까지 끓인다.

재료(본초명)	성 미	귀 경	효 능
우엉씨 牛蒡子	신고한 辛苦寒	폐위 肺胃	소산풍열 선폐이인 투진해독 통변 疏散風熱 宣肺利咽 透疹解毒 通便
멥쌀 粳米	감평 甘平	비위폐 脾胃肺	보기건비 제번갈 지사리 補氣健脾 除煩渴 止瀉痢
설탕 白砂糖	감평 甘平	비폐 脾肺	화중완급 생진윤조 和中緩急 生津潤燥

五. 생강계피차 감기

풍한(風寒)으로 인한 감기로 오한, 발열과 함께 몸이 쑤시는 증상과 위통, 메스꺼움 등 감기 증상이 위장(胃腸)으로 나타나는 경우에 적합하다.

■ 효능: 해표발한(解表發汗), 거한건위(祛寒健胃)

재료 및 분량

생강 2톨(50g), 계피 20g, 물 10컵, 흑설탕 2큰술

계피

만드는 법

1. 생강은 씻어 껍질을 벗기고 편으로 썰어 물을 부어 10분쯤 약한 불에서 끓여 체에 거른다.
2. 계피는 작게 잘라 냄비에 넣고 물을 부어 10분쯤 약한 불에서 끓여 체에 거른다.
3. 생강물과 계피 달인 물을 합하여 흑설탕을 넣고 한 번 더 끓인 다음 수시로 마신다.

재료(본초명)	성 미	귀 경	효 능
생강 生薑	신온 辛溫	폐위비 肺胃脾	산한해표 강역지구 화담지해 해독 散寒解表 降逆止嘔 化痰止咳 解毒
계피 桂皮	신감온 辛甘溫	비위간신 脾胃肝腎	온중산한 이기지통 溫中散寒 理氣止痛
흑설탕 赤砂糖	감온 甘溫	간비위 肝脾胃	보비난간 활혈파어 補脾暖肝 活血破瘀

EXPO 2006

六. 박하차 감기

풍열(風熱)감기로 인해 오한, 발열과 두통, 기침, 목이 아픈 증상 등이 나타나는 경우에 적합하다.

■ 효능: 신량해표(辛涼解表)

재료 및 분량

국화 3g, 박하 3g, 인동꽃 5g, 노근 5g, 흑설탕 적당량, 물 5컵

TIP

박하는 절대 오래 끓이지 않도록 한다.

국화

박하

인동꽃

노근

만드는 법

1. 노근을 돌냄비에 담고 물 5컵을 부어 15분간 끓인다.
2. 여기에 국화, 박하, 인동꽃을 마지막에 넣고 3분간 더 끓인 후 흑설탕을 기호에 맞게 적당량 넣어 수시로 마신다.

재료(본초명)	성미	귀경	효능
국화 菊花	감고미한 甘苦微寒	폐간 肺肝	소풍청열 평간명목 해독소종 疏風清熱 平肝明目 解毒消腫
박하 薄荷	신량 辛涼	폐간 肺肝	선산풍열 청리두목 이인 소간해울 宣散風熱 清利頭目 利咽 疏肝解鬱
인동꽃 金銀花	감한 甘寒	폐위 肺胃	청열해독 清熱解毒
노근 蘆根	감한 甘寒	폐위방광 肺胃膀胱	청열제번 투진해독 清熱除煩 透疹解毒
흑설탕 赤砂糖	감온 甘溫	간비위 肝脾胃	보비난간 활혈산어 補脾暖肝 活血散瘀

기침

기침이란 기도의 이물질이나 분비물을 배설하기 위한 생체방어반응이다. 이러한 기침은 후두를 포함한 기도의 자극에 의해 반사적으로 발생하는 것이 대부분이며, 보통 3주 이내의 기침은 상기도 감염(감기, 급성부비동염 등)이 가장 흔한 원인이다. 기침이 8주 이상 계속되면 만성기침이라고 하는데, 만성폐쇄성폐질환, 폐암, 만성부비동염(축농증), 위-식도 역류증, 역류성 후두염 등의 질환이 원인이 되며 이 외에도 다양한 약물복용이 만성기침의 원인이 될 수 있다.

한의학에서 기침은 해수(咳嗽)라고 하는데 담(痰, 가래) 없이 소리만 나는 것을 해(咳), 소리 없이 담(痰)만 있는 것을 수(嗽)라 한다. 대개의 경우 두 가지가 함께 나타나므로 통칭해 해수라고 한다. 이러한 기침은 폐의 기(氣)가 상역(上逆)하여 일어나는 것으로 외부 사기(邪氣)에 의해 일어나는 외감(外感)과 내부 장기의 기능장애와 사기(邪氣)의 침습으로 인한 내상(內傷)으로 나눌 수 있다.

외감의 경우 실증(實證)이 많고 내상의 경우 실증과 허증이 모두 있을 수 있으며 변증유형은 외감의 경우, 풍한습폐(風寒襲肺), 풍열범폐(風熱犯肺), 풍조상폐(風燥傷肺), 내상의 경우 담습온폐(痰濕蘊肺), 담열울폐(痰熱鬱肺), 간화범폐(肝火犯肺), 폐음휴모(肺陰虧耗) 등으로 나눌 수 있다.

기침에 많이 쓰는 약재·식재

은행(白果) | 살구씨(杏仁) | 배(梨) | 귤(橘) | 비파(枇杷) | 레몬(檸檬) | 동아씨(冬瓜子) | 무(蘿菖) | 도라지(桔梗) | 생강(生薑) | 갓(芥菜) | 쑥갓(茼蒿) | 죽순(毛笋) | 수세미(絲瓜) | 계화(桂花) | 해조(海藻) | 미역(海帶) | 해파리(海蜇) | 김(紫菜) | 전호(前胡) | 패모(貝母) | 하늘타리(瓜蔞) | 소자(蘇子) | 자완(紫菀) | 관동화(款冬花) | 상백피(桑白皮) | 비파엽(枇杷葉)

一. 배죽 기침

열(熱)의 정체(停滯)에 의한 폐(肺)기능 장애를 개선하여 기침이나 끈적거리는 가래, 호흡곤란 등의 호흡기계질환을 치유한다. 폐열(肺熱)에 의한 기침이나 가래가 심한 사람과 목이 건조하고 가슴이 메슥거리는 사람에게 적합하다.

■ 효능: 청열화담지해(淸熱化痰止咳)

만드는 법

1. 배는 껍질을 벗긴 다음 과육을 굵게 채 썬다.
2. 불린 멥쌀을 냄비에 넣고 물을 부어 쌀이 잘 퍼지도록 저으면서 끓이다가 채 썬 배를 넣고 10분쯤 더 끓여 낸다.

재료 및 분량

배 1개, 불린 멥쌀 2컵, 물 12컵

재료(본초명)	성 미	귀 경	효 능
배 梨	감량 甘凉	폐위 肺胃	생진윤조 청열 화담 生津潤燥 淸熱 化痰
멥쌀 粳米	감평 甘平	비위폐 脾胃肺	보기건비 제번갈 지사리 補氣健脾 除煩渴 止瀉痢

二. 백합죽 기침

정신을 안정시키고 폐, 기관지 등을 윤활하게 하여 기침을 진정시킨다. 만성기관지염이나 노인들의 잦은 기침이 오래 되어 마른기침과 가래에 피가 섞여 나오는 증상이 나타나는 경우에 적합하다.

■ 효능: 양음익폐지해(養陰益肺止咳)

재료 및 분량

백합 30g, 수삼 1뿌리, 대추 10개, 불린 찹쌀 2컵, 물 14컵, 설탕 2큰술

백합

대추

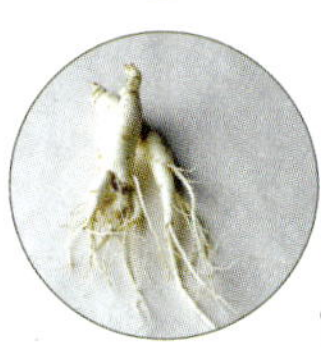

인삼

만드는 법

1. 백합은 물에 씻어서 따뜻한 물에 담가 불렸다 건지고 수삼과 대추는 깨끗이 씻어 놓는다.
2. 불린 찹쌀, 백합, 대추, 수삼을 냄비에 넣고 물을 부어 센 불에 올려놓는다.
3. 끓어오르면 불을 약하게 한 다음, 뚜껑을 조금 열어 놓고 40분 정도 끓인다. 마지막으로 설탕을 넣어 맛을 내어 그릇에 옮겨 담는다.

재료(본초명)	성 미	귀 경	효 능
백합 百合	감미고미한 甘微苦微寒	심폐 心肺	양음윤폐 청심안신 養陰潤肺 清心安神
대추 大棗	감온 甘溫	심비위 心脾胃	보비위 익기혈 안심신 조영위 화약성 補脾胃 益氣血 安心神 調營衛 和藥性
찹쌀 糯米	감온 甘溫	비위폐 脾胃肺	보중익기 건비지사 축뇨 염한 해독 補中益氣 健脾止瀉 縮尿 斂汗 解毒
인삼 人蔘	감미고미온 甘微苦微溫	폐비심신 肺脾心腎	대보원기 고탈 생진 안신 大補元氣 固脫 生津 安神

三. 패모맥문동죽 기침

패모맥문동죽(貝母麥門冬粥)은 노인들의 마른기침이나 감기 후 오래도록 기침이 낫지 않고 가래가 적으며 가래에 피가 섞여 나올 정도로 진액이 부족한 경우에 적합하다. 천패모와 맥문동은 폐의 진액(津液)을 보익하는 효능을 가지고 있고 천패모는 기침을 잦아들게 한다.

■ 효능: 자음윤폐(滋陰潤肺), 지해화담(止咳化痰)

재료 및 분량

천패모 12g, 맥문동 12g, 불린 멥쌀 2컵, 물 12컵, 참기름 1큰술

TIP

천패모포제법

천패모는 분말을 내어 물에 담가 둔 후 위에 뜬 것을 제거하고 가라앉은 것만 사용한다.

천패모

맥문동

만드는 법

1. 천패모는 곱게 빻아 체에 쳐서 물에 담가 불려 둔다.
2. 맥문동은 미지근한 물에 20분쯤 불린다.
3. 냄비에 불린 멥쌀과 참기름을 넣고 천천히 볶다가 물을 붓고 난 다음 가라앉은 천패모와 불린 맥문동을 넣고 천천히 쌀이 잘 퍼지도록 끓인다.

재료(본초명)	성미	귀경	효능
천패모 川貝母	감고미한 甘苦微寒	폐심 肺心	지해화담 윤폐산결 止咳化痰 潤肺散結
맥문동 麥門冬	감미고미한 甘微苦微寒	폐위심 肺胃心	자음윤폐 익위생진 청심제번 滋陰潤肺 益胃生津 淸心除煩
멥쌀 粳米	감평 甘平	비위폐 脾胃肺	보기건비 제번갈 지사리 補氣健脾 除煩渴 止瀉痢

四. 견과수프 기침

폐신(肺腎)의 허약으로 인한 만성기관지염이나 폐기종에 적합하다. 신장은 납기(納氣)라고 해서 숨을 깊게 쉴 수 있게 하는 생리기능이 있다. 때문에 신장의 대사기능이 허약할 경우에도 숨이 짧아지고 폐의 기를 붙잡지 못해 상역(上逆)하게 되므로 기침이 나타나게 된다. 은행과 살구씨, 호두, 땅콩 모두 폐의 생리기능을 돕고 기침을 멎게 하는 효능을 가지고 있다.

■ 효능: 부정고본(扶正固本), 보신윤폐(補腎潤肺), 납기평천(納氣平喘)

재료 및 분량

은행 5알, 살구씨 8g, 호두 40g, 땅콩 1/2컵, 물 5컵, 달걀 1개, 소금 약간

은행

살구씨

호두

만드는 법

1. 은행과 살구씨, 호두와 땅콩을 블렌더에 넣어 간다.
2. 냄비에 ①의 견과류 간 것을 넣고 물을 조금씩 넣어가며 멍우리 없이 잘 풀어 약한 불에서 천천히 끓인다.
3. 끓는 수프에 달걀을 풀어 넣고 소금으로 간을 맞추어 낸다.

재료(본초명)	성 미	귀 경	효 능
은행 白果	감고삽평소독 甘苦澁平小毒	폐신 肺腎	염폐정천 지대축뇨 斂肺定喘 止帶縮尿
살구씨 杏仁	고미온소독 苦微溫小毒	폐대장 肺大腸	강기화담 지해평천 윤장통변 降氣化痰 止咳平喘 潤腸通便
호두 胡桃仁	감삽온 甘澁溫	신간폐 腎肝肺	보신익정 온폐정천 윤장통변 補腎益精 溫肺定喘 潤腸通便
땅콩 落花生	감평 甘平	비폐 脾肺	건비양위 윤폐화담 健脾養胃 潤肺化痰
달걀 鷄子	감평 甘平	–	자음윤조 양혈안태 滋陰潤燥 養血安胎

五. 은행닭볶음 기침

폐와 신장의 기능허약으로 기침을 하고 가래가 많은 경우, 혹은 폐결핵 환자의 치료보조식으로 적합하다. 폐와 신장의 기능을 강화시켜 기침을 멎게 할 뿐 아니라 냉대하, 다뇨증, 유뇨증(遺尿症) 등의 개선에도 응용할 수 있다.

■ 효능: 보신익폐(補腎益肺), 화담지해(化痰止咳)

재료 및 분량

닭가슴살 200g, 소금 1작은술, 청주 1작은술, 녹말 2큰술, 튀김기름 1컵, 통도라지 2뿌리, 은행 1/2컵

양념 간장 2큰술, 설탕 1큰술, 청주 1큰술, 참기름 · 후춧가루 약간, 소금 적당량

은행

만드는 법

1. 닭가슴살은 사방 1cm 정사각형으로 썰어서 소금, 청주로 밑간하여 녹말을 묻혀 기름을 달구어 튀겨 낸다.
2. 통도라지는 씻어서 어슷하게 썬다.
3. 속껍질이 있는 은행을 체에 담아 끓는 기름에 넣어 껍질을 벗긴다.
4. 달구어진 팬에 튀긴 닭가슴살과 어슷 썬 도라지, 은행을 넣고 간장, 설탕, 청주를 넣고 볶다가 참기름, 후춧가루, 소금으로 볶아 낸다.

재료(본초명)	성미	귀경	효능
은행 白果	감고삽평소독 甘苦澁平小毒	폐신 肺腎	염폐정천 지대축뇨 斂肺定喘 止帶縮尿
닭고기 鷄肉	감온 甘溫	비위 脾胃	온중익기 보정전수 溫中益氣 補精塡髓
도라지 桔梗	고신평 苦辛平	폐위 肺胃	선폐거담 이인배농 宣肺祛痰 利咽排膿

六. 다시마닭조림 기침

기운이 없고 식욕이 없으면서 기침이 반복적으로 나오고 가래가 많은 경우에 적합하다. 속을 따뜻하게 하고 기운을 내게 하는 닭고기를 주재료로 하여 비위(脾胃)의 소화흡수작용을 돕고 이로 인해 노폐물인 담(痰)이 생성되는 것을 줄인다. 여기에 이미 형성된 담을 삭혀 줄 수 있는 다시마를 배합하여 담으로 인해 가래가 많고 기침이 잦은 경우에 응용할 수 있다.

■ 효능: 온중익기(溫中益氣), 화담지해(軟堅止咳)

재료 및 분량

다시마 30cm, 물 2컵, 닭날개 20개(밑간 양념: 청주 1큰술, 간장 1큰술), 대파 1/2대, 생강 1톨, 식용유 1/2컵, 소금 · 후춧가루 약간

양념 간장 2큰술, 설탕 1큰술, 청주 1큰술, 후춧가루 약간, 참기름 1큰술, 소금 적당량

TIP

기침이 잦고 가래가 많아도 열을 동반하여 가래의 색이 누렇고 악취가 나는 경우에는 적합하지 않다.

만드는 법

1. 닭날개는 씻어 건져 물기를 없애고 청주와 간장으로 밑간한다.
2. 다시마는 10cm 길이로 잘라 2컵의 물을 부어 1시간쯤 담가 둔다.
3. 팬을 달구어 기름을 두르고 대파는 어슷썰고, 생강은 편으로 썰어 기름에 볶아 향이 나면 닭날개를 넣고 노릇하게 지져 낸다.
4. 냄비에 지진 닭과 다시마를 건져 넣고 간장, 설탕, 청주를 넣고 다시마 국물을 부어 끓인다.
5. 국물이 조금 남을 때 후춧가루와 참기름을 넣고 소금 간하여 국물이 자작할 때까지 뚜껑을 열고 조린다.
6. 그릇에 닭날개를 담고 다시마는 작게 썰어 그 옆에 담아 낸다.

재료(본초명)	성미	귀경	효능
다시마 昆布	감한 甘寒	간위신 肝胃腎	연견화담 이수소종 軟堅化痰 利水消腫
닭고기 鷄肉	감온 甘溫	비위 脾胃	온중익기 보정전수 溫中益氣 補精塡髓

七. 귤설기 기침

담습(痰濕)으로 인한 기침으로 가래가 많고 식욕이 떨어지는 경우에 적합하다. 비위(脾胃)의 기능허약으로 수분대사가 활발하지 못하면서 담습 등의 노폐물 적체가 늘어나고 폐에 쌓이면서 기침과 가래 증상이 함께 나타나게 되며 몸도 무겁고 소화력도 떨어진다. 귤설기는 소화를 돕고 담습을 제거하는 효과를 기대할 수 있다.

■ 효능: 이기관중(理氣寬中), 조습화담(燥濕化痰)

재료 및 분량

멥쌀가루 5컵, 소금 1큰술, 귤홍 3개분, 설탕 1컵

TIP

귤홍과 귤피는 모두 귤껍질을 말한다. 단, 귤피는 귤껍질을 건조해 오래 묵힌 진피(陳皮)를 지칭하는 이명(異名)이다. 효능은 진피가 좀 더 우수하나 큰 차이는 없다.

만드는 법

1. 멥쌀가루는 고운체에 2번 내린다.
2. 귤홍은 깨끗이 씻어 곱게 채 썰어 설탕에 버무린다.
3. 쌀가루에 절여진 귤홍을 넣고 고루 섞는다.
4. 찜통에 젖은 보를 깔고 가루를 넣고 평평히 하여 뚜껑을 덮고 20분 정도 찐다.
5. 나무젓가락에 흰가루가 묻지 않으면 10분쯤 뜸을 들인 다음 불을 끄고 한 김 나가면 썰어 담는다.

재료(본초명)	성미	귀경	효능
귤홍 橘紅	신고온 辛苦溫	폐비 肺脾	산한조습 이기화담 관중건위 散寒燥濕 理氣化痰 寬中健胃
멥쌀 粳米	감평 甘平	비위폐 脾胃肺	보기건비 제번갈 지사리 補氣健脾 除煩渴 止瀉痢
설탕 白砂糖	감평 甘平	비폐 脾肺	화중완급 생진윤조 和中緩急 生津潤燥

八. 천초배숙 기침

한사(寒邪)로 인한 급, 만성기관지염이나 감기 등에 적용한다.

■ 효능: 온폐화담지해(溫肺化痰止咳)

재료 및 분량

천초 2큰술, 배(大) 1개, 잣 1큰술, 설탕 3큰술, 물 7컵

천초

만드는 법

1. 천초는 물을 부어 1분가량 잠시 끓여 고운체에 거른다.
2. 배는 6등분하여 껍질을 벗기고 모서리를 제거한다.
3. 천초물에 배와 설탕을 넣어 약한 불에 올려놓고 천천히 배가 투명하게 익을 때까지 끓인다.
4. 뜨겁게 또는 차게 식혀서 그릇에 담고 잣을 띄워 낸다.

재료(본초명)	성미	귀경	효능
배 梨	감미산량 甘微酸涼	폐위 肺胃	생진윤조 청열 화담 生津潤燥 淸熱 化痰
천초 花椒	신온소독 辛溫小毒	비위신 脾胃腎	온중지통 제습지사 살충지양 溫中止痛 除濕止瀉 殺蟲止痒

九. 무돼지고기군만두 기침

위에 작용하여 소화흡수기능을 촉진시키는 동시에 호흡기계의 기능을 증진시켜 가래를 제거한다. 식욕부진과 복부창만, 소화불량 등의 증상과 기침에 가래가 많은 증상 등을 개선시키는 데 응용할 수 있다.

■ 효능: 건위이기(健胃理氣), 소식화담(消食化痰)

재료 및 분량

무 200g, 돼지고기(살코기) 간 것 200g, 만두피 1봉(20장), 생강즙 1작은술, 다진 파 2큰술, 소금 약간, 식용유 2큰술, 물 6큰술

만드는 법

1. 돼지고기는 곱게 다져 준비한다.
2. 채 썬 무는 끓는 소금물에 데쳐 찬물에 헹궈 꼭 짠다.
3. ①의 돼지고기와 ②의 무채에 생강즙, 다진 파, 소금을 넣고 물 2큰술을 넣어 오랫동안 치대어 만두소를 만든다.
4. 만두피에 소를 넣고 가장자리에 물을 발라 서로 잘 붙게 꼭꼭 포크로 누른다.
5. 팬에 기름을 두르고 만두를 넣어 앞뒤로 지진 다음 물 4큰술을 넣고 뚜껑을 덮어 잠시 쪄 낸다.

재료(본초명)	성미	귀경	효능
무 蘿蔔	신감량 辛甘涼	비위폐대장 脾胃肺大腸	소식 하기 화담 지혈 消食 下氣 化痰 止血
돼지고기 猪肉	감함미한 甘鹹微寒	비위신 脾胃腎	보허 자음 윤조 補虛 滋陰 潤燥
밀 小麥	감미한 甘微寒	심비 心脾	양심 제열 지갈 염한 養心 除熱 止渴 斂汗

十. 청인음 기침

풍열(風熱) 사기(邪氣)가 호흡기계를 침습하여 일어나는 기침과 인후통을 진정시키고 가래를 없애 준다. 상기도(上氣道)의 염증에 효과적이며 호흡기계를 자윤(滋潤)하여 호흡기계의 기능저하에 따르는 여러 가지 증세를 개선한다. 하루에 세 번 마신다.

■ 효능: 청인이후(清咽利喉), 윤폐지해(潤肺止咳)

재료 및 분량

오매 1개, 감초 3g, 잔대 10g, 맥문동 10g, 물 12컵, 설탕 적당량

TIP

- 잔대가 없는 경우 더덕을 대신 사용해도 된다.
- 별법: 모든 약재를 말려서 가루로 하여 병에 담아 두고 끓는 물을 부어 1시간쯤 두었다 마셔도 된다.

오매

잔대

감초

맥문동

만드는 법

1. 오매, 감초, 잔대, 맥문동을 씻어 건져 돌냄비에 넣고 물을 부어 약한 불에서 1시간 정도 끓인다.
2. 기호에 맞게 설탕을 넣어 마신다.

재료(본초명)	성미	귀경	효능
오매 烏梅	산평 酸平	간비폐대장 肝脾肺大腸	염폐지해 斂肺止咳 삽장지사 澁腸止瀉 지혈 止血 생진 生津 안회 安蛔
감초 甘草	감평 甘平	비위심폐 脾胃心肺	화중완급 和中緩急 윤폐 潤肺 해독 解毒 조화제약 調和諸藥
잔대 沙蔘	감미고미한 甘微苦微寒	폐위 肺胃	양음청열 養陰淸熱 윤폐화담 潤肺化痰 익위생진 益胃生津
맥문동 麥門冬	감미고미한 甘微苦微寒	폐위심 肺胃心	자음윤폐 滋陰潤肺 익위생진 益胃生津 청심제번 淸心除煩

十一. 무즙을 넣은 꿀물 기침

급성기관지염, 기침, 인후통에 적합하다. 소아의 백일해나 감기기침에도 응용할 수 있다.

■ 효능: 지해화담(止咳化痰)

재료 및 분량

무즙 8큰술, 꿀 2큰술,
끓는 물 4컵

TIP

꿀 대신 조청을 사용해도 된다.

만드는 법

1. 무는 강판에 갈아 꼭 짜서 무즙을 낸다.
2. 찻잔에 꿀을 넣고 무즙을 넣어 끓는 물을 부어 잘 섞어 마신다.

재료(본초명)	성미	귀경	효능
무 蘿蔔	신감량 辛甘凉	비위폐대장 脾胃肺大腸	소식 하기 화담 지혈 消食 下氣 化痰 止血
꿀 蜂蜜	감평 甘平	비위폐대장 脾胃肺大腸	보중 지해 윤조 해독 補中 止咳 潤燥 解毒

十二. 관동화약차 기침

감기로 인한 기침 및 급, 만성기관지염 등 상기도 염증에 의한 기침 등에 활용된다. 관동화와 자완 모두 기침에 상용되는 약재이다.

■ 효능: 윤폐하기(潤肺下氣), 화담지해(化痰止咳)

만드는 법

다관에 관동화, 자완, 녹차를 넣고 따끈한 물을 부어 2분쯤 두었다가 첫물은 따라 내고 다시 물을 부어 10분쯤 두었다 여러 번 나누어 마신다.

재료(본초명)	성미	귀경	효능
관동화 款冬花	신미감온 辛微甘溫	폐 肺	윤폐하기 화담지해 潤肺下氣 化痰止咳
자완 紫菀	고신온 苦辛溫	폐 肺	윤폐하기 화담지해 潤肺下氣 化痰止咳
녹차 茶葉	고감량 苦甘凉	심폐위신 心肺胃腎	청두목 제번갈 소식 화담 이뇨 해독 淸頭目 除煩渴 消食 化痰 利尿 解毒

재료 및 분량 

관동화 3g, 자완 3g, 녹차 3g, 물 5컵

TIP

관동화와 자완은 약용으로만 사용하게 되어 있다.

관동화

자완

불면

불면증은 정상적인 수면을 취할 수 없는 증상으로 최근에는 질병으로까지 분류되고 있다. 일반적으로 잠들기가 어려운 '수면 개시장애'와 잠들었다가 자주 깨거나 일찍 깨어 다시 잠들지 못하는 '수면 유지장애'로 나눌 수 있다.

밤은 음의 기운이 나타나는 때로, 충분한 휴식을 취하기 위해 부교감신경이 활성화되어 신경이 안정된다. 만약 이때 화가 나 있거나, 감정적으로 흥분해 있다면, 부교감신경 대신 교감신경이 여전히 활성화되어 쉽사리 잠들지 못하게 된다. 며칠 밤을 샌다든지 무리하여 근무한 뒤에도 오히려 잠을 이루지 못하는데, 이때 역시 며칠간 수면시간에 혼란이 생겨 잠을 자야 할 시간에도 교감신경이 흥분 상태로 고정되어 있기 때문이다.

변증유형은 실증(實證)과 허증(虛證)으로 나누어 살펴볼 수 있다.

실증에는 간기(肝氣)의 울결이 화(火)로 변한 간울화화(肝鬱化火)와 식적(食積)이나 담습(痰濕)이 정체되어 담열(痰熱)이 발생한 담열내요(痰熱內擾)가 있고, 허증(虛證)에는 음혈의 부족으로 상대적으로 화가 왕성해진 음허화왕(陰虛火旺), 심장과 비장의 기혈(氣血)이 부족한 심비양허(心脾兩虛), 심장과 담의 기허(氣虛)로 인한 심담기허(心膽氣虛) 등이 있다.

불면에 많이 쓰이는 재료들은 대개 안신(安神) 효능을 가진 것들로 그 외 음혈을 보하는 보혈(補血), 양음(養陰) 효능의 재료들과 진정작용이 있는 청열(清熱) 효능의 재료들이 많다.

불면에 많이 쓰는 약재·식재

통밀(小麥) | 마(山藥) | 죽순(毛笋) | 원추리나물(金針菜) | 양송이(蘑菇) | 조기(石首魚) | 대추(大棗) | 연밥(蓮子) | 오디(桑椹子) | 산조인(酸棗仁) | 측백씨(柏子仁) | 원지(遠志) | 합환피(合歡皮) | 영지(靈芝) | 용안육(龍眼肉) | 백합(百合)

一. 용안산조인차 불면

수험생 등과 같이 지나친 두뇌활동으로 피곤하고 얼굴색이 좋지 못하며 잠을 잘 자지 못하는 경우에 적합하다. 용안육과 산조인 모두 양혈안신(養血安神) 효능을 가지고 있어 마음을 가라앉히고 편안한 수면을 취하는 데 도움을 준다.

■ 효능: 양혈안신(養血安神)

만드는 법

1. 약재는 씻어 체에 건진다.
2. 돌냄비에 물을 담고 약재를 넣어 처음에는 센 불에 올려서 끓으면 불을 약하게 줄여 천천히 30분 정도 달인다.
3. 차처럼 수시로 마신다.

재료(본초명)	성미	귀경	효능
용안육 龍眼肉	감온 甘溫	심비 心脾	보심비 익기혈 안신 補心脾 益氣血 安神
산조인 酸棗仁	감평 甘平	심간 心肝	영심안신 양간 염한 寧心安神 養肝 斂汗

재료 및 분량

용안육 15g, 산조인 6g, 물 12컵

용안육

산조인

二. 대추소맥감초차 불면

심장의 음혈(陰血)부족으로 불안초조하고 우울하며 잠을 잘 못 이루고 하품을 자주 하는 경우에 적합하다. 《금궤요략(金匱要略)》에서 장조증(臟躁症)을 치료하는 데 쓰인 유명한 처방이다.

■ 효능: 양심안신(養心安神)

재료 및 분량

구운 감초 6g, 통밀 20g, 대추 10개, 물 12컵

감초

대추

만드는 법

1. 대추는 돌려깎기하여 씨를 발라 낸다.
2. 구운 감초와 통밀은 씻어 건진다.
3. 돌냄비에 물을 붓고 준비된 감초, 통밀, 대추를 넣고 약한 불에서 30분쯤 달인다.
4. 끓여 낸 약재는 체에 거르고, 차는 따뜻하게 하여 수시로 마신다.

재료(본초명)	성 미	귀 경	효 능
감초 甘草	감평 甘平	비위심폐 脾胃心肺	화중완급 윤폐 해독 조화제약 和中緩急 潤肺 解毒 調和諸藥
통밀 小麥	감미한 甘微寒	심비 心脾	양심 제열 지갈 염한 養心 除熱 止渴 斂汗
대추 大棗	감온 甘溫	심비위 心脾胃	보비위 익기혈 안심신 조영위 화약성 補脾胃 益氣血 安心神 調營衛 和藥性

三. 숙면약차 불면

수험생 등과 같이 지나친 두뇌활동으로 피곤하고 얼굴색이 좋지 못하며 잠을 잘 자지 못하는 경우에 적합하다. 보기(補氣)할 수 있는 황기, 만삼 등과 함께 양음(養陰)하는 오미자, 산조인, 측백씨 등을 더해 기음(氣陰)부족으로 인한 불면에 응용하기 적합하다.

■ 효능: 익기양심(益氣養心)

재료 및 분량

황기 10g, 만삼 10g, 당귀 6g, 복령 10g, 오미자 6g, 산조인 12g, 측백씨 12g, 구운 감초 3g, 물 12컵

황기

오미자

만삼

산조인

당귀

측백씨

복령

감초

만드는 법

1. 약재는 씻어 물기를 제거한다.
2. 돌냄비에 물을 담고 오미자를 제외한 약재를 넣는다. 처음에는 센 불에 올려 끓으면 불을 약하게 줄여 천천히 30분 정도 달인 다음, 오미자를 넣고 5분 정도 더 끓인다.
3. 끓인 약재는 체에 걸러서 국물을 차로 하여 따뜻하게 수시로 마신다.

재료(본초명)	성미	귀경	효능
황기 黃芪	감온 甘溫	폐비 肺脾	익기승양 고표지한 이수소종 탁독생기 益氣升陽 固表止汗 利水消腫 托毒生肌
만삼 黨蔘	감평 甘平	비폐 脾肺	건비보폐 익기생진 健脾補肺 益氣生津
당귀 當歸	감신고온 甘辛苦溫	간심비 肝心脾	보혈활혈 조경지통 윤조활장 補血活血 調經止痛 潤燥滑腸
복령 茯苓	감담평 甘淡平	심비폐신 心脾肺腎	이수삼습 건비화위 영심안신 利水滲濕 健脾和胃 寧心安神
오미자 五味子	산온 酸溫	폐심신 肺心腎	수렴고삽 익기생진 영심안신 收斂固澁 益氣生津 寧心安神
산조인 酸棗仁	감평 甘平	심간 心肝	영심안신 양간 염한 寧心安神 養肝 斂汗
측백씨 柏子仁	감평 甘平	심신대장 心腎大腸	양심안신 염한 윤장통변 養心安神 斂汗 潤腸通便
감초 甘草	감평 甘平	비위심폐 脾胃心肺	화중완급 윤폐 해독 조화제약 和中緩急 潤肺 解毒 調和諸藥

四. 귀비탕 불면

귀비탕(歸脾湯)은 지나치게 머리를 많이 쓰거나 생각이 과도하여 심장과 비장의 기능허약과 기혈(氣血)의 부족으로 가슴이 두근거리고 안정되지 않는 것을 치료하는 대표적 처방의 하나이다. 동일한 원인으로 잠이 잘 오지 않는 경우에 차로 하여 이용할 수 있다.

■ 효능: 익기보혈(益氣補血), 건비양심(健脾養心)

재료 및 분량

황기 12g, 만삼 10g, 당귀 6g, 백출 6g, 복신 12g, 용안육 10g, 산조인 12g, 원지 3g, 구운 감초 3g, 목향 2g, 대추 6g, 물 12컵

만드는 법

1. 약재는 씻어 체에 건진다.
2. 돌냄비에 물을 담고 약재를 넣어 센 불에 올려서 끓으면 불을 약하게 줄여 천천히 30분 정도 달인다.
3. 체에 걸러서 국물을 차로 하여 수시로 마신다.

재료(본초명)	성미	귀경	효능
황기 黃芪	감온 甘溫	폐비 肺脾	익기승양 고표지한 이수소종 탁독생기 益氣升陽 固表止汗 利水消腫 托毒生肌
만삼 黨蔘	감평 甘平	비폐 脾肺	건비보폐 익기생진 健脾補肺 益氣生津
당귀 當歸	감신고온 甘辛苦溫	간심비 肝心脾	보혈활혈 조경지통 윤조활장 補血活血 調經止痛 潤燥滑腸
삽주뿌리 白朮	고감온 苦甘溫	비위 脾胃	건비익기 조습이수 지한 안태 健脾益氣 燥濕利水 止汗 安胎
복신 茯神	감담평 甘淡平	심비 心脾	영심 안신 이수 寧心 安神 利水
용안육 龍眼肉	감온 甘溫	심비 心脾	보심비 익기혈 안신 補心脾 益氣血 安神
산조인 酸棗仁	감평 甘平	심간 心肝	영심안신 양간 염한 寧心安神 養肝 斂汗
원지 遠志	신고미온 辛苦微溫	심폐신 心肺腎	영심안신 거담개규 해독소종 寧心安神 祛痰開竅 解毒消腫
감초 甘草	감평 甘平	비위심폐 脾胃心肺	화중완급 윤폐 해독 조화제약 和中緩急 潤肺 解毒 調和諸藥
목향 木香	신고온 辛苦溫	비위간폐 脾胃肝肺	행기지통 조중도체 行氣止痛 調中導滯
대추 大棗	감온 甘溫	심비위 心脾胃	보비위 익기혈 안심신 조영위 화약성 補脾胃 益氣血 安心神 調營衛 和藥性

황기

만삼

당귀

삽주뿌리

용안육

산조인

원지

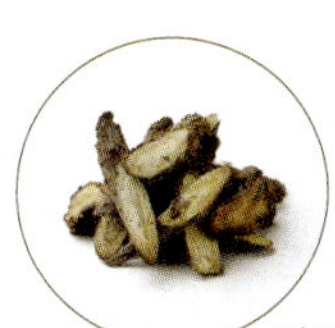
감초

목향

대추

五. 은이백합죽 불면

음허(陰虛)로 인한 불면에 적합하다. 몸 안에 물에 해당하는 음진(陰津)이 부족하면 상대적으로 불에 해당하는 열이 생기면서 밤이 되도 안정되지 못하고 과도한 흥분 상태가 된다. 이런 경우 불면과 함께 불안초조하고 가슴이 두근거리며 건망증과 귀울림 등이 동반된다. 심장의 열을 내려 주면서 정신을 안정되게 하는 백합과 진액을 생성하여 촉촉하게 해주는 백목이버섯을 이용해 이러한 증상들을 가라앉히도록 조합한 약선이다.

■ 효능: 양음청심안신(養陰淸心安神)

재료 및 분량

백목이버섯 10g, 백합 10g, 불린 멥쌀 2컵, 물 12컵, 참기름 1큰술, 소금 적당량

백목이버섯

백합

만드는 법

1. 백목이버섯은 씻어 미지근한 물에 30분쯤 담가 잘게 뜯는다.
2. 마른 백합도 미지근한 물에 담가 불려 건져 둔다.
3. 두꺼운 냄비에 참기름을 두르고 쌀과 준비된 백목이버섯, 백합을 넣고 나무주걱으로 저으면서 볶다가 물을 붓고 끓인다.
4. 한소끔 끓어오르면 불을 약하게 줄이고 밥알이 투명해질 때까지 서서히 끓인다.
5. 소금으로 간을 맞추어 그릇에 담는다.

재료(본초명)	성 미	귀 경	효 능
멥쌀 粳米	감 평 甘平	비 위 폐 脾胃肺	보기건비 제번갈 지사리 補氣健脾 除煩渴 止瀉痢
백목이버섯 銀耳	감 담 평 甘淡平	–	자음생진 윤폐양위 滋陰生津 潤肺養胃
백합 百合	감 미 고 미 한 甘微苦微寒	심 폐 心肺	양음윤폐 청심안신 養陰潤肺 淸心安神

六. 수삼을 넣은 만두 불면

심비(心脾)의 기능허약으로 잠을 잘 못 자고 잘 깨며 건망증이 심해지는 경우에 적합하다. 평소에도 기운과 식욕이 없는 편으로 원기를 회복시키고 정신을 안정시키는 효능을 가진 인삼과 보혈작용이 있는 시금치, 익기양혈(益氣養血) 효능을 가진 돼지고기를 조합한 약선음식이다.

■ 효능: 보기양혈안신(補氣養血安神)

재료 및 분량

수삼 25g(인삼가루 5g), 시금치 400g, 돼지고기 다진 것(등심) 200g, 밀가루 1/2컵, 소금 1작은술, 물 5큰술, 녹말 적당량

양념 1 소금 1큰술, 다진 파 2큰술, 다진 마늘 1큰술, 다진 생강 1/3작은술, 참기름 1큰술, 깨소금 1큰술, 후춧가루 약간

양념 2 간장 2큰술, 식초 2큰술, 물 2큰술, 잣가루 1큰술

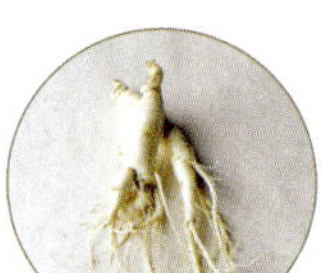

인삼

만드는 법

1. 시금치 1/3 분량은 블렌더에 소량의 물을 넣고 곱게 갈아 면포에서 한 번 걸러 내어 만두피 반죽에 넣을 시금치즙을 만든다.
2. 밀가루에 1/3 분량의 ①의 시금치즙과 뜨거운 물, 소금을 넣고 반죽한다. 30분 정도 두었다가 치대어 얇게 밀어 8cm의 둥근 모양으로 떠서 만두피를 만든다.
3. 수삼은 솔로 살살 문질러 깨끗이 씻은 뒤 머리는 떼어 내고, 굵게 채 썬 다음 곱게 다진다(인삼은 가루로 하여 체에 곱게 내린다).
4. 다진 돼지고기에 양념 1을 넣어 잘 섞은 다음 다진 수삼과 ①의 송송 썬 시금치를 넣어 만두소를 만든다.
5. 둥근 만두피에 ④의 소를 넣고 여러 가지 모양으로 빚는다.
6. 찜통에 김이 오르면 만두를 넣고 20분쯤 쪄 낸다.
7. 초간장은 양념 2를 합하여 만든 다음 찐만두와 함께 낸다.

재료(본초명)	성미	귀경	효능
인삼 人蔘	감미고미온 甘微苦微溫	폐비심신 肺脾心腎	대보원기 고탈 생진 안신 大補元氣 固脫 生津 安神
시금치 菠菜	감평 甘平	간위대장 肝胃大腸	양혈 지혈 평간 윤조 養血 止血 平肝 潤燥
돼지고기 猪肉	감함미한 甘鹹微寒	비위신 脾胃腎	보허 자음 윤조 補虛 滋陰 潤燥

七. 만삼대추찰밥 불면

평소 기운이 없고 허약하며 쉽게 피곤하면서 잠을 잘 못 이루는 경우에 적합하다. 보기(補氣)하는 만삼과 보기하면서도 양혈안신(養血安神) 효능이 있는 대추를 더해 심비양허(心脾兩虛)유형의 불면에 이용할 수 있다.

■ 효능: 익기양혈안신(益氣養血安神)

재료 및 분량

만삼 10g, 대추 20g, 불린 찹쌀 3컵, 물 5컵, 설탕 2큰술, 소금 1작은술

만삼

대추

만드는 법

1. 만삼과 대추를 물에 담가 1시간 동안 불려 놓는다.
2. 냄비에 만삼과 대추를 넣고 물을 부어 중약불에 올려 30분 정도 끓인다. 약물이 4컵 정도 되면 불린 찹쌀을 넣는다.
3. 소금과 설탕을 넣어 밥을 짓는다.
4. 한 번 끓어오르면 중간 불로 줄이고 쌀알이 퍼지면 불을 약하게 하여 뜸을 들인 후 위아래를 잘 섞어 밥그릇에 푼다.

재료(본초명)	성미	귀경	효능
만삼 黨蔘	감평 甘平	비폐 脾肺	건비보폐 익기생진 健脾補肺 益氣生津
대추 大棗	감온 甘溫	심비위 心脾胃	보비위 익기혈 안심신 조영위 화약성 補脾胃 益氣血 安心神 調營衛 和藥性
찹쌀 糯米	감온 甘溫	비위폐 脾胃肺	보중익기 건비지사 축뇨 염한 해독 補中益氣 健脾止瀉 縮尿 斂汗 解毒

八. 연자백합돼지고기조림 불면

마음을 안정시키는 안신(安神)작용이 있는 연밥과 백합에, 몸 안에 음진(陰津)을 더해 주는 자음윤조(滋陰潤燥) 효능을 가진 돼지고기를 더한 약선이다. 음허(陰虛)로 잠이 잘 안 오고 가슴이 두근거리며 초조한 증상이 나타나는 데 적합하다.

■ 효능: 익비위(益脾胃), 양심신(養心神)

재료 및 분량

연밥 1/2컵, 백합 1/2컵, 돼지고기(안심) 400g

고명 홍고추채 약간, 지단채 1개분, 잣 1작은술

양념장 간장 4큰술, 다진 파 3큰술, 다진 마늘 1큰술, 다진 생강 1/2작은술, 설탕 2큰술, 참기름 1큰술, 깨소금 1큰술, 청주 1큰술, 식용유 2큰술, 소금 적당량

연밥

백합

만드는 법

1. 돼지고기를 굵게 채 썬다.
2. 연밥은 더운 물에 30분쯤 담갔다 건져낸 뒤 비벼서 껍질을 벗기고 꼬지로 심을 없앤다. 백합은 미지근한 물에 담가 불린다.
3. 양념장은 간장에 나머지 재료를 넣어 잘 섞어 둔다.
4. 냄비에 식용유를 두르고 돼지고기 썬 것과 양념장 1큰술을 넣고 불에 올려 저어가며 반쯤 익도록 볶는다.
5. 돼지고기에 불린 연밥과 백합을 넣고 나머지 양념장을 넣은 다음 물을 자작하게 붓고 중간 불에서 서서히 끓인다.
6. 국물이 거의 졸아 들고 간이 고루 들면 뜨거울 때 그릇에 담아 홍고추채, 지단, 잣을 고명으로 올린다.

재료(본초명)	성미	귀경	효능
연밥 蓮子	감삽평 甘澁平	비신심 脾腎心	보비지사 익신고정 補脾止瀉 益腎固精
백합 百合	감미고미한 甘微苦微寒	심폐 心肺	양음윤폐 청심안신 養陰潤肺 淸心安神
돼지고기 猪肉	감함미한 甘鹹微寒	비위신 脾胃腎	보허 자음 윤조 補虛 滋陰 潤燥

九. 토마토목이버섯달걀볶음 불면

간신음허(肝腎陰虛)로 잠이 안 오고 허리와 무릎이 시큰거리며 눈이 침침한 경우에 적합하다. 진액을 만들어 갈증을 줄여 주는 토마토와 보기양혈(補氣養血)하는 목이버섯에 간과 신장의 기능을 보익하는 효능을 가진 구기자를 더해 진액과 정혈(精血)이 부족하기 쉬운 노인들이나 장기요양환자들의 불면에 적합하다.

■ 효능: 자음윤조(滋陰潤燥), 양혈안신(養血安神)

재료 및 분량

구기자 1/3컵, 토마토 2개, 목이버섯 20g, 달걀 4개, 설탕 1/2큰술, 소금 · 후춧가루 약간, 식용유 2큰술

구기자

만드는 법

1. 목이버섯은 불려서 잘게 뜯는다.
2. 구기자는 미지근한 물에 20분쯤 불려 둔다.
3. 토마토는 심을 떼어 내고 깍두기 모양으로 썬다.
4. 달걀에 설탕, 소금, 후춧가루를 넣고 잘 섞은 다음 준비된 목이버섯, 토마토, 구기자를 넣고 고루 섞는다.
5. 팬에 기름을 두르고 달구어지면 ④의 재료를 넣고 부드럽게 볶아 낸다.

재료(본초명)	성미	귀경	효능
토마토 番茄	산미감평 酸微甘平	–	청열해독 양혈평간 淸熱解毒 凉血平肝
목이버섯 木耳	감평 甘平	폐비대장간 肺脾大腸肝	보익기혈 윤폐지해 지혈 補益氣血 潤肺止咳 止血
달걀 鷄子	감평 甘平	–	자음윤조 양혈안태 滋陰潤燥 養血安胎
구기자 枸杞子	감평 甘平	간신폐 肝腎肺	양간 자신 윤폐 養肝 滋腎 潤肺

十. 돼지고기백합된장국 불면

기음(氣陰)부족으로 인한 불면에 적합하다. 평소에도 기운이 없고 쉽게 피곤하나 잠을 잘 이루지 못하고 불안초조한 증상이 있는 경우에 이용할 수 있다. 몸 안의 정혈(精血)을 보하는 돼지고기에 기운을 더하는 만삼, 심장의 열을 내려주면서 정신을 안정시켜 주는 백합을 배합하여 배추 속을 넣고 시원하게 끓인 된장국이다.

■ 효능: 익기양음안신(益氣養陰安神)

재료 및 분량

만삼 15g, 백합 30g, 돼지고기(살코기) 150g, 배추속대 200g, 대파 1/2대, 된장 2큰술, 다진 마늘 1작은술, 소금 약간, 물 8컵

만삼

백합

만드는 법

1. 돼지고기는 살코기로 준비하여 곱게 채 썰어 된장, 파, 다진 마늘을 넣고 무친다.
2. 만삼과 백합은 따뜻한 물에 담가 불린 다음 약한 불에서 부드럽게 될 때까지 끓인다.
3. 배추는 씻어 어슷어슷 썰어 둔다.
4. 냄비에 ①의 돼지고기를 넣고 볶듯이 익히다가 ②의 만삼, 백합 끓인 것과 배추 썰어 둔 것을 넣는다. 약한 불에서 천천히 끓이면서 어슷썬 파를 넣고 20분 정도 푹 끓인 다음 소금으로 간을 맞추어 낸다.

재료(본초명)	성미	귀경	효능
돼지고기 猪肉	감함미한 甘鹹微寒	비위신 脾胃腎	보허 자음 윤조 補虛 滋陰 潤燥
만삼 黨蔘	감평 甘平	비폐 脾肺	건비보폐 익기생진 健脾補肺 益氣生津
백합 百合	감미고미한 甘微苦微寒	심폐 心肺	양음윤폐 청심안신 養陰潤肺 清心安神
배추 黃芽白菜	감평 甘平	위 胃	통리장위 양위화중 이소변 通利腸胃 養胃和中 利小便

十一. 오징어패주달걀찜 불면

물을 주관하는 신장에 물이 부족하여 상대적으로 심장의 불이 왕성해지면 밤이 되도 마음을 진정시키지 못하고 깊은 잠에 들지 못한다. 노인들이나 큰 병을 앓고 난 환자들이 입안이 마르고 건조하며 잠을 잘 못 이루는 경우에 적합하다. 오징어와 패주, 달걀 모두 정혈(精血)을 보익하는 데 자주 쓰이는 재료이다. 여기에 간신(肝腎)의 정혈을 더하는 구기자를 배합하여 불면뿐 아니라 노인들이나 환자의 영양식으로도 적합하다.

■ 효능: 양혈자음안(養血滋陰安神)

재료 및 분량

구기자 12g, 오징어 1마리, 패주 2개, 달걀 4개, 소금 · 후춧가루 약간, 조미술 1큰술, 물 4큰술

구기자

만드는 법

1. 구기자는 미지근한 물에 담가 부드럽게 만든다.
2. 오징어는 내장을 빼고 껍질을 벗겨 깨끗이 씻은 다음 끓는 물에 살짝 데쳐서 잘게 썰어 둔다.
3. 패주는 굵게 다진다.
4. 달걀은 흰자와 노른자가 잘 섞이도록 풀어 소금, 후춧가루, 조미술을 넣고 물 4큰술과 오징어, 패주, 구기자를 넣고 잘 섞는다.
5. 뚝배기에 ④의 재료를 넣고 약한 불에 얹는다. 저어가며 타지 않게 익힌다.

재료(본초명)	성미	귀경	효능
오징어 烏賊魚	함평 鹹平	간신 肝腎	양혈자음 養血滋陰
패주 江珧柱	감함평 甘鹹平	–	자음보신 조중소식 滋陰補腎 調中消食
달걀 鷄子	감평 甘平	–	자음윤조 양혈안태 滋陰潤燥 養血安胎
구기자 枸杞子	감평 甘平	간신폐 肝腎肺	양간 자신 윤폐 養肝 滋腎 潤肺

十二. 마복령경단 불면

심장과 비장의 기운이 약해 꿈이 많고 잠이 잘 깨며 가슴이 두근거리고 잠을 못 이루는 유형에 적합하다. 마와 복령, 인삼 모두 기운을 더하는 재료로 심장과 비장의 기가 부족한 것을 채워 준다. 대추는 기를 더하면서도 양혈안신(養血安神) 효능이 있어 불면이나 불안초조, 빈혈 등에 많이 쓰이는 재료이다.

■ 효능: 익기건비안신(益氣健脾安神)

재료 및 분량

복령 10g, 마 100g, 찹쌀가루 2컵, 소금 약간

소 대추 3개, 유자절임 2큰술, 수삼 다진 것 2큰술, 꿀 적당량

인삼

마

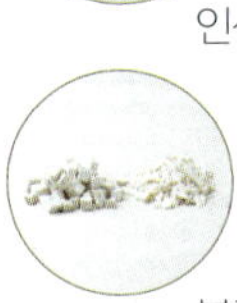

복령

대추

만드는 법

1. 마를 깨끗이 씻어서 껍질을 벗긴 다음 토막 내어 찜통에 넣고 20분간 쪄서 칼등으로 으깬다.
2. 찹쌀가루에 마 으깬 것, 복령 고운 가루, 소금 약간을 넣고 끈기나게 섞는다.
3. 소는 대추를 돌려깎기하여 씨를 빼고 곱게 다진 다음, 유자절임과 수삼 곱게 다진 것을 섞어 준다.
4. ②의 찹쌀가루 반죽을 밤톨만큼 떼어 ③의 소를 넣고 지름 2cm 정도의 경단을 빚는다.
5. 경단에 녹말가루를 고루 묻힌다.
6. 끓는 물에 넣어서 떠오르면 찬물에 담갔다 바로 건져 낸다.
7. 기호에 따라 꿀물에 띄워 음료로 먹거나 꿀을 발라 먹는다.

재료(본초명)	성미	귀경	효능
인삼 人蔘	감미고미온 甘微苦微溫	폐비심신 肺脾心腎	대보원기 고탈 생진 안신 大補元氣 固脫 生津 安神
복령 茯苓	감담평 甘淡平	심비폐신 心脾肺腎	이수삼습 건비화위 영심안신 利水滲濕 健脾和胃 寧心安神
마 山藥	감평 甘平	비폐신 脾肺腎	보비 양폐 고신 익정 補脾 養肺 固腎 益精
대추 大棗	감온 甘溫	심비위 心脾胃	보비위 익기혈 안심신 조영위 화약성 補脾胃 益氣血 安心神 調營衛 和藥性
찹쌀 糯米	감온 甘溫	비위폐 脾胃肺	보중익기 건비지사 축뇨 염한 해독 補中益氣 健脾止瀉 縮尿 斂汗 解毒

十三. 마대추꿀병 불면

산약은 '마'라고도 불리며 소화흡수기능을 돕고, 신장의 기능과 폐기능을 원활히 하는 데 많이 활용되는 식재이면서 약재이다. 신장과 비장이 기능저하로 기혈(氣血)을 생성하고 정혈(精血)을 운용하는 데 문제가 생기면 전신의 피로감과 함께 심신불안, 불면이 생기기 쉽다. 마를 이용해 비장과 신장의 기운을 더해 주고 대추와 꿀을 배합해 양혈안신(養血安神) 효능을 더하도록 하였다.

■ 효능: 보비익신(補脾益腎), 양혈안신(養血安神)

재료 및 분량

마 300g, 대추 5개, 꿀 1/2컵

마

대추

만드는 법

1. 마를 깨끗이 씻어 껍질을 벗긴 다음 0.5cm로 둥글게 썬다.
2. 찜통에 젖은 보를 깔고 썬 마를 넣고 10분 정도 찐다.
3. 대추는 돌려깎기하여 씨를 빼고, 대추살을 밀대로 얇게 밀어 곱게 채 썬다.
4. 찐 마를 식혀서 꿀에 묻힌 다음 곱게 썬 대추 채를 묻힌다.

재료(본초명)	성미	귀경	효능
마 山藥	감평 甘平	비폐신 脾肺腎	보비 양폐 고신 익정 補脾 養肺 固腎 益精
대추 大棗	감온 甘溫	심비위 心脾胃	보비위 익기혈 안심신 조영위 화약성 補脾胃 益氣血 安心神 調營衛 和藥性
꿀 蜂蜜	감평 甘平	비위폐대장 脾胃肺大腸	보중 지해 윤조 해독 補中 止咳 潤燥 解毒

十四. 영지떡갈비 불면

과로나 병을 앓고 난 후 기(氣)와 진액(津液)의 부족으로 잠을 잘 못 이루고 꿈이 많으며 기운이 없고 어지럼증 등의 증상이 나타나는 경우에 적합하다. 영지는 보기(補氣)하면서 안신(安神) 효능을 가지고 있으며 돼지고기와 호두, 마 등이 더해져 부족한 기(氣)와 음진(陰津)을 보익한다.

■ 효능: 익기양음(益氣養陰)

재료 및 분량

마가루 30g, 영지버섯가루 10g, 팔각회향가루 1g, 호두 15g, 돼지고기(살코기) 300g, 생강즙 1작은술, 소금 약간, 간장 적당량, 식용유 3큰술

영지

마

호두

만드는 법

1. 돼지고기는 살코기로 곱게 간다.
2. 영지버섯과 마, 팔각회향은 가루로 준비한다.
3. 돼지고기에 준비된 가루와 생강즙, 소금, 간장을 넣고 고루 치대어 갈라지지 않게 한다.
4. 네 덩이로 만들어 호두를 가운데에 넣어 동글납작하게 만든다.
5. 팬에 식용유를 두르고 달구어지면 만들어진 고기를 노릇노릇 익혀서 구워 낸다.

재료(본초명)	성미	귀경	효능
영지 靈芝	감평 甘平	폐심비 肺心脾	익기강장 양심안신 益氣强壯 養心安神
마 山藥	감평 甘平	비폐신 脾肺腎	보비 양폐 고신 익정 補脾 養肺 固腎 益精
돼지고기 猪肉	감함미한 甘鹹微寒	비위신 脾胃腎	보허 자음 윤조 補虛 滋陰 潤燥
호두 胡桃仁	감삽온 甘澁溫	신간폐 腎肝肺	보신익정 온폐정천 윤장통변 補腎益精 溫肺定喘 潤腸通便
생강 生薑	신온 辛溫	폐위비 肺胃脾	산한해표 강역지구 화담지해 해독 散寒解表 降逆止嘔 化痰止咳 解毒
팔각회향 八角茴香	신감온 辛甘溫	간신비위 肝腎脾胃	산한 이기 지통 散寒 理氣 止痛

식은땀

발한(發汗), 즉 땀을 흘리는 생리활동은 땀샘을 통해 우리 몸의 노폐물들을 배출하는 현상으로 체온과 체액을 조절하는 중요한 생리기능 중 하나이다. 더운 날씨나 격렬한 운동, 정서적으로 흥분했을 때 혹은 뜨거운 음식을 먹었을 때 등 발열량이 많아지면 땀의 배출도 늘어나게 되는 것이 정상이다. 그러나 이러한 생리적 발한 이외에 이유없이 과다한 땀이 배출되는 것은 병태로 보고 있으며 한의학에서는 이를 자한(自汗), 도한(盜汗)의 범주로 다루고 있다.

자한이란 글자 그대로 저절로 땀이 나는 것을 말하고, 도한은 도둑땀이라고 해서 자기도 모르게 잠잘 때만 흘리는 땀을 말한다. 이들의 변증유형은 폐(肺)의 기허(氣虛)로 인한 폐위불고(肺衛不固), 체내 음양의 불균형으로 인한 영위불화(營衛不和), 음액(陰液)의 부족으로 허화가 왕성해진 음허화왕(陰虛火旺), 병사(病邪)의 울체로 인한 사열울증(邪熱鬱蒸) 등으로 나뉠 수 있다.

식은땀에 많이 쓰는 약재·식재

오미자(五味子) | 오배자(五倍子) | 밀쭉정이(浮小麥) | 찰벼뿌리(糯稻根) | 산조인(酸棗仁) | 흑두(黑豆) | 오매(烏梅) | 황기(黃芪) | 귀리(燕麥)

一. 오매차 식은땀

기음(氣陰)부족으로 주로 잘 때 땀이 나고 몸이 마르며 정신이 맑지 못하거나 불면증 등이 있을 때 적합하다. 오매(烏梅)의 신맛은 강한 수렴작용을 가지고 있어 이유없이 땀이 나는 증상을 개선할 수 있다.

■ 효능: 양위(養胃), 익기(益氣), 생진(生津)

만드는 법

1. 오매, 감초는 씻어 건져 냄비에 담고, 물을 부어 30분쯤 천천히 달여 약물을 만든다.
2. 생강은 씻어 껍질을 벗겨 낸 다음 편으로 썰어 물을 부어 20분쯤 끓인다.
3. 오매와 감초를 달인 물과 생강물을 합하고 설탕을 넣어 한소끔 끓여 차로 마신다.

재료(본초명)	성 미	귀 경	효 능
오매 烏梅	산평 酸平	간비폐대장 肝脾肺大腸	염폐지해 삽장지사 지혈 생진 안회 斂肺止咳 澁腸止瀉 止血 生津 安蛔
감초 甘草	감평 甘平	비위심폐 脾胃心肺	화중완급 윤폐 해독 조화제약 和中緩急 潤肺 解毒 調和諸藥
생강 生薑	신온 辛溫	폐위비 肺胃脾	산한해표 강역지구 화담지해 해독 散寒解表 降逆止嘔 化痰止咳 解毒
설탕 白砂糖	감평 甘平	비폐 脾肺	화중완급 생진윤조 和中緩急 生津潤燥

재료 및 분량

오매 3알, 감초 3g, 생강 1톨, 물 8컵, 설탕 2큰술

TIP

오매는 미성숙한 청매를 훈증하여 가공한 것이다.

오매

감초

二. 부소맥차 식은땀

기음(氣陰)부족으로 주로 잘 때 땀이 나고 몸이 마르며 정신이 맑지 못하거나 불면증 등이 있을 때 적합하다. 잠잘 때 나는 땀을 도둑땀이라고 해서 도한(盜汗)이라고 하는데 음허(陰虛)인 경우에 심하다. 허열(虛熱)을 동반하는 경우도 있어 입안이 마르고 오후만 되면 열이 오르는 증상 등이 나타날 수 있으며, 갱년기증후군으로 이유없이 땀이 나는 경우에도 응용할 수 있다.

■ 효능: 양음익기(養陰益氣), 퇴허열(退虛熱), 염한지한(斂汗止汗)

재료 및 분량

찰벼뿌리 5g, 밀쭉정이 15g, 맥문동 10g, 지골피 5g, 물 15컵, 흑설탕 약간

찰벼뿌리

밀쭉정이

맥문동

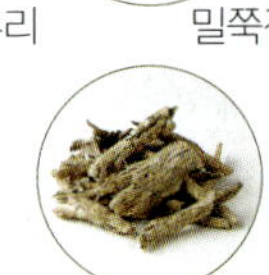

지골피

만드는 법

1. 찰벼뿌리, 밀쭉정이, 맥문동, 지골피는 씻어 건진다.
2. 돌냄비에 위의 재료를 넣고 물을 부어 40분 정도 천천히 달인다.
3. 기호에 따라 흑설탕을 넣어 수시로 마신다.

재료(본초명)	성미	귀경	효능
찰벼뿌리 糯稻根	감평 甘平	폐신 肺腎	양음제열 지한 養陰除熱 止汗
밀쭉정이 浮小麥	감온 甘溫	심 心	제허열 지한 除虛熱 止汗
맥문동 麥門冬	감미고미한 甘微苦微寒	폐위심 肺胃心	자음윤폐 익위생진 청심제번 滋陰潤肺 益胃生津 清心除煩
지골피 地骨皮	감한 甘寒	폐신 肺腎	청허열 사폐화 양혈 清虛熱 瀉肺火 凉血
흑설탕 赤砂糖	감온 甘溫	간비위 肝脾胃	보비난간 활혈산어 補脾暖肝 活血散瘀

三. 황기찹쌀닭죽 식은땀

기허(氣虛)로 머리나 등쪽에 땀이 많이 나고 움직이면 더 심해지는 경우 적합하다. 이런 경우 평소에 감기에 쉽게 걸리거나 알레르기성 비염이 있는 경우가 많고 늘 피곤하다. 피곤하면 땀 나는 증상이 심해지고 등이 서늘해지면서 감기가 같이 오기도 한다.

■ 효능: 익기고표(益氣固表)

재료 및 분량

황기 30g, 만삼 15g, 영계 2마리, 불린 찹쌀 1컵, 물 10컵, 소금 · 후춧가루 약간

TIP

일반 냄비에 누룽지와 닭을 넣어 백숙으로 끓여도 된다.

황기

만삼

만드는 법

1. 닭, 찹쌀, 황기, 만삼은 씻어서 건져 둔다.
2. 압력밥솥에 찹쌀, 닭, 황기, 만삼을 넣고 물을 영계가 잠기도록 붓고 뚜껑을 덮는다.
3. 센 불에서 5분간 둔 다음 불을 줄여 중간 불에서 15분쯤 더 끓인 다음 불을 끈다.
4. 압력밥솥 뚜껑 위에 찬물을 부어 식힌 다음 뚜껑을 열면 찹쌀이 약간 밑에 눌고, 영계는 푹 익게 된다.
5. 큰 그릇에 영계와 황기, 만삼을 옆옆이 담아 내어 소금과 후춧가루로 맛을 내어 먹는다.

재료(본초명)	성 미	귀 경	효 능
황기 黃芪	감온 甘溫	폐비 肺脾	익기승양 고표지한 이수소종 탁독생기 益氣升陽 固表止汗 利水消腫 托毒生肌
만삼 黨蔘	감평 甘平	비폐 脾肺	건비보폐 익기생진 健脾補肺 益氣生津
찹쌀 糯米	감온 甘溫	비위폐 脾胃肺	보중익기 건비지사 축뇨 염한 해독 補中益氣 健脾止瀉 縮尿 斂汗 解毒

四. 보허정기죽 식은땀

기허(氣虛)로 머리나 등쪽에 땀이 많이 나고 움직이면 더 심해지는 경우 적합하다. 기(氣)는 우리 몸의 체표에 있는 모공의 개합(開闔)을 조절하는 역할을 하므로 기가 허해지면 모공의 수축이완 조절이 약해지면서 땀을 잘 흘리게 된다. 황기와 인삼 모두 보기(補氣)하는 대표적 약재로 기력을 보하고 발한 기능을 조절하는 효과를 기대할 수 있다. 질병에 대한 저항력을 높여 주므로 식은땀 증상 이외에 감기에 자주 걸리거나 기력이 없는 환자의 보조식으로 적합하다.

■ 효능: 익기고표(益氣固表)

재료 및 분량

황기 20g, 인삼 5g, 불린 멥쌀 2컵, 물 14컵

TIP

건삼일 경우에는 두드려 작게 부수어 쓴다.

황기

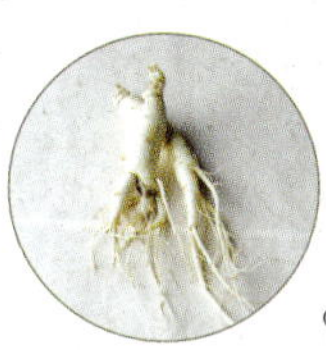

인삼

만드는 법

1. 황기와 인삼은 깨끗이 씻어 돌냄비에 담아 물을 부어 30분쯤 불린 다음, 불을 켜서 끓어오르면 약한 불로 하여 30분쯤 끓여 체에 걸러 낸다.
2. 약물에 불린 멥쌀을 넣고 센 불에서 끓이다가 저어가며 끈기나게 잘 퍼질 때까지 끓인다.
3. 날마다 아침, 저녁으로 먹는다.

재료(본초명)	성미	귀경	효능
황기 黃芪	감온 甘溫	폐비 肺脾	익기승양 고표지한 이수소종 탁독생기 益氣升陽 固表止汗 利水消腫 托毒生肌
인삼 人蔘	감미고미온 甘微苦微溫	폐비심신 肺脾心腎	대보원기 고탈 생진 안신 大補元氣 固脫 生津 安神
멥쌀 粳米	감평 甘平	비위폐 脾胃肺	보기건비 제번갈 지사리 補氣健脾 除煩渴 止瀉痢

五. 약선밀죽 식은땀

기음(氣陰)부족으로 머리나 등쪽에 땀이 많이 나고 혹은 잘 때 식은땀이 나며 움직이면 증상이 더 심해지고 입안이 잘 마르는 경우 적합하다. 기(氣)의 부족은 황기(黃芪)로, 음(陰)의 부족은 숙지황(熟地黃)으로 다스리도록 배합하였으며 발한기능을 조절해 과도하게 땀이 나는 것을 방지하는 밀쭉정이를 함께 응용한 죽이다.

■ 효능: 익기고표(益氣固表), 양음청열(養陰淸熱)

재료 및 분량

황기 15g, 숙지황 15g, 밀쭉정이 30g, 불린 멥쌀 2컵, 물 12컵, 대추 5알

TIP

- 번열이 있는 경우 멥쌀을 좁쌀로 바꾸어 쓸 수 있다.
- 부소맥은 밀알맹이가 없어 물에 뜨는 것을 건조한 것이다.

황기

숙지황

밀쭉정이

대추

만드는 법

1. 밀쭉정이는 충분히 불려 둔다.
2. 황기와 숙지황, 밀쭉정이, 대추를 돌냄비에 담고 물을 부어 달여서 약물을 준비한다.
3. 불린 멥쌀을 냄비에 담고 ②의 약물을 부은 뒤 쌀알이 잘 퍼질 때까지 끓인다.

재료(본초명)	성미	귀경	효능
황기 黃芪	감온 甘溫	폐비 肺脾	익기승양 고표지한 이수소종 탁독생기 益氣升陽 固表止汗 利水消腫 托毒生肌
숙지황 熟地黃	감온 甘溫	간신 肝腎	보혈자음 익정전수 補血滋陰 益精塡髓
밀쭉정이 浮小麥	감온 甘溫	심 心	제허열 지한 除虛熱 止汗
멥쌀 粳米	감평 甘平	비위폐 脾胃肺	보기건비 제번갈 지사리 補氣健脾 除煩渴 止瀉痢
대추 大棗	감온 甘溫	심비위 心脾胃	보비위 익기혈 안심신 조영위 화약성 補脾胃 益氣血 安心神 調營衛 和藥性

六. 황기용안육죽 식은땀

황기용안육죽(黃芪龍眼肉粥)은 기혈(氣血)부족으로 땀이 많이 나고 혹은 잘 때 식은땀이 나며 평소에도 피곤하고 잠을 잘 못 이루거나 건망증 등이 있는 경우에 적합하다. 이 죽은 식은땀 증상뿐 아니라 불면이나 빈혈 등에도 응용할 수 있다.

■ 효능: 익기보혈(益氣補血), 양심안신(養心安神)

재료 및 분량

황기 15g, 용안육 15g, 불린 찹쌀 2컵, 물 14컵, 대추 4알

황기

용안육

대추

만드는 법

1. 황기를 돌냄비에 넣고 물을 부은 후 먼저 약한 불에서 천천히 30분쯤 달인다.
2. 냄비에 불린 찹쌀과 용안육, 대추를 넣은 다음 함께 준비한 약물을 붓고 쌀알이 잘 퍼지도록 끓인다.

재료(본초명)	성미	귀경	효능
황기 黃芪	감온 甘溫	폐비 肺脾	익기승양 고표지한 이수소종 탁독생기 益氣升陽 固表止汗 利水消腫 托毒生肌
용안육 龍眼肉	감온 甘溫	심비 心脾	보심비 익기혈 안신 補心脾 益氣血 安神
찹쌀 糯米	감온 甘溫	비위폐 脾胃肺	보중익기 건비지사 축뇨 염한 해독 補中益氣 健脾止瀉 縮尿 斂汗 解毒
대추 大棗	감온 甘溫	심비위 心脾胃	보비위 익기혈 안심신 조영위 화약성 補脾胃 益氣血 安心神 調營衛 和藥性

소화불량 · 식욕부진

소화불량이란 소화기관의 기능장애로 상복부 팽만감, 식욕부진, 상복부 동통, 만복감, 오심, 구토 등의 증상이 나타나는 경우를 말한다. 식욕부진은 음식물에 대한 욕구의 저하와 상실 등을 포함하는 것으로 소화기관의 기능장애뿐 아니라 식욕중추의 신경조절 및 심리, 환경적 요인에 의해서도 발생한다.

한의학에서도 이들 증상은 소화를 담당하는 비위(脾胃)의 기능장애를 중요한 원인으로 본다. 때문에 그 변증유형은 비위(脾胃)의 양기(陽氣)부족으로 소화흡수가 원활하지 못한 비위허한(脾胃虛寒)과 식체가 원인인 음식정체(飮食停滯), 위(胃)의 진액부족으로 소화가 어려운 위음(胃陰)부족, 스트레스 등의 원인으로 소화기능을 방해하는 간기범위(肝氣犯胃) 등이 있다.

소화불량 · 식욕부진에 많이 쓰는 약재 · 식재

무(蘿菖) | 순무(蕪菁) | 맥아(麥芽) | 산사(山楂) | 신곡(神曲) | 무씨(蘿菖子) | 닭모래주머니(鷄內金) | 진피(陳皮) | 지각(枳殼) | 파인애플(菠蘿) | 파파야(番木瓜)

一. 진피차 소화불량 · 식욕부진

진피는 묵은 귤피를 말한다. 귤피는 오래 묵을수록 이기화담(理氣化痰) 효능이 좋아진다고 하여 귤피보다는 진피를 약재로 많이 사용해 왔다. 진피는 이기(理氣) 효능이 있어 신진대사를 원활하게 하므로 비위(脾胃)의 기(氣)가 정체되어 잘 운행되지 못하는 소화불량이나 복부창만 등에 많이 쓰이고, 몸 안의 노폐물인 담습(痰濕)을 제거하는 효능이 있어 기침 등에도 많이 사용된다.

■ 효능: 이기조중(理氣調中)

만드는 법

1. 주전자에 진피와 물을 넣고 약한 불로 30분간 끓인다.
2. 기호에 따라 설탕을 넣어 마신다.

재료(본초명)	성미	귀경	효능
진피 陳皮	신고온 辛苦溫	비위폐 脾胃肺	이기조중 강역지구 조습화담 理氣調中 降逆止嘔 燥濕化痰

재료 및 분량

진피 10g, 물 10컵, 설탕 적당량

진피

二. 파인애플주스 소화불량 · 식욕부진

파인애플은 브로멜린(bromelin)이라는 단백질 분해효소를 함유하여 소화를 돕는 작용을 한다. 때문에 육류요리와 함께 자주 쓰이는 재료이기도 하다. 파인애플은 갈증과 더위를 멎게 해주고 숙취를 없애는 효능과 함께 소화를 돕는 효능을 가지고 있다. 식후 디저트나 육류과식으로 인한 식체에 사용하기 적합하다.

■ 효능: 소식도체(消食導滯)

재료 및 분량

파인애플과육 500g, 물 4컵, 설탕 적당량

만드는 법

1. 잘 익은 파인애플을 준비하여 2cm 크기로 자른다.
2. 블렌더에 파인애플과 물을 넣어 곱게 간다.
3. 기호에 따라 시럽이나 설탕을 넣어 마신다.

재료(본초명)	성미	귀경	효능
파인애플 菠蘿	감미산평 甘微酸平	위신 胃腎	생진지갈 익기건비 소육성주 生津止渴 益氣健脾 消肉醒酒

三. 산사맥아차

소화불량 · 식욕부진

산사맥아차(山楂麥芽茶)는 음식을 먹고 체했을 때나 큰 병을 앓고 난 후 소화기능이 떨어져 식욕이 없을 때 적합하다. 산사와 맥아 모두 한의학에서 소화제로 많이 응용되는 재료이다. 산사는 육류를 먹고 체했을 때, 맥아는 곡류를 먹고 체했을 때 각각 효과가 좋다고 알려져 있다.

■ 효능: 소식화체(消食化滯)

만드는 법

1. 주전자에 맥아와 물을 넣고 30분간 약한 불로 끓인다.
2. 끝으로 ①의 약물에 산사를 넣고 5분간 끓여 낸다.

재료(본초명)	성미	귀경	효능
산사 山楂	산감미온 酸甘微溫	비위간 脾胃肝	소식건위 행기산어 消食健胃 行氣散瘀
맥아 麥芽	감평 甘平	비위 脾胃	소식화적 회유 消食化積 回乳

재료 및 분량

산사 10g, 맥아 20g,
물 10컵

산사

맥아

四. 우유죽 소화불량 · 식욕부진

궁중에서 예부터 보양식으로 먹던 타락죽이다. 우유는 몸이 허한 것을 보양하고 혈이나 진액 등을 만들어 준다고 해서 몸이 허약하거나 병을 앓고 난 후, 소갈, 열격 등의 치료에 사용해 왔다. 몸이 허약하고 식욕이 없어 잘 먹지 않는 소아나 노인 및 환자의 영양식으로 적합하다.

■ 효능: 보허손(補虛損), 익위생진(益胃生津)

재료 및 분량

우유 6컵, 물 6컵, 불린 멥쌀 2컵, 소금 · 설탕 각 적당량

TIP

마와 흑임자를 넣어 효능을 증강시킬수도 있다.

만드는 법

1. 블렌더에 쌀과 물을 넣고 곱게 간다.
2. 두꺼운 냄비에 ①을 넣고 끓기 시작하면 중불로 줄여 저어 준다.
3. 한 번 끓어올라 잘 어우러지게 되면 약한 불로 줄이고 우유를 조금씩 넣어 잘 저으면서 더 끓인다.
4. 그릇에 담고 소금과 설탕을 따로 내어 기호에 따라 넣도록 한다.

재료(본초명)	성 미	귀 경	효 능
우유 牛乳	감미한 甘微寒	심폐위 心肺胃	보허손 익폐위 양혈 생진윤조 해독 補虛損 益肺胃 養血 生津潤燥 解毒
멥쌀 粳米	감평 甘平	비위폐 脾胃肺	보기건비 제번갈 지사리 補氣健脾 除煩渴 止瀉痢

五. 감자완두수프

소화불량 · 식욕부진

식욕이 없고 소화가 더디면서 기운이 없는 경우에 적합하다. 감자는 화위건중(和胃健中) 효능이 있어 속을 편안하게 하고 기운을 나게 한다. 양파와 완두는 모두 소화를 돕는 재료로 보기(補氣)하는 만삼과 식욕을 돋게 하는 백두구를 더해 식욕부진에 적합한 약선식이 된다.

■ 효능: 보비화중(補脾和中), 이기소창(理氣消脹)

재료 및 분량

만삼 10g, 백두구 1g, 물 8컵
감자 400g, 양파 100g, 완두 100g, 우유 1컵, 소금 · 후춧가루 약간, 버터 1큰술

만삼

백두구

만드는 법

1. 돌냄비에 만삼, 백두구와 물을 넣고 30분간 약한 불로 끓여 약물 4컵을 준비한다.
2. 감자와 양파는 얇게 썰고 완두는 잘 씻어 둔다.
3. 팬에 버터를 녹이고 감자, 양파를 투명해질 정도로 볶은 다음 완두를 넣고 우유와 ①의 약물을 넣어서 10분간 약한 불로 끓인다.
4. 나무주걱으로 으깨면서 끓이고, 소금, 후춧가루로 간한다.

재료(본초명)	성미	귀경	효능
감자 馬鈴薯	감평 甘平	–	화위건중 해독소종 和胃建中 解毒消腫
양파 洋葱	신감온 辛甘溫	–	건위이기 살충 강혈지 健胃理氣 殺蟲 降血脂
만삼 黨蔘	감평 甘平	비폐 脾肺	건비보폐 익기생진 健脾補肺 益氣生津
백두구 白荳蔲	신온 辛溫	폐비위 肺脾胃	화습행기 온중지구 개위소식 化濕行氣 溫中止嘔 開胃消食
완두 豌豆	감평 甘平	비위 脾胃	화중하기 통유이수 해독 和中下氣 通乳利水 解毒
우유 牛乳	감미한 甘微寒	심폐위 心肺胃	보허손 익폐위 양혈 생진윤조 해독 補虛損 益肺胃 養血 生津潤燥 解毒

六. 옥죽석곡죽 소화불량 · 식욕부진

만성위염이나 위절제술 후 등 여러 원인으로 인한 위음(胃陰)부족으로 소화가 잘 되지 않고 속이 불편하며 열감이나 식욕부진이 있고 변비나 입안이 마르는 증상 등이 동반되는 경우에 적합하다.

■ 효능: 익위생진(益胃生津), 양음청열(養陰淸熱)

재료 및 분량

석곡 20g, 둥굴레 18g,
대추 5개, 불린 멥쌀 2컵,
물 14컵

TIP

황정과 옥죽 모두 둥굴레가 기원식물이나 품종의 차이가 있으며 황정의 경우 옥죽에 비해 보익(補益)하는 효능이 강하고 맛이 무겁다. 소화기능이 떨어지는 경우에는 옥죽으로 대체해도 좋다.

석곡

둥굴레

대추

만드는 법

1. 돌냄비에 석곡, 둥굴레, 대추와 물을 넣고 약한 불로 30분간 끓여서 약물을 만든다.
2. 돌냄비에 쌀과 약물을 넣고 나무주걱으로 가끔 저으면서 잘 어우러지게 끓인다.

재료(본초명)	성미	귀경	효능
석곡 石斛	감미한 甘微寒	위폐신 胃肺腎	생진익위 양음청열 生津益胃 養陰淸熱
둥굴레 玉竹	감평 甘平	폐위 肺胃	자음윤폐 양위생진 滋陰潤肺 養胃生津
대추 大棗	감온 甘溫	심비위 心脾胃	보비위 익기혈 안심신 조영위 화약성 補脾胃 益氣血 安心神 調營衛 和藥性
멥쌀 粳米	감평 甘平	비위폐 脾胃肺	보기건비 제번갈 지사리 補氣健脾 除煩渴 止瀉痢

七. 초과쇠고기찜

소화불량 · 식욕부진

쇠고기는 좋은 단백질 급원식품으로 기운을 내는 보양식의 재료로 많이 사용되어 왔다. 비위(脾胃)의 기능을 돕고 기혈(氣血)을 보하는 효능이 있어 기운이 없고 몸이 마르면서 식욕이 잘 나지 않는 사람들에게 적합하다. 소화를 돕기 위해 소식하기(消食下氣)하는 무와 조습온중(燥濕溫中) 효능을 가진 초과(草果)를 사용해 식욕이 돋도록 했다.

■ 효능: 보비위(補脾胃), 익기혈(益氣血)

재료 및 분량

초과 3g, 물 5컵, 쇠고기 200g, 무 200g

양념장 간장 3큰술, 청주 1큰술, 설탕 2큰술, 깨소금 1큰술, 참기름 1큰술, 소금 · 후춧가루 약간

TIP

초과는 분말로 하여 양념장에 넣어 사용하는 것도 좋은 방법이다.

초과

만드는 법

1. 초과는 돌냄비에 담고 물을 부어 약한 불에서 15분쯤 끓여 약물을 만든다.
2. 쇠고기와 무는 밤톨만하게 썬다.
3. 양념을 모두 합하여 양념장을 만든다.
4. 냄비에 준비된 쇠고기, 무, 양념장을 넣고 약물을 자작하게 부어 처음에는 센 불로 끓이다 약한 불로 줄여 천천히 찜을 한다.

재료(본초명)	성미	귀경	효능
초과 草果	신온 辛溫	비위 脾胃	조습온중 거담절학 燥濕溫中 祛痰截瘧
쇠고기 牛肉	감온 甘溫	비위 脾胃	보비위 익기혈 강근골 補脾胃 益氣血 强筋骨
무 蘿蔔	신감량 辛甘凉	비위폐대장 脾胃肺大腸	소식 하기 화담 지혈 消食 下氣 化痰 止血

八. 조기조림 소화불량 · 식욕부진

조기는 사람에게 기운을 돕게 한다는 의미에서 붙여진 이름이라는 유래에서도 보듯이 기운을 나게 하는 효능이 있어 병을 앓고 난 후 혹은 산후에 식욕을 돋게 하고 기운을 나게 하는 데 이용되어 왔다.

■ 효능: 익기건비(益氣健脾)

재료 및 분량

조기 4마리, 밀가루 1/2컵, 불린 표고버섯 4장, 양배추 100g, 소금 1/2큰술, 쪽파 40g, 식용유 2큰술

양념장 다진 생강 1/2작은술, 청주 1큰술, 간장 1큰술, 물 2큰술, 설탕 1/2작은술

만드는 법

1. 조기는 손질하여 소금을 뿌리고 20분쯤 절여 놓았다 찬물로 씻은 다음 물기를 제거하여 밀가루를 앞뒤로 묻힌다.
2. 표고버섯은 편으로 썰고, 양배추는 사방 3cm 크기로, 쪽파는 3cm 길이로 썬다.
3. 팬을 달구어 식용유를 두르고 ①의 조기를 앞뒤로 지져 낸다.
4. 냄비에 양배추와 표고버섯을 밑에 깔고 지져 낸 조기를 담고 양념장을 얹어 졸이다가 불을 줄여 쪽파를 넣고 살짝 조려 낸다.

재료(본초명)	성미	귀경	효능
조기 石首魚	감함평 甘鹹平	위간신 胃肝腎	익기양위 보신 명목 益氣養胃 補腎 明目
표고버섯 香菇	감평 甘平	간위 肝胃	부정 익기개위 투진 화담 항암 扶正 益氣開胃 透疹 化痰 抗癌
양배추 甘藍	감평 甘平	간위 肝胃	청리습열 지통 익신통락 淸利濕熱 止痛 益腎通絡
파 蔥白	신온 辛溫	폐위 肺胃	발표 통양 해독 發表 通陽 解毒
생강 生薑	신온 辛溫	폐위비 肺胃脾	산한해표 강역지구 화담지해 해독 散寒解表 降逆止嘔 化痰止咳 解毒

九. 익비병 소화불량 · 식욕부진

《의학충중참서록(醫學衷中參書錄)》에서 속을 따뜻하게 하고 소화를 돕는 데 사용한 약선처방 중의 하나이다. 비위(脾胃)가 차고 습해 식욕이 적고 변이 묽은 경우에 적합하다.

■ 효능: 건비익기(健脾益氣), 온중산한(溫中散寒)

재료 및 분량

삽주뿌리 30g, 말린 생강 6g, 대추 70g, 닭모래주머니 15g, 찹쌀가루 4컵, 물 4컵, 소금 1작은술, 식용유 · 꿀 적당량

삽주뿌리

대추

닭모래주머니

말린 생강

만드는 법

1. 돌냄비에 삽주뿌리, 말린 생강, 대추와 물을 넣고 약한 불로 40분 정도 끓여서 대추가 물러질 때까지 끓인다.
2. 삽주뿌리와 말린 생강은 건져 내고, 체에 대추를 내려 대추고를 만든다.
3. 닭모래주머니는 곱게 가루로 만들어 찹쌀가루와 섞은 다음 대추고와 소금을 넣어 말랑한 반죽을 만든다.
4. ③의 반죽을 지름 5cm 정도로 둥글고 납작하게 빚는다.
5. 달군 팬에 기름을 두르고 납작하게 빚은 반죽을 동그랗게 부친 다음 기호에 따라 꿀을 발라 먹는다.

재료(본초명)	성미	귀경	효능
삽주뿌리 白朮	고감온 苦甘溫	비위 脾胃	건비익기 조습이수 지한 안태 健脾益氣 燥濕利水 止汗 安胎
대추 大棗	감온 甘溫	심비위 心脾胃	보비위 익기혈 안심신 조영위 화약성 補脾胃 益氣血 安心神 調營衛 和藥性
닭모래주머니 鷄內金	감삽평 甘澁平	비위방광 脾胃膀胱	건비위 소식적 화석 健脾胃 消食積 化石
말린 생강 乾薑	신열 辛熱	비위심폐 脾胃心肺	온중산한 회양통맥 폐화음 溫中散寒 回陽通脈 溫肺化飮
찹쌀 糯米	감온 甘溫	비위폐 脾胃肺	보중익기 건비지사 축뇨 염한 해독 補中益氣 健脾止瀉 縮尿 斂汗 解毒

설사

배변 횟수가 증가하고 변이 묽어 심하면 물 같은 변을 보기도 하는 증상을 말한다. 대변이 단단하지 못하고 무르면서 배변이 완만한 것을 '설(泄)'이라 하고, 변이 매우 묽으면서 참지 못하고 바로 나오는 것을 '사(瀉)'라 한다. 대개 하루 4회 이상 또는 하루 250g 이상의 묽은 변이 나올 때를 설사라고 하며, 성인에서 2~3주 이상 지속되는 설사를 만성설사, 그 이하를 급성설사라고 한다. 원인에는 외사(外邪)의 침습과 음식손상, 칠정불화(七情不和) 및 장부기능의 허약 등이 있다.

변증유형은 한습(寒濕)과 풍한사기(風寒邪氣)가 장위(腸胃)로 침습한 외감한습(外感寒濕), 습열(濕熱) 사기나 여름철은 서습(暑濕)으로 인해 장위가 손상받은 외감습열(外感濕熱), 식체장위(食滯腸胃), 장기간의 긴장이나 스트레스로 인한 간기승비(肝氣乘脾), 비위허약(脾胃虛弱)으로 인한 소화기능의 저하, 오랜 설사나 혹은 노화로 인한 양기(陽氣)부족으로 오는 신양허쇠(腎陽虛衰) 등으로 나눌 수 있다.

설사에 많이 쓰는 약재·식재

수수(高粱) | 밤(栗子) | 연밥(蓮子) | 가시연밥(芡實) | 마(山藥) | 은행(白果) | 석류(石榴) | 앵두(櫻桃) | 오미자(五味子) | 금앵자(金櫻子)

一. 쑥생강차 설사

한사(寒邪)로 인한 소아(小兒)의 설사에 적합하다. 찬 기운이 장으로 들어가 물같은 묽은 변을 보고 배를 따뜻하게 해주면 증상이 완화되는 경우, 그 외 월경전후 배가 차고 아픈 경우에도 적합하다.

■ 효능: 온중산한(溫中散寒)

만드는 법

1. 돌냄비에 쑥과 생강을 편으로 썰어 넣고 끓인다.
2. 끓어오르기 시작하면 약한 불로 10분간 더 끓인다.
3. 찻물만 잔에 따르고 기호에 따라 흑설탕을 넣어 마신다.

재료(본초명)	성미	귀경	효능
쑥 艾葉	신고온 辛苦溫	간비신 肝脾腎	온경지혈 안태 축한습 이기혈 溫經止血 安胎 逐寒濕 理氣血
생강 生薑	신온 辛溫	폐위비 肺胃脾	산한해표 강역지구 화담지해 해독 散寒解表 降逆止嘔 化痰止咳 解毒
흑설탕 赤砂糖	감온 甘溫	간비위 肝脾胃	보비난간 활혈산어 補脾暖肝 活血散瘀

재료 및 분량

쑥 4g, 생강 4g, 물 6컵, 흑설탕 적당량

쑥

二. 곽향음 설사

한습(寒濕)으로 인해 묽은 변을 보고 심하면 물같은 설사를 하는 경우, 장이 꾸룩대는 복명음과 복통 등이 동반되는 경우, 만성결장염 등에 적합하다.

■ 효능: 방향화습(芳香化濕), 화중산한(和中散寒)

재료 및 분량

곽향 4g, 백두구 3g, 생강 5g, 물 6컵, 흑설탕 적당량

곽향

백두구

만드는 법

1. 돌냄비에 생강과 백두구를 넣고 물을 부어 10분간 끓여 약물을 만든다.
2. 약물에 곽향을 넣고 5분간 두어 우려 마신다.
3. 기호에 따라 흑설탕을 넣는다.

재료(본초명)	성 미	귀 경	효 능
곽향 藿香	신미온 辛微溫	폐비위 肺脾胃	거서해표 화습화위 祛暑解表 化濕和胃
백두구 白豆蔻	신온 辛溫	폐비위 肺脾胃	화습행기 온중지구 개위소식 化濕行氣 溫中止嘔 開胃消食
생강 生薑	신온 辛溫	폐위비 肺胃脾	산한해표 강역지구 화담지해 해독 散寒解表 降逆止嘔 化痰止咳 解毒
흑설탕 赤砂糖	감온 甘溫	간비위 肝脾胃	보비난간 활혈산어 補脾暖肝 活血散瘀

三. 말린 생강죽 설사

한습(寒濕)으로 인해 변이 매우 묽고 복명음(장이 꾸룩대는 소리)과 복부팽만, 오한, 발열 등의 증상이 있는 경우에 적합하다.

■ 효능: 산한화습지사(散寒化濕止瀉)

만드는 법

1. 냄비에 말린 생강과 대추를 넣고, 물을 부어 약한 불로 40분 정도 끓인 다음 체에 걸러 대추만 으깨어 약물 10컵을 만든다.
2. 두꺼운 냄비에 쌀과 ①의 약물을 넣어 센 불로 끓이다가 약한 불로 줄여 죽이 잘 어우러지도록 끓인다.

재료(본초명)	성미	귀경	효능
말린 생강 乾薑	신열 辛熱	비위심폐 脾胃心肺	온중산한 회양통맥 폐화음 溫中散寒 回陽通脈 溫肺化飮
대추 大棗	감온 甘溫	심비위 心脾胃	보비위 익기혈 안심신 조영위 화약성 補脾胃 益氣血 安心神 調營衛 和藥性
멥쌀 粳米	감평 甘平	비위폐 脾胃肺	보기건비 제번갈 지사리 補氣健脾 除煩渴 止瀉痢

재료 및 분량

말린 생강 10g, 대추 10개, 불린 멥쌀 2컵, 물 12컵

말린 생강

대추

四. 계내금죽 설사

식체(食滯)로 인한 설사에 적합하다. 먹은 것이 소화되지 않고 정체되어 복통과 함께 냄새가 심한 설사를 하고 변을 보고 나면 복통이 좀 가라앉으며 구취가 심하고 식욕이 없을 때의 약선죽으로 적합하다. 무씨와 닭모래주머니 모두 소화제로 많이 쓰이는 재료로 식적(食積)을 없애는 소식(消食) 효능을 가지고 있다.

■ 효능: 소식도체(消食導滯)

재료 및 분량

무씨(볶은 것) 6g, 닭모래주머니 15g, 진피 20g, 불린 멥쌀 2컵, 물 12컵

TIP

계내금은 닭근위, 즉 닭모래주머니 안껍질이다.

무씨

닭모래주머니

진피

만드는 법

1. 돌냄비에 무씨, 닭모래주머니를 넣고 물을 부어 10분쯤 끓이다 진피를 넣고 10분 더 끓여 약물을 만든다.
2. 두꺼운 냄비에 불린 멥쌀과 약물을 넣고 처음에는 센 불로 끓이다가 약한 불로 줄여서 나무주걱으로 잘 저어가며 어우러지도록 끓인다.

재료(본초명)	성미	귀경	효능
무씨 蘿菖子	신감평 辛甘平	비위폐대장 脾胃肺大腸	소식도체 강기화담 消食導滯 降氣化痰
닭모래주머니 鷄內金	감삽평 甘澁平	비위방광 脾胃膀胱	건비위 소식적 화석 健脾胃 消食積 化石
진피 陳皮	신고온 辛苦溫	비위폐 脾胃肺	이기조중 강역지구 조습화담 理氣調中 降逆止嘔 燥濕化痰
멥쌀 粳米	감평 甘平	비위폐 脾胃肺	보기건비 제번갈 지사리 補氣健脾 除煩渴 止瀉痢

五. 팔보밥 설사

비위(脾胃)가 차고 허하여 배가 차고 설사를 하며 식욕이 없는 만성장염 등에 적합하다. 그 외 만성위염 등 소화기계가 약해 식욕이 없고 배가 더부룩하며 기운이 없는 경우에도 적합하다.

■ 효능: 건비익기(健脾益氣), 삼습(滲濕)

재료 및 분량

율무 · 가시연밥 · 까치콩 · 연밥 · 마 각 50g, 만삼 · 백복령 각 20g, 삽주뿌리 10g, 불린 멥쌀 4컵, 물 10컵, 설탕 4큰술, 소금 약간

TIP

모든 재료는 분말로 하여 떡으로 응용해도 된다.

만드는 법

1. 율무, 까치콩, 연밥, 가시연밥은 씻어 미지근한 물에 불리고 마는 연밥 크기로 썬다.
2. 돌냄비에 만삼, 백복령, 삽주뿌리와 물 10컵을 넣어 끓으면 약한 불로 하여 6컵으로 달인다.
3. 솥에 불린 쌀과 ①을 넣고 ②의 약물과 설탕, 소금 약간을 넣어 불에 올린다. 처음에는 센 불에서 끓이다 불을 줄여 약한 불에서 뜸을 들이면서 밥을 짓는다.

재료(본초명)	성미	귀경	효능
율무 薏苡仁	감담미한 甘淡微寒	비위폐 脾胃肺	이습건비 서근제비 청열배농 利濕健脾 舒筋除痺 淸熱排膿
가시연밥 芡實	감삽평 甘澁平	비신 脾腎	보비거습 익신고정 補脾祛濕 益腎固精
까치콩 白扁豆	감담평 甘淡平	비위 脾胃	건비 화습 소서 健脾 化濕 消暑
연밥 蓮子肉	감삽평 甘澁平	비신심 脾腎心	보비지사 익신고정 補脾止瀉 益腎固精
마 山藥	감평 甘平	비폐신 脾肺腎	보비 양폐 고신 익정 補脾 養肺 固腎 益精
만삼 黨蔘	감평 甘平	비폐 脾肺	건비보폐 익기생진 健脾補肺 益氣生津
백복령 白茯苓	감담평 甘淡平	심비폐신 心脾肺腎	이수삼습 건비화위 영심안신 利水滲濕 健脾和胃 寧心安神
삽주뿌리 白朮	고감온 苦甘溫	비위 脾胃	건비익기 조습이수 지한 안태 健脾益氣 燥濕利水 止汗 安胎
설탕 白砂糖	감평 甘平	비폐 脾肺	화중완급 생진윤조 和中緩急 生津潤燥
멥쌀 粳米	감평 甘平	비위폐 脾胃肺	보기건비 제번갈 지사리 補氣健脾 除煩渴 止瀉痢

율무

가시연밥

까치콩

연밥

마

만삼

백복령

삽주뿌리

六. 오이마늘피클 설사

습열(濕熱)로 인한 이질설사 초기에 복통과 발열, 설사, 농혈변 등이 나타날 때 적합하다. 때문에 여름철 습도가 높은 날씨에 이질설사를 예방할 수 있는 밑반찬으로 적합하다.

■ 효능: 청열이습해독(淸熱利濕解毒)

재료 및 분량

오이 5개, 통마늘 10개, 물 1.5컵, 간장 1컵, 소금 2큰술, 식초 1컵, 설탕 1컵

향신료 월계수잎 2장, 계피 1조각, 마른 고추 1개, 정향 3~5개

만드는 법

1. 오이는 씻어 1cm 두께로 썰고, 마늘은 반으로 저며 소금을 뿌려 둔다.
2. 물에 향신료를 넣고 끓으면 간장과 설탕, 식초를 넣고 끓인 다음 불을 끈다.
3. 피클용기에 오이와 마늘을 담고 ②의 단촛물을 뜨거울 때 부어 준 다음 식으면 냉장고에서 숙성시킨다.

재료(본초명)	성미	귀경	효능
오이 黃瓜	감량 甘凉	폐비위 肺脾胃	청열 이수 해독 淸熱 利水 解毒
마늘 大蒜	신온 辛溫	비위폐대장 脾胃肺大腸	온중행체 해독 살충 溫中行滯 解毒 殺蟲
소금 鹽	함한 鹹寒	위신대소장 胃腎大小腸	용토 양혈 해독 연견 涌吐 凉血 解毒 軟堅
식초 醋	산감온 酸甘溫	간위 肝胃	산어소적 지혈 안회 해독 散瘀消積 止血 安蛔 解毒

변비

변비란 배변이 힘들거나 배변 시간과 간격이 길어지는 것을 말하는 것으로, 일반적으로는 배변 횟수가 감소하여 심한 경우 3일이나 5일 만에 혹은 일주일에 한 번 정도밖에 변을 보지 못하는 경우도 있다. 또는 배변 횟수는 줄지 않으나 변이 단단하여 배변이 고통스럽거나, 변의도 있고 변이 단단하지도 않으나 배변이 순조롭지 못한 경우도 변비의 범주에 포함된다.

변증유형은 장(腸) 내에 열이 쌓여 생긴 열비(熱秘), 스트레스 등으로 인한 기체(氣滯)로 유발된 기비(氣秘), 기허로 인한 기허비(氣虛秘), 혈허(血虛)로 인한 혈허비(血虛秘), 양기(陽氣)부족으로 인한 냉비(冷秘) 등이 있다.

변비에 많이 쓰는 약재·식재

배추(白菜) | 시금치(菠菜) | 당근(胡蘿菖) | 고사리(蕨) | 죽순(毛笋) | 고구마(甘藷) | 가지(茄子) | 목이버섯(木耳) | 호두(胡桃) | 흑임자(黑芝麻) | 잣(海松子) | 땅콩(花生) | 살구씨(杏仁) | 복숭아(桃子) | 바나나(香蕉) | 무화과(無花果) | 오디(桑椹) | 꿀(蜂蜜)

一. 잣요구르트 변비

몸 안에 혈이나 진액과 같은 수분이 부족해서 일어나는 혈허(血虛), 음허(陰虛)유형의 변비에 적합하다. 잣은 혈과 진액을 더해 몸을 촉촉하게 해주는 효능이 있어 마른기침이나 변비, 피부 건조 등에 많이 쓰이는 재료이다. 윤장(潤腸) 효능이 있는 흑임자와 정장효과가 있다고 알려진 요구르트는 변비에 자주 응용하는 재료이다. 평소에 입안이 잘 마르고 몸이 건조한 노인들의 습관성 변비에 좋다.

■ 효능: 윤장통변(潤腸通便)

만드는 법

1. 블렌더에 잣과 흑임자를 넣어 곱게 간다.
2. 곱게 간 잣과 흑임자를 플레인요구르트와 잘 섞는다.
3. 기호에 따라 꿀을 넣어 떠 먹는다.

재료 및 분량

잣 10g, 흑임자 5g, 플레인요구르트 400g, 꿀 적당량

재료(본초명)	성미	귀경	효능
잣 海松子	감미온 甘微溫	간폐대장 肝肺大腸	윤조 양혈 거풍 潤燥 養血 祛風
흑임자 黑芝麻	감평 甘平	간비신 肝脾腎	양혈익정 윤장통변 養血益精 潤腸通便
꿀 蜂蜜	감평 甘平	비위폐대장 脾胃肺大腸	보중 지해 윤조 해독 補中 止咳 潤燥 解毒
요구르트 酪	감산미한 甘酸微寒	–	자음 청열 윤조 滋陰 淸熱 潤燥

二. 수삼흑임자셰이크 변비

기허(氣虛)로 인해 평소에도 기운이 없고 피곤하며 변의(便意)는 있으나 변을 볼 때 힘이 들어 잘 보지 못하고 배변 후 피곤함이 더하는 기허비(氣虛秘)에 적합하다. 이러한 변비의 경우 변이 아주 단단한 편도 아니다. 기력이 약해진 노인이나 큰 병을 앓거나 출산 등으로 인해 기(氣)의 소모가 많아 생긴 변비에 적합하다. 대보원기(大補元氣)할 수 있는 인삼과 윤장(潤腸), 양음(養陰)할 수 있는 흑임자와 우유를 더해 보기윤장(補氣潤腸)하는 좋은 음료가 된다.

■ 효능: 익기윤장(益氣潤腸), 자양간신(滋養肝腎)

재료 및 분량

수삼 1뿌리, 흑임자 30g, 우유 3컵, 설탕 적당량

TIP

건삼을 쓸 경우에는 분말을 사용하는 것이 편리하고, 사용량은 수삼 양의 1/5로 줄인다.

인삼

만드는 법

1. 블렌더에 수삼과 흑임자, 우유를 넣고 곱게 간다.
2. 기호에 따라 설탕을 넣어 마신다.

재료(본초명)	성미	귀경	효능
인삼 人蔘	감미고미온 甘微苦微溫	폐비심신 肺脾心腎	대보원기 고탈 생진 안신 大補元氣 固脫 生津 安神
흑임자 黑芝麻	감평 甘平	간비신 肝脾腎	양혈익정 윤장통변 養血益精 潤腸通便
우유 牛乳	감미한 甘微寒	심폐위 心肺胃	보허손 익폐위 양혈 생진윤조 해독 補虛損 益肺胃 養血 生津潤燥 解毒
설탕 白砂糖	감온 甘溫	비폐 脾肺	화중완급 생진윤조 和中緩急 生津潤燥

三. 흑임자행인당귀죽 변비

혈허(血虛)로 변이 단단하고 잘 나오지 않으며 얼굴에 윤기가 없고 가슴이 잘 두근거리며 건망과 불면이 있는 경우에 적합하다. 그 외 큰 수술 후나 출혈, 출산 등과 같이 혈액의 다량 손실로 인해 갑자기 온 변비에도 효과를 볼 수 있다.

■ 효능: 양혈윤조(養血潤燥)

재료 및 분량

당귀 15g, 흑임자 50g, 살구씨 20g, 불린 멥쌀 2컵, 물 12컵, 설탕 적당량

살구씨

당귀

만드는 법

1. 당귀는 물을 붓고 20분쯤 달여 체에 걸러 약물을 만든다.
2. 살구씨는 끓는 물에 데쳐 내어 껍질을 벗기고 팬에서 기름 없이 볶는다.
3. 블렌더에 흑임자, 살구씨, 불린 멥쌀, ①의 당귀 약물 1컵을 넣고 곱게 간다.
4. 두꺼운 냄비에 ③을 넣고 처음에는 센 불로 끓이다가 차츰 약한 불로 줄여 저어가며 잘 어우러지도록 끓인다.
5. 기호에 따라 설탕이나 꿀을 넣어 먹는다.

재료(본초명)	성 미	귀 경	효 능
흑임자 黑芝麻	감평 甘平	간비신 肝脾腎	양혈익정 윤장통변 養血益精 潤腸通便
살구씨 杏仁	고미온소독 苦微溫小毒	폐대장 肺大腸	강기화담 지해평천 윤장통변 降氣化痰 止咳平喘 潤腸通便
당귀 當歸	감신고온 甘辛苦溫	간심비 肝心脾	보혈활혈 조경지통 윤조활장 補血活血 調經止痛 潤燥滑腸
멥쌀 粳米	감평 甘平	비위폐 脾胃肺	보기건비 제번갈 지사리 補氣健脾 除煩渴 止瀉痢
설탕 白砂糖	감평 甘平	비폐 脾肺	화중완급 생진윤조 和中緩急 生津潤燥

四. 당귀백자인죽 변비

당귀는 혈(血)을 보하고 기혈의 순환을 좋게 해주며 장을 촉촉하게 하여 배변을 돕는 작용이 있다. 측백씨(柏子仁)는 잣이 아니라 측백나무의 종자를 말하는 것으로 참깨와 비슷한 크기를 가지고 있고 기름지다. 비장(脾臟)의 소화기능을 돕고 윤장(潤腸)작용을 가지고 있어 당귀와 함께 죽을 끓여 먹으면 수술 후, 출산 후, 월경 후 등 혈허(血虛)로 인해 변이 건조한 변비에 효과가 있다.

■ 효능: 양혈윤장(養血潤腸)

재료 및 분량

당귀 15g, 측백씨 10g, 불린 멥쌀 2컵, 물 14컵

당귀

측백씨

만드는 법

1. 돌냄비에 당귀와 측백씨를 넣고 약한 불로 30분간 끓인다.
2. 두꺼운 냄비에 멥쌀, 약물을 넣고 센 불에 올려 끓으면 약한 불로 줄여 죽이 잘 어우러지도록 끓인다.

재료(본초명)	성미	귀경	효능
멥쌀 粳米	감평 甘平	비위폐 脾胃肺	보기건비 제번갈 지사리 補氣健脾 除煩渴 止瀉痢
당귀 當歸	감미신온 甘辛苦溫	심간비 心肝脾	보혈활혈 조경지통 윤조활장 補血活血 調經止痛 潤燥滑腸
측백씨 柏子仁	감평 甘平	심신대장 心腎大腸	양심안신 염한 윤장통변 養心安神 斂汗 潤腸通便

五. 오인죽 변비

중노년의 기혈(氣血)부족으로 인한 습관성 변비에 응용할 수 있다.

■ 효능: 보익윤장통변(補益潤腸通便)

재료 및 분량

흑임자 50g, 무씨 30g, 잣 30g, 살구씨 10g, 호두 30g, 불린 찹쌀 2컵, 물 12컵

TIP

평소에 열이 좀 있는 편이라면 찹쌀은 멥쌀로 바꾸는 것이 좋다.

무씨

살구씨

만드는 법

1. 블렌더에 흑임자, 무씨, 잣, 살구씨, 호두, 찹쌀, 물을 넣어 곱게 간다.
2. 두꺼운 냄비에 ①의 재료를 넣고 센 불로 끓이다가 끓고 나면 약한 불로 줄여 나무주걱으로 잘 저어주면서 어우러지도록 끓인다.

재료(본초명)	성미	귀경	효능
흑임자 黑芝麻	감평 甘平	간비신 肝脾腎	양혈익정 윤장통변 養血益精 潤腸通便
무씨 蘿葍子	신감평 辛甘平	비위폐대장 脾胃肺大腸	소식도체 강기화담 消食導滯 降氣化痰
잣 海松子	감미온 甘微溫	간폐대장 肝肺大腸	윤조 양혈 거풍 潤燥 養血 祛風
살구씨 杏仁	고미온소독 苦微溫小毒	폐대장 肺大腸	강기화담 지해평천 윤장통변 降氣化痰 止咳平喘 潤腸通便
호두 胡桃	감삽온 甘澁溫	신간폐 腎肝肺	보신익정 온폐정천 윤장통변 補腎益精 溫肺定喘 潤腸通便
찹쌀 糯米	감온 甘溫	비위폐 脾胃肺	보중익기 건비지사 축뇨 염한 해독 補中益氣 健脾止瀉 縮尿 斂汗 解毒

六. 고구마현미밥 변비

고구마는 섬유질이 풍부한 식품으로 통변작용 때문에 변비에 많이 이용되어 왔다. 《본초구원(本草求原)》에서는 고구마가 활혈(活血), 통변(通便) 효능이 있다고 하여 혈액이 순환을 원활하게 하면서 배변을 잘 할 수 있게 한다고 하였다. 현미 또한 백미에 비해 섬유질이 풍부하고 단백질 등 영양가치도 백미에 비해 높은 편이다. 닭고기를 더해 기혈(氣血)의 부족으로 인한 습관성 변비에 활용하기 좋은 약선이 된다.

■ 효능: 익기혈(益氣血), 통장위(通腸胃)

재료 및 분량

고구마 200g, 발아현미 2컵, 닭다리살 120g, 불린 표고버섯 2장, 당근 40g, 피망 1개, 들기름 2큰술, 소금 1작은술, 물 2컵

닭고기 양념 간장 1큰술, 청주 1/2큰술, 후춧가루 약간

TIP

소화력이 좋지 않은 위장질환자나 노인의 경우 현미보다 일반 백미를 쓰는 것이 좋다.

만드는 법

1. 고구마와 닭고기는 1cm 크기로 썰고 닭고기는 간장과 청주, 후춧가루로 밑간을 해둔다.
2. 발아현미는 깨끗이 씻어서 1시간 정도 불려 놓는다.
3. 표고버섯, 당근, 피망은 0.8cm 크기로 썰어 둔다.
4. 냄비에 들기름을 두르고 닭고기와 현미, 고구마, 표고버섯, 당근, 피망을 넣고 볶다가 소금을 뿌리고 물을 넣어 밥을 짓는다.
5. 센 불에서 일단 끓으면 중간 불, 약한 불의 순으로 불조절을 하고 충분히 뜸을 들인다.

재료(본초명)	성미	귀경	효능
고구마 番薯	감평 甘平	비신 脾腎	보기 생진 관장 통변 補氣 生津 寬腸 通便
현미 玄番米	감평 甘平	비위폐 脾胃肺	보기건비 제번갈 지사리 補氣健脾 除煩渴 止瀉痢
닭고기 鷄肉	감온 甘溫	비위 脾胃	온중 익기 보정 전수 溫中 益氣 補精 塡髓
표고버섯 香菇	감평 甘平	간위 肝胃	부정 익기개위 투진 화담 항암 扶正 益氣開胃 透疹 化痰 抗癌
당근 胡蘿蔔	감신평 甘辛平	비간폐 脾肝肺	건비화중 자간명목 화담지해 청열해독 健脾和中 滋肝明目 化痰止咳 淸熱解毒

七. 다시마뭇국 변비

식적(食積)이나 담열(痰熱)의 적체로 기(氣)의 순환이 원활하지 못해 평소에도 몸이 무겁고 속이 더부룩하며 변을 잘 보지 못하는 변비유형에 적합하다.

■ 효능: 하기화담통변(下氣化痰通便)

재료 및 분량

다시마 20cm, 무 300g, 다진 마늘 2작은술, 물 6컵, 참기름 1큰술, 대파 1뿌리, 청장 3큰술, 소금 · 후춧가루 적당량

TIP

다시마는 반드시 함께 먹도록 한다. 경우에 따라 다시마의 양을 좀 더 늘려도 괜찮다.

만드는 법

1. 다시마는 마른 행주로 깨끗이 문질러서 잡티를 제거하고 찬물에 3시간 가량 담가 놓았다가 1분간 끓인 다음 꺼내 2×2.5cm 크기로 썰어 둔다.
2. 무는 다시마 크기로 썰어 냄비에 넣고 다진 마늘과 함께 참기름으로 볶아 전체적으로 기름이 고루 퍼지면 ①의 다시마물을 부어 센 불에서 끓인다.
3. 끓어오르기 시작하면 기름과 거품을 걷어 내고, 불을 약하게 줄이고 청장을 넣어 간을 맞춘다.
4. 썰어 놓은 다시마를 넣고 어슷하게 썬 대파와 후춧가루를 뿌리고 1~2분간 더 끓인 다음 대접에 담아 낸다.

재료(본초명)	성미	귀경	효능
다시마 昆布	감한 甘寒	간위신 肝胃腎	연견화담 이수소종 軟堅化痰 利水消腫
무 蘿菖	신감량 辛甘凉	비위폐대장 脾胃肺大腸	소식 하기 화담 지혈 消食 下氣 化痰 止血

八. 바나나조림 변비

바나나는 성질이 차가우면서 통변작용을 돕는 효능이 있다. 열을 동반한 질병을 앓고 있거나 열병을 앓고 난 다음 나타나는 변비나 소아의 변비에 적합하다.

■ 효능: 청열윤장통변(清熱潤腸通便)

재료 및 분량

바나나 2개, 꿀 1/3컵

TIP

열이 심한 경우 생지황(生地黃)을 함께 넣고 졸이면 통변효과를 높일 수 있다.

만드는 법

1. 바나나는 1/2 크기로 썬다.
2. 팬에 꿀을 넣은 다음 바나나를 넣고 살짝 볶아 낸다.

재료(본초명)	성 미	귀 경	효 능
바나나 香蕉	감한 甘寒	–	청열 윤장 활장 해독 清熱 潤腸 滑腸 解毒
꿀 蜂蜜	감평 甘平	비위폐대장 脾胃肺大腸	보중 지해 윤조 해독 補中 止咳 潤燥 解毒

九. 고구마줄기볶음 변비

기체(氣滯)로 인한 변비로 변이 잘 나오지 않거나 배변해도 시원하지 않으며 장이 꾸륵거리는 소리가 잦고 방귀와 트림을 자주하며 배가 더부룩하고 팽만감이 잦은 경우에 적합하다.

■ 효능: 이기(理氣), 도체(導滯), 통변(通便)

만드는 법

1. 고구마줄기는 끓는 물에 소금을 넣고 데친 다음 찬물에 헹궈 4cm 길이로 썬다.
2. 준비된 고구마줄기에 양념을 넣고 고루 버무린다.
3. 팬을 달구어 들기름을 두르고 ②를 넣고 천천히 볶은 다음 접시에 담는다.

재료(본초명)	성미	귀경	효능
고구마줄기 番薯藤	감삽미량 甘澁微凉	–	주치 토사 변혈 혈붕 유즙불통 主治 吐瀉 便血 血崩 乳汁不通

재료 및 분량

고구마줄기 200g, 소금 1큰술, 들기름 2큰술

양념 다진 파 1/2큰술, 다진 마늘 1작은술, 청장 1큰술, 깨소금 1작은술, 들기름 1/2큰술

十. 해파리냉채 변비

담열(痰熱)로 대변이 건조하고 잘 나오지 않으며 복부창만과 구취 등의 증상이 동반되는 변비유형에 적합하다. 해파리는 폐와 간의 열을 내려 주고 담(痰)을 삭혀 주는 효능을 가지고 있다. 동시에 윤장작용이 있어 담열로 인한 기침 증상 외에 변비에도 많이 사용하는 재료이다. 열을 내려 줄 수 있는 죽순과 오이를 더해 장(腸) 내의 열(熱)로 인한 변비 증상을 개선하는 반찬으로 활용할 수 있다.

■ 효능: 청열화담윤장(清熱化痰潤腸)

재료 및 분량

해파리 200g, 죽순 50g, 불린 흑목이버섯 50g, 오이 50g

양념 다진 마늘 1큰술, 설탕 1큰술, 소금 2작은술, 간장 1작은술, 참기름 1작은술

TIP

일반적인 해파리냉채는 식초를 넣어 만드나, 변비에 쓸 경우 식초를 뺀다.

만드는 법

1. 해파리는 물에 담가 짠맛과 쓴맛을 제거하고 뜨거운 물에 데쳐 낸다.
2. 양념을 미리 만들어 놓고 데친 해파리를 고루 버무려 놓는다.
3. 죽순은 얄팍하게 썰고 오이는 씨를 제거하고 채 썬다.
4. 흑목이버섯은 물에 불려 끓는 물에 살짝 데친 다음 찬물로 헹궈 내어 먹기 좋은 크기로 찢는다.
5. 먹기 직전에 양념에 버무린 해파리와 채소를 버무려서 접시에 담는다.

재료(본초명)	성미	귀경	효능
해파리 海蜇	함평 鹹平	간신폐 肝腎肺	청열평간 화담소적 윤장 清熱平肝 化痰消積 潤腸
죽순 竹筍	감미한 甘微寒	–	소창 청열제담 消脹 清熱除痰
흑목이버섯 木耳	감평 甘平	폐비대장간 肺脾大腸肝	보익기혈 윤폐지해 지혈 補益氣血 潤肺止咳 止血
오이 黃瓜	감량 甘凉	폐비위 肺脾胃	청열 이수 해독 清熱 利水 解毒

현기증

현기증이란 어지럼증이라고도 하는데 자신이나 주변 사물이 정지해 있음에도 불구하고 움직이는 듯한 느낌을 받는 모든 증상을 통칭하는 용어이다. 높은 곳에 올라가거나 지나친 회전운동, 멀미 등으로 인한 어지러움은 정상적인 생리반응이라고 볼 수 있으나 그 외 환경적인 원인 없이 지속적으로 혹은 갑작스럽게 어지러움이 심해진다면 병태로 보며, 특히 갑작스러운 어지럼증의 경우 중추신경계질환의 전조 증상일 수 있으므로 반드시 주의해야 한다. 현기증의 정도가 심하지 않은 경우 눈을 감으면 증상이 사라지지만 심한 경우에는 멀미하듯 어지러운 증상이 멈추지 않고 직립하기 어려우며 메스꺼움과 구토, 발한 등의 증상이 동반되기도 한다.

변증유형은 간양상항(肝陽上亢), 기혈휴허(氣血虧虛), 신정부족(腎精不足), 담습중조(痰濕中阻) 등으로 나뉠 수 있다. 기혈휴허(氣血虧虛)의 경우 빈혈 등에서 자주 보이며 보혈(補血) 효능이 있는 재료들을 많이 사용하고, 신정부족의 경우 무리하게 밤을 새거나 큰 병을 앓고 난 후 혹은 노화로 인한 경우가 많아 약선의 이용이 빈번하다. 간양상항(肝陽上亢)과 담습중조(痰濕中阻)의 경우 대개 고혈압이나 고지혈증 환자에게서 많이 보이는 유형이며, 관상동맥경화 등 심혈관계질환이나 뇌혈관계질환의 전조 증상으로 나타나는 경우도 있으므로 약선이 보조치료로 쓰일 수 있으며 평간(平肝), 화담(化痰), 거담(祛痰) 등의 효능을 가진 재료들을 많이 사용한다.

현기증에 많이 쓰는 약재·식재

익기양혈익정(益氣養血益精) 대추(大棗) | 용안육(龍眼肉) | 황기(黃芪) | 당귀(當歸) | 오징어(烏賊魚) | 당근(胡蘿蔔) | 시금치(菠菜) | 굴(牡蠣肉) | 쇠고기(牛肉)

청간(淸肝), 평간(平肝) 미나리(水芹) | 셀러리(旱芹) | 천마(天麻)

화담(化痰), 거담(祛痰) 다시마(昆布)

一. 율무진피차 현기증

담습(痰濕)으로 인해 머리가 무겁고 어지러우며 가슴이 답답하고 가래가 많은 경우에 적합하다. 평소에 몸집이 좀 있는 편이거나 잘 붓는 경우가 많고 몸이 항상 무겁고 머리가 맑지 못하다.

■ 효능: 조습거담(燥濕祛痰), 건비화위(健脾和胃)

만드는 법

재료를 돌냄비에 넣고 물을 부은 다음 중간 불, 약한 불에서 천천히 30분쯤 달여 기호에 따라 흑설탕을 넣어 마신다.

재료(본초명)	성 미	귀 경	효 능
진피 陳皮	신고온 辛苦溫	비위폐 脾胃肺	이기조중 강역지구 조습화담 理氣調中 降逆止嘔 燥濕化痰
율무 薏苡仁	감담미한 甘淡微寒	비위폐 脾胃肺	이습건비 서근제비 청열배농 利濕健脾 舒筋除痺 清熱排膿
흑설탕 赤砂糖	감온 甘溫	간비위 肝脾胃	보비난간 활혈산어 補脾暖肝 活血散瘀

재료 및 분량

진피 8g, 율무 12g, 흑설탕 약간, 물 10컵

진피

율무

二. 대추미음 현기증

혈허(血虛)로 인한 어지럼증으로 과로하면 심해지고 안색이 좋지 않고 피곤하며 가슴이 두근거리는 경우 적합하다. 대추는 보기양혈(補氣養血) 효능이 있어 기운이 나게 하면서 혈을 보충하고, 안신(安神) 효능으로 마음을 차분하게 하고 잠이 잘 오게 한다. 어지럼증과 함께 불면이 나타나는 경우에도 좋다.

■ 효능: 보기양혈(補氣養血), 건운비위(健運脾胃)

재료 및 분량

대추 8개, 불린 멥쌀 2컵, 물 15컵, 빙당 5g

대추

만드는 법

1. 대추는 깨끗이 씻어 둔다.
2. 두꺼운 냄비에 멥쌀과 대추, 물을 넣고 약한 불에서 1시간 정도 나무주걱으로 저어주면서 푹 끓인다. 쌀알이 잘 퍼지고 국물의 양이 반 정도로 줄면 불에서 내려 체에 거른다.
3. 다시 데우면서 빙당을 넣고 잘 저어준 뒤 그릇에 담는다.

재료(본초명)	성미	귀경	효능
멥쌀 粳米	감평 甘平	비위폐 脾胃肺	보기건비 제번갈 지사리 補氣健脾 除煩渴 止瀉痢
대추 大棗	감온 甘溫	심비위 心脾胃	보비위 익기혈 안심신 조영위 화약성 補脾胃 益氣血 安心神 調營衛 和藥性
빙당 冰糖	감평 甘平	비폐 脾肺	보중화위 윤폐지해 補中和胃 潤肺止咳

三. 복령팥죽 현기증

담습(痰濕)으로 인해 머리가 무겁고 어지러우며 가슴이 답답하고 가래가 많은 경우에 적합하다. 평소 몸이 무거우며 소화력이 떨어지거나 복부팽만감 등이 자주 나타나는 증상에 응용할 수 있다.

■ 효능: 조습거담(燥濕祛痰), 건비화위(健脾和胃)

재료 및 분량

백복령 40g, 팥 1컵, 불린 멥쌀 2컵, 물 14컵, 소금 · 설탕 각 적당량

백복령

만드는 법

1. 깨끗이 씻은 팥에 물을 붓고 끓인 다음 첫물은 버리고 다시 물을 부어 푹 삶는다.
2. 백복령을 돌냄비에 담고 물을 부어 약한 불에서 30분간 달인다.
3. 돌냄비에 ②의 약물을 넣고 삶은 팥, 팥물, 불린 쌀과 물을 넣고 나무주걱으로 저으면서 끓인다.
4. 한소끔 끓으면 불을 약하게 줄이고 쌀알이 완전히 퍼지도록 서서히 끓여 낸다.
5. 기호에 따라 소금과 설탕으로 맛을 낸다.

재료(본초명)	성미	귀경	효능
백복령 白茯苓	감담평 甘淡平	심비폐신 心脾肺腎	이수삼습 건비화위 영심안신 利水滲濕 健脾和胃 寧心安神
팥 赤小豆	감산미한 甘酸微寒	심소장비 心小腸脾	이수소종퇴황 청열해독소옹 利水消腫退黃 清熱解毒消癰
멥쌀 粳米	감평 甘平	비위폐 脾胃肺	보기건비 제번갈 지사리 補氣健脾 除煩渴 止瀉痢

四. 용안연자죽 현기증

심비양허(心脾兩虛)로 어지럽고 가슴이 자주 두근거리며 꿈이 많고 잠을 잘 깨는 경우, 안색이 좋지 않고 식욕이 없는 경우에 적합하다. 어지럼증 이외 불면이나 불안, 가슴 두근거리는 증상 등에도 응용할 수 있다.

■ 효능: 익심비(益心脾), 안심신(安心神)

재료 및 분량

용안육 30g, 연밥 30g, 불린 찹쌀 2컵, 물 12컵, 소금 · 설탕 각 적당량

용안육

연밥

만드는 법

1. 연밥은 불려서 곱게 다진다.
2. 돌냄비에 용안육, 다진 연밥, 찹쌀, 물을 넣고 나무주걱으로 저으면서 끓인다.
3. 한소끔 끓어오르면 불을 줄이고 찹쌀이 잘 퍼질 때까지 끓인다.
4. 그릇에 담고 기호에 따라 먹도록 소금, 설탕을 따로 담아 낸다.

재료(본초명)	성 미	귀 경	효 능
용안육 龍眼肉	감온 甘溫	심비 心脾	보심비 익기혈 안신 補心脾 益氣血 安神
연밥 蓮子	감삽평 甘澁平	비신심 脾腎心	보비지사 익신고정 補脾止瀉 益腎固精
찹쌀 糯米	감온 甘溫	비위폐 脾胃肺	보중익기 건비지사 축뇨 염한 해독 補中益氣 健脾止瀉 縮尿 斂汗 解毒

五. 새우부추만두 현기증

신정(腎精)부족으로 인한 어지럼증에 적합하다. 신장(腎臟)의 정기(精氣)는 뇌수(腦髓)의 충양을 주관하는 기관으로 신정이 부족하면 뇌수가 충양되지 못해 머리가 비어 있는 듯 멍하고 맑지 못하며 어지럽고 기억력이 떨어진다. 이런 경우의 보양식으로 응용할 수 있다.

■ 효능: 보신조양(補腎助陽)

재료 및 분량

새우살 100g, 돼지고기 간 것 150g, 부추 100g, 만두피 20장

양념 간장 1큰술, 녹말 1/2큰술, 참기름 1큰술, 소금 1작은술, 후춧가루 약간

만드는 법

1. 새우살은 잘게 썬다.
2. ①의 잘게 썬 새우살과 다진 돼지고기, 잘게 썬 부추를 섞고, 간장, 녹말, 참기름, 소금, 후춧가루를 넣어 잘 버무린다.
3. 만두피에 ②의 만두소를 넣고 빚는다.
4. 김이 오른 찜통에 빚은 만두를 넣고 15분간 쪄낸다.

재료(본초명)	성 미	귀 경	효 능
새우 對蝦	감함온 甘鹹溫	–	보신흥양 자음식풍 補腎興陽 滋陰熄風
돼지고기 豬肉	감함미한 甘鹹微寒	비위신 脾胃腎	보허 자음 윤조 補虛 滋陰 潤燥
부추 韭菜	신온 辛溫	신위폐간 腎胃肺肝	보신 온중 산어 해독 補腎 溫中 散瘀 解毒

六. 오리레몬즙구이 현기증

기음(氣陰)부족으로 인한 어지럼증에 적합하다. 오리고기는 기음부족의 유형에 적합한 육류로 여러 허약증에 많이 쓰이는 재료이다. 여기에 양음생진(養陰生津)할 수 있는 레몬을 더해 양음(養陰) 효능을 강화했다. 파인애플은 소화를 돕는다.

■ 효능: 보기익음(補氣益陰)

재료 및 분량

오리고기 300g, 레몬 1/2개, 파인애플 썬 것 4장, 소금 · 후춧가루 약간, 청주 2큰술, 식용유 3큰술

만드는 법

1. 오리고기는 기호에 따라 부위를 선택해서 소금, 후춧가루, 청주로 밑간하여 20분쯤 재워 둔다.
2. 팬에 식용유를 두르고, 파인애플을 지져 낸 다음 밑간한 오리를 넣고 앞뒤로 노릇하게 지져 낸다.
3. 그릇에 구운 오리와 파인애플을 담고 레몬즙을 뿌려 먹는다.

재료(본초명)	성미	귀경	효능
오리 白鴨肉	감미함평 甘微鹹平	폐비신 肺脾腎	보기자음 이수소종 補氣滋陰 利水消腫
레몬 檸檬	산감량 酸甘凉	위폐 胃肺	생진해서 화위안태 生津解暑 和胃安胎
파인애플 菠蘿	감미산평 甘微酸平	위신 胃腎	지갈해번 성주익기 止渴解煩 醒酒益氣

七. 오징어무침 현기증

혈허(血虛)유형의 어지럼증에 적합하다. 오징어는 양혈자음(養血滋陰) 효능이 있어 혈허로 인한 어지럼증과 창백한 안색, 월경불순 등의 여러 증상에 응용할 수 있는 재료이다.

■ 효능: 양혈자음(養血滋陰)

재료 및 분량

오징어 500g, 실파 1뿌리, 홍고추 1/2개, 물 2컵, 대파 1뿌리, 생강 7g, 청주 1큰술

양념장 간장 3큰술, 설탕 1작은술, 물엿 1/2큰술, 참기름 1큰술

만드는 법

1. 오징어는 내장과 껍질을 벗겨 손질한다.
2. 대파는 3cm 길이로 썰고 생강은 얇게 저민다.
3. 냄비에 대파, 생강, 청주, 물을 넣고 끓으면 오징어를 데친다.
4. 데친 오징어는 식혀서 3cm 길이로 채 썰고 실파와 홍고추도 3cm 길이로 썬다.
5. 그릇에 ④의 오징어와 실파, 홍고추를 넣고 양념장을 넣어 가볍게 무친다.

재료(본초명)	성미	귀경	효능
오징어 烏賊魚肉	함평 鹹平	간신 肝腎	양혈자음 養血滋陰
파 蔥白	신온 辛溫	폐위 肺胃	발표 통양 해독 發表 通陽 解毒
생강 生薑	신온 辛溫	폐위비 肺胃脾	산한해표 강역지구 화담지해 해독 散寒解表 降逆止嘔 化痰止咳 解毒
고추 辣椒	신열 辛熱	비위 脾胃	온중산한 하기소식 溫中散寒 下氣消食

八. 굴전 현기증

혈허(血虛)유형의 어지럼증에 적합하다. 굴은 바다의 우유라고 할 정도로 영양이 풍부하고 철분 함량이 높아 빈혈에 많이 이용되는 식재료이다. 양혈안신(養血安神), 연견소종(軟堅消腫) 효능이 있어 어지럼증, 불안, 불면 등에도 활용할 수 있다.

■ 효능: 양혈안신(養血安神)

재료 및 분량

굴 300g, 밀가루 1/3컵, 달걀 2개, 소금 1/2작은술, 후춧가루 약간, 식용유 적당량

만드는 법

1. 달걀은 잘 풀어 둔다.
2. 굴은 깨끗하게 씻어 체에 받쳐 물기를 제거하고 후춧가루를 조금 넣어서 버무린 다음 밀가루를 가볍게 묻힌다.
3. 풀어 둔 달걀에 굴을 넣어 잘 섞는다.
4. 달군 팬에 식용유를 두른 후에 약한 불로 굴전을 부친다.

재료(본초명)	성미	귀경	효능
굴 牡蠣肉	감함평 甘鹹平	–	양혈안신 연견소종 養血安神 軟堅消腫
달걀 鷄子	감평 甘平	–	자음윤조 양혈안태 滋陰潤燥 養血安胎
밀 小麥	감미한 甘微寒	심비 心脾	양심 제열 지갈 염한 養心 除熱 止渴 斂汗

九. 대추설기 현기증

기혈(氣血)부족으로 인한 어지럼증에 적합하다. 기혈을 보할 수 있는 대추를 주재료로 만든 설기떡으로 어지럼증과 함께 기운이 없고 식욕이 떨어지는 경우의 간식으로 응용할 수 있다.

■ 효능: 보양기혈(補養氣血), 건운비위(健運脾胃)

재료 및 분량

멥쌀가루 4컵, 대추 10개, 흑설탕 4큰술, 소금 1/2작은술

TIP

떡을 찔 때 종이컵 밑에 구멍을 뚫고 떡가루를 넣어 찌면 편리하다.

대추

만드는 법

1. 멥쌀가루는 2번 체에 내린다.
2. 대추는 돌려깎기하여 씨를 빼고 곱게 채 썬다.
3. 쌀가루에 흑설탕, 소금, 대추 채를 넣고 고루 섞는다.
4. 김이 오른 찜통에 젖은 보를 깔고 쌀가루를 안친다.
5. 20분쯤 찐 다음 흰가루가 없으면 불을 끄고 10분쯤 두어 뜸을 들인 다음 꺼낸다.

재료(본초명)	성미	귀경	효능
대추 大棗	감온 甘溫	심비위 心脾胃	보비위 익기혈 안심신 조영위 화약성 補脾胃 益氣血 安心神 調營衛 和藥性
멥쌀 粳米	감평 甘平	비위폐 脾胃肺	보기건비 제번갈 지사리 補氣健脾 除煩渴 止瀉痢
흑설탕 赤砂糖	감온 甘溫	간비위 肝脾胃	보비난간 활혈산어 補脾暖肝 活血散瘀

十. 메추리알찜 현기증

기혈(氣血)부족 유형의 어지럼증에 적합하다. 메추리알은 비위(脾胃)의 기능저하로 기운이 없고 피곤하며 건망증과 어지럼증 등이 있을 때 응용하기 좋은 식재료이다. 우유를 배합하여 시너지 효과를 낼 수 있다.

■ 효능: 보중익기(補中益氣), 건뇌(健腦)

재료 및 분량

메추리알 20개, 우유 1컵, 소금 1/3작은술

만드는 법

1. 메추리알과 우유, 소금을 잘 섞는다.
2. 작은 그릇 4개에 4등분 분량을 각각 담는다.
3. 찜솥에서 중탕으로 10분간 찐 다음 뚜껑을 열고 메추리알 1개를 깨어 얹고, 다시 2분쯤 찐 다음 꺼낸다.

재료(본초명)	성미	귀경	효능
메추리알 鵪鶉蛋	감담평 甘淡平	비위 脾胃	보허 건위 補虛 健胃
우유 牛乳	감미한 甘微寒	심폐위 心肺胃	보허손 익폐위 양혈 생진윤조 해독 補虛損 益肺胃 養血 生津潤燥 解毒

허리다리통증

요통은 척추뼈, 추간판(디스크), 관절, 인대, 신경, 혈관 등의 기능 이상 및 상호 조정이 어려워짐으로써 발생하는 허리 부위의 통증을 말하고 다리통증이란 이러한 요통에 동반되어 나타나는 다리의 통증뿐 아니라 관절염 등의 원인으로 나타나는 무릎과 엉치부위 관절의 통증을 포함한다. 이들 통증은 대개 근골격계질환으로 분류가 되고 한의학에서는 근(筋), 골(骨)의 생리기능과 밀접한 관련을 맺고 있는 간신(肝腎)기능의 정상여부와 풍한습열(風寒濕熱)의 사기(邪氣)에 의한 기혈(氣血)의 순환장애를 중요한 원인으로 보고 있다.

이들은 크게 실증(實證)과 허증(虛證)으로 분류할 수 있는데 실증(實證)의 경우 풍한습열(風寒濕熱)의 사기(邪氣)가 혈어(血瘀), 담(痰)과 함께 허리 부위의 경락의 운행을 방해하여 발생한다고 보고, 허증의 경우 과로나 기혈(氣血)의 부족, 방사(房事)과다, 오랜 병으로 인한 허약, 노화 등으로 인해 신장(腎臟)의 정기(精氣)를 소모시키고 기능을 저하시켜 발생한다고 본다.

치료는 실증의 경우 거풍(祛風), 산한(散寒), 제습(除濕), 청열(清熱) 등의 치법(治法) 위주로, 허증의 경우 보간신(補肝腎), 익기혈(益氣血) 위주의 치법(治法)을 주로 사용하나 실증, 허증 모두 기혈(氣血)의 순환이 통증의 직접적인 원인이 되므로 이기(理氣), 활혈(活血)을 적절히 배합하여 사용한다.

허리다리통증에 많이 쓰는 약재·식재

보간신(補肝腎), 강근골(强筋骨) 두충(杜仲) | 속단(續斷) | 보골지(補骨脂) | 녹용(鹿茸) | 녹각(鹿角) | 호두(胡桃) | 밤(栗子) | 두렁허리(鱔魚)

거풍습(祛風濕), 강근골(强筋骨) 우슬(牛膝) | 계혈등(鷄血藤) | 상기생(桑寄生) | 뽕나무가지(桑枝) | 오가피(五加皮) | 엄나무껍질(海桐皮) | 신근초(伸筋草) | 독활(獨活) | 방풍(防風) | 위령선(威靈仙) | 메추리(鵪鶉) | 바닷장어(海鰻鱺) | 모과(木瓜) | 앵두(櫻桃) | 율무(薏苡仁)

一. 두충차 허리다리통증

신허(腎虛)로 인한 요통이나 관절동통에 적합하다.

■ 효능: 보간신(補肝腎), 강근골(强筋骨)

만드는 법

1. 두충과 대추는 씻어 건져 둔다.
2. 냄비에 준비된 두충과 대추, 설탕을 넣은 다음 물을 붓고 센 불에서 끓인다.
3. 끓어오르면 불을 약하게 하여 물의 양이 반이 될 때까지 천천히 40~50분 끓인다.

재료(본초명)	성미	귀경	효능
두충 杜仲	감미신온 甘微辛溫	간신 肝腎	보간신 강근골 안태 補肝腎 强筋骨 安胎
대추 大棗	감온 甘溫	심비위 心脾胃	보비위 익기혈 안심신 조영위 화약성 補脾胃 益氣血 安心神 調營衛 和藥性

재료 및 분량

두충 18g, 대추 8개, 설탕 1큰술, 물 10컵

TIP

두충은 안태(安胎) 효능도 있으므로 임산부의 요통에도 응용할 수 있다.

두충

대추

二. 계혈등차 허리다리통증

허리나 관절의 냉통, 풍습성 관절염, 팔 다리가 저리고 무딘 증상 등에 활용할 수 있다. 계혈등은 활혈서근(活血舒筋) 효능으로 인해 근골격계 통증에 널리 활용되는 약재 중의 하나이다.

■ 효능: 보혈활혈(補血活血), 서근활락(舒筋活絡)

재료 및 분량

계혈등 30g, 구기자 30g, 물 15컵

TIP

차로 마시는 대신 술을 담가 두었다 작은 잔으로 한 잔씩 마시는 것도 효과를 볼 수 있다.

계혈등

구기자

만드는 법

1. 계혈등과 구기자는 각각 씻어 건져 둔다.
2. 냄비에 계혈등을 넣고 물을 부어 센 불에 올린다. 끓어오르면 불을 약하게 해서 30분쯤 달이다 구기자를 넣고 20분쯤 더 달여 물의 양이 반쯤 줄면 불을 끄고 수시로 따뜻하게 마신다.

재료(본초명)	성 미	귀 경	효 능
계혈등 鷄血藤	고미감온 苦微甘溫	간신 肝腎	활혈서근 양혈조경 活血舒筋 養血調經
구기자 枸杞子	감평 甘平	간신폐 肝腎肺	양간 자신 윤폐 養肝 滋腎 潤肺

三. 당귀꼬리곰탕 허리다리통증

신장기능의 저하로 요통과 하지무력 등이 있는 경우에 적합하다. 기혈(氣血)을 보하고 골격을 튼튼히 하는 쇠꼬리에 혈행을 원활하게 하는 당귀를 배합하였다. 요통뿐 아니라 기혈(氣血)부족과 신기능 저하를 위한 보양식으로 적합하다.

■ 효능: 보혈(補血), 익신(益腎), 강근골(强筋骨)

재료 및 분량

당귀 15g, 쇠꼬리 1개, 사태 300g, 청주 2큰술, 대파 3대, 마늘 1통, 생강 1톨, 물 20컵, 청장 4큰술, 소금 2큰술

양념 다진 대파 4큰술, 소금 2큰술, 후춧가루 1작은술

당귀

만드는 법

1. 당귀는 씻어 건진다.
2. 쇠꼬리는 토막 낸 것을 준비하여 깨끗이 씻어 찬물에 1시간 정도 담가 핏물을 빼고, 사태도 두 덩이로 나누어 찬물에 담가 핏물을 뺀다.
3. 큰 솥에 준비된 쇠꼬리와 사태, 당귀를 넣고 물을 붓는다. 센 불에서 끓어오르면 불을 줄이고, 대파, 마늘, 생강을 넣고 고기의 누린내를 없애 주면서 서서히 1시간 정도 끓인다.
4. 고기가 충분히 무르고, 국물이 우러나면 건지는 건지고, 국물은 식혀서 기름을 걷는다.
5. 국물은 소금과 청장으로 간하여 팔팔 끓이고, 사태는 얇게 편육으로 썬다.
6. 대접에 쇠꼬리와 사태편육을 넣고, 소금 간하여 국물을 부어 낸다.
7. 기호에 맞추어 양념을 넣어 먹는다.

재료(본초명)	성미	귀경	효능
당귀 當歸	감신고온 甘辛苦溫	간심비 肝心脾	보혈활혈 조경지통 윤조활장 補血活血 調經止痛 潤燥滑腸
쇠고기 牛肉	감평 甘平	비위 脾胃	보비위 익기혈 강근골 補脾胃 益氣血 强筋骨

四. 황률암죽 허리다리통증

노인들의 노화 진행에 따른 요통 증상이나 과로 등으로 인한 신허(腎虛) 요통에 적합하다. 기운을 더하고 보신강근(補腎强筋)으로 허리를 강하게 하는 효능이 있는 밤을 이용한 약선죽이다. 청소년들의 성장으로 인한 요통에도 쓸 수 있다.

■ 효능: 익신강근(益腎强筋)

재료 및 분량

황률 10개, 불린 멥쌀 1컵, 설탕 1/2컵, 물 8컵, 소금 약간

TIP

- 말린 밤인 황률은 충분히 불려 쌀과 함께 갈아도 좋다.
- 전통적인 암죽은 통쌀과 부재료를 합하여 끓인 다음 체에 내려서 따뜻하게 먹는다.

만드는 법

1. 황률은 씻어 건져 블렌더에 곱게 가루로 만든다.
2. 불린 멥쌀은 블렌더에 넣어 물을 붓고 곱게 간 다음 ①의 황률가루와 섞는다.
3. 냄비에 갈아 둔 쌀과 황률을 넣고 나무주걱으로 저으며 불을 약하게 하여 넘치지 않도록 잘 퍼지게 끓인다.
4. 끓는 암죽에 소금과 설탕으로 맛을 낸다.

재료(본초명)	성미	귀경	효능
밤 栗子	감미함온 甘微鹹溫	비위신 脾胃腎	익기건비 보신강근 활혈소종 지혈 益氣健脾 補腎强筋 活血消腫 止血
멥쌀 粳米	감평 甘平	비위폐 脾胃肺	보기건비 제번갈 지사리 補氣健脾 除煩渴 止瀉痢

五. 방풍죽 허리다리통증

방풍죽(防風粥)은 관절이 아프고 시리며 굴신이 불편하고 통증 부위가 일정치 않은 경우, 오한이나 열이 같이 나타나며 찬바람이 불기 시작하면 더 심해지는 경우 적합하다. 방풍은 거풍산한(祛風散寒) 효능이 있어 감기에도 자주 쓰이는 재료이다.

■ 효능: 거풍해표통락(祛風解表通絡)

재료 및 분량

신선한 방풍 200g, 파뿌리 2개, 불린 멥쌀 2컵, 좁쌀 1/2컵, 물 14컵, 소금 약간

TIP

방풍나물로 쓰는 것은 식용가능재료인 갯방풍을 말하는 것이나 건재로 판매하는 방풍의 경우 약용으로만 사용가능한 재료이므로 주의한다. 관절에 열감이 있으면 좁쌀을 사용하기도 한다.

방풍

만드는 법

1. 파뿌리는 깨끗이 씻어 냄비에 넣고 물을 부어 천천히 20분쯤 끓인 후 체에 걸러 국물을 받아 둔다.
2. 방풍은 씻어서 작게 썬다.
3. 좁쌀은 씻어 체에 건져 둔다.
4. 냄비에 불린 쌀, 좁쌀과 ①의 약물을 넣고 불에 올려 끓으면 신선한 방풍을 넣고 한소끔 끓인 다음 소금간을 약간하여 퍼지도록 끓여 낸다.

재료(본초명)	성 미	귀 경	효 능
방풍 防風	신감미온 辛甘微溫	방광폐비 膀胱肺脾	거풍해표　승습지통 祛風解表　勝濕止痛
파뿌리 蔥白	신온 辛溫	폐위 肺胃	발표　통양　해독 發表　通陽　解毒
멥쌀 粳米	감평 甘平	비위폐 脾胃肺	보기건비　제번갈　지사리 補氣健脾　除煩渴　止瀉痢

六. 부추장국죽 허리다리통증

신양허(腎陽虛)로 인한 요통에 적합하다. 몸에 따뜻한 기운이 부족하면 경혈(經血)의 운행이 원활하지 못하고 이는 기(氣)의 소통을 막아 통증을 일으키기 쉽다. 추우면 허리가 더 아프고 평소에도 허리나 무릎이 시리고 설사를 하거나 소변을 자주 보는 경우에도 좋다.

■ 효능: 온보신양(溫補腎陽), 강근골(强筋骨)

재료 및 분량

부추 200g, 불린 멥쌀 2컵, 쇠고기(살코기) 150g, 물 12컵, 고추장 1큰술, 된장 1큰술

양념 간장 1큰술, 다진 파 1큰술, 다진 마늘 1/2큰술, 참기름 1큰술, 후춧가루 약간

만드는 법

1. 부추는 줄기를 다듬어 물에 씻어 건져 낸 뒤 4cm 길이로 자른다.
2. 쇠고기는 곱게 채 썰어 양념에 무쳐서 냄비에 담아 잠시 볶다가 물을 붓고 된장, 고추장을 풀어 장국을 끓인다.
3. 장국에 불린 쌀을 넣고 끓여서 밥알이 퍼지면 부추를 넣고 한 번 더 끓인다.

재료(본초명)	성 미	귀 경	효 능
부추 韭菜	신온 辛溫	신위폐간 腎胃肺肝	보신 補腎 온중 溫中 산어 散瘀 해독 解毒
멥쌀 粳米	감평 甘平	비위폐 脾胃肺	보기건비 補氣健脾 제번갈 除煩渴 지사리 止瀉痢
쇠고기 牛肉	감평 甘平	비위 脾胃	보비위 補脾胃 익기혈 益氣血 강근골 强筋骨

七. 계피쇠고기구이 허리다리통증

신양허(腎陽虛)로 인한 허리와 무릎 통증이나 한습(寒濕)으로 인한 좌골신경통 등에 쓴다. 온신조양(溫腎助陽)하는 계피와 근골을 튼튼히 하는 쇠고기를 배합해 허리나 무릎이 시리고 아픈 경우에 적합한 약선방이 된다.

■ 효능: 온신보양(溫腎補陽), 거한지통(祛寒止痛)

재료 및 분량

쇠고기(등심) 300g, 대파 1/2대, 양파 1개, 식용유 적당량

고기 양념 계핏가루 1큰술, 생강즙 1작은술, 다진 파 1큰술, 소금 1/3작은술

계피

만드는 법

1. 쇠고기는 불고깃감으로 도톰하게 한입 크기로 썰어 칼등으로 두드린다.
2. ①에서 준비한 쇠고기에 계핏가루, 생강즙, 다진 파, 소금을 넣고 고루 주물러 둔다.
3. 대파와 양파는 굵게 채 썬다.
4. 팬에 기름을 두르고 양념된 고기를 앞뒤로 구워 낸다.
5. 달구어진 팬에 양파 채, 대파 채를 소금 뿌려 살짝 볶아 고기와 함께 담는다.

재료(본초명)	성미	귀경	효능
쇠고기 牛肉	감온 甘溫	비위 脾胃	보비위 익기혈 강근골 補脾胃 益氣血 强筋骨
계피 桂皮	신감온 辛甘溫	비위간신 脾胃肝腎	온중산한 이기지통 溫中散寒 理氣止痛
파 蔥白	신온 辛溫	폐위 肺胃	발표 통양 해독 發表 通陽 解毒
양파 洋蔥	신감온 辛甘溫	–	건위이기 살충 강혈지 健胃理氣 殺蟲 降血脂
생강 生薑	신온 辛溫	폐위비 肺胃脾	산한해표 강역지구 화담지해 해독 散寒解表 降逆止嘔 化痰止咳 解毒

八. 약선닭발조림 허리다리통증

간혈(肝血)부족으로 인한 좌골신경통 등에 쓴다.

■ 효능: 유간지통(柔肝止痛), 진경지련(鎭痙止攣)

재료 및 분량

우슬 10g, 백작약 10g, 물 3컵, 닭발 300g, 청주 2큰술, 생강 1톨, 대파 1대

양념 간장 2큰술, 설탕 2큰술, 조미술 2큰술, 소금 1작은술

TIP

닭발은 뼈와 건, 가죽으로 되어 있으며, 고단백, 저지방의 부위로 콜라겐의 소재로 이용된다. 주로 볶음이나 육수와 족편으로 만들어 먹는다.

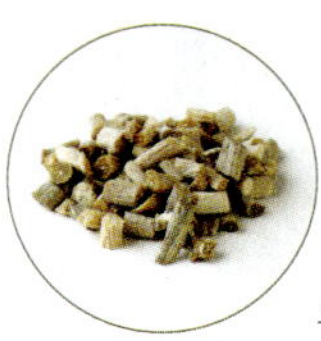

우슬

백작약

만드는 법

1. 우슬은 깨끗이 씻어 잘게 썰고, 백작약은 편으로 썬 것을 준비한다.
2. 우슬과 백작약을 냄비에 담고 물 3컵을 부어 약한 불에서 30분쯤 끓인 다음 백작약은 꺼낸다.
3. 닭발은 씻어 건져 둔다.
4. 닭발은 끓는 물에 파, 생강, 청주를 넣고 10분쯤 끓여 낸다.
5. 냄비에 간장, 설탕, 조미술, 소금을 넣고 끓으면 삶은 닭발을 넣고 약물을 자작하게 붓는다. 끓으면 불을 줄여 1시간쯤 천천히 윤기 나게 조리면서 생강편, 파편을 넣고 다시 한 번 조린다.

재료(본초명)	성미	귀경	효능
닭고기 鷄肉	감온 甘溫	비위 脾胃	온중 익기 보정 전수 溫中 益氣 補精 塡髓
우슬 牛膝	고산평 苦酸平	간신 肝腎	보간신 강근골 활혈통경 인혈하행 이뇨통림 補肝腎 强筋骨 活血通經 引血下行 利尿通淋
백작약 白芍藥	고산미한 苦酸微寒	간비 肝脾	양혈화영 완급지통 염음평간 養血和營 緩急止痛 斂陰平肝
파 蔥白	신온 辛溫	폐위 肺胃	발표 통양 해독 發表 通陽 解毒
생강 生薑	신온 辛溫	폐위비 肺胃脾	산한해표 강역지구 화담지해 해독 散寒解表 降逆止嘔 化痰止咳 解毒

九. 뽕나무가지닭찜 허리다리통증

뽕나무가지는 성질이 한열(寒熱)에 치우치지 않으면서 풍습(風濕)을 제거하고 부종을 제거하는 효능을 가지고 있어 관절통증에 많이 쓰이는 재료이다. 닭고기와 함께 배합하여 관절동통이 있는 사람들의 보양식으로 적합하며 몸을 자양하는 동시에 관절통 등의 통증을 가라앉히는 효력을 발휘한다.

■ 효능: 익기혈(益氣血), 거풍습(祛風濕)

재료 및 분량

뽕나무가지 60g, 물 10컵, 토막 낸 닭 1마리분, 생강 1톨, 양파 1개, 당근 1/2개, 풋고추 2개

양념 간장 2큰술, 소금 약간, 설탕 2큰술, 다진 파 1큰술, 다진 마늘 1작은술, 다진 생강 1/2작은술, 참기름 1큰술, 깨소금 1작은술, 후춧가루 약간

TIP

양념 없이 닭과 뽕나무가지를 함께 넣어 백숙으로 이용해도 좋다.

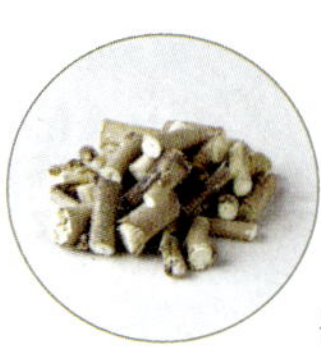

뽕나무가지

만드는 법

1. 뽕나무가지는 씻어 건져 담고 물 10컵을 붓고 천천히 30분쯤 달여 약물을 받아 둔다.
2. 토막 낸 닭은 찬물에 씻어 건져 두고, 생강은 편으로 썰어 둔다.
3. 팬에 기름을 두르고 ②의 토막 낸 닭과 생강편을 넣어 앞뒤로 노릇하게 지져 낸다.
4. 양파는 반 갈라 6토막으로 썰고 당근은 삼각썰기하고, 풋고추는 어슷썬다.
5. 양념을 모두 섞어 간장 양념장을 만든다.
6. 냄비에 지져 낸 닭을 담고 양념장을 넣고 잘 섞은 다음 약물을 자작하게 부어 천천히 끓인다. 도중에 양파, 당근, 풋고추 썬 것을 넣고 국물이 약간 남을 때까지 조려 낸다.

재료(본초명)	성미	귀경	효능
뽕나무가지 桑枝	고평 苦平	간 肝	거풍습 경락 수기 祛風濕 經絡 水氣
닭고기 鷄肉	감온 甘溫	비위 脾胃	온중 익기 보정 전수 溫中 益氣 補精 塡髓

부종

부종은 조직 내에 림프액이나 조직의 삼출물 등의 액체가 고여 과잉 존재하는 상태를 의미하는 것으로, 안검과 두면부, 사지, 배복부 심한 경우 전신이 붓게 된다. 전신부종의 경우 심장질환이나 간경변, 신장질환 등으로 인한 경우가 많다.

한의학에서 부종은 폐(肺), 비(脾), 신(腎) 세 장부와 깊은 관련이 있다고 보고 있으며 크게 음수(陰水)와 양수(陽水)로 분류한다. 양수의 경우는 풍사(風邪)나 수습(水濕), 습열(濕熱), 습독(濕毒) 등에 의한 실증(實證)이 많고, 음수는 비양허(脾陽虛), 신기허(腎氣虛)와 같은 허증(虛症)이 많다. 양수의 경우에는 병의 원인이 되는 사기(邪氣)를 제거하는 것이 우선이나, 음수의 경우 온양(溫陽), 익기(益氣)를 위주로 수액대사를 촉진시키는 것을 우선으로 한다.

부종에 많이 쓰는 약재·식재

복령(茯苓) | 율무(薏苡仁) | 동아(冬瓜) | 팥(赤小豆) | 옥수수수염(玉米鬚) | 잉어(鯉魚) | 붕어(鯽魚) | 검은콩(黑大豆) | 콩(黃大豆) | 가물치(鱧魚) | 질경이(車前草) | 질경이씨(車前子) | 삽주뿌리(白朮) | 오가피(五加皮) | 익모초(益母草) | 황기(黃芪) | 상백피(桑白皮)

一. 백모근금은화차 부종

풍열 사기(邪氣) 등에 의한 양수(陽水), 즉 급성신장염과 같이 감기 등의 증상과 유사하게 시작되어 갑자기 몸이 붓고 소변이 잘 나오지 않는 경우 치료를 보조하는 역할로 마시는 차다. 백모근(白茅根)은 띠풀을 말하는 것으로 열을 식혀 주고 소변이 잘 나오게 하며 지혈 효능이 있어 혈뇨 등이 있을 때에 많이 쓰이는 재료이다. 금은화(金銀花)는 인동꽃으로 청열해독(清熱解毒) 효능을 가지고 있어 바이러스나 세균 감염 등으로 인한 열증을 치료하는 데 많이 사용된다.

■ 효능: 청열해독이뇨(清熱解毒利尿), 양혈지혈(涼血止血)

만드는 법

주전자에 백모근과 인동꽃을 넣고 물을 부어 약 15분간 달인 후 차로 마신다.

재료(본초명)	성미	귀경	효능
백모근 白茅根	감한 甘寒	심폐위방광 心肺胃膀胱	청열생진 양혈지혈 이뇨통림 清熱生津 涼血止血 利尿通淋
인동꽃 金銀花	감한 甘寒	폐위 肺胃	청열해독 清熱解毒

재료 및 분량

백모근 25g, 인동꽃 10g,
물 6컵

백모근

인동꽃

二. 황기검은콩죽 부종

노인들이나 과로, 혹은 만성신염이나 영양불량 등 비기(脾氣)나 신기(腎氣)의 부족으로 수분대사가 원활하지 못해 잘 붓고, 기운이 없는 사람들의 영양식으로 적합하다. 황기는 대표적인 보기(補氣) 약재이면서 수분대사를 원활하게 하는 이수(利水) 효능을 가진 약재로 기허(氣虛)로 인한 부종에 적합하다. 검은콩은 신장(腎臟)을 보하면서 이수 효능을 가지고 있어 비장과 신장의 기허로 인한 부종에 적합하며 그 외 기허로 인한 피로감이나 노화 등에도 좋은 약선이 된다.

■ 효능: 익기건비(益氣健脾), 이수소종(水消腫)

재료 및 분량

황기 30g, 검은콩 100g, 불린 멥쌀 2컵, 물 15컵, 소금 적당량

TIP

장년기의 건강한 사람이 장기 복용하면 열이 생기므로 주의해야 한다.

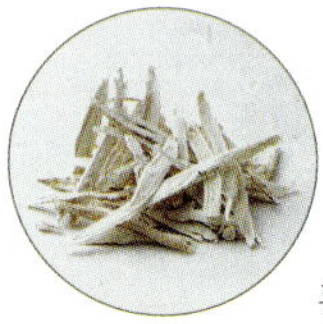

황기

만드는 법

1. 황기는 냄비에 물과 함께 넣어 약한 불로 1시간가량 끓인다.
2. 검은콩은 깨끗이 씻어 ①의 황기 달인 물 2컵을 넣어 5시간 이상 불린 다음 블렌더에 넣고 곱게 간다.
3. 두꺼운 냄비에 멥쌀과 ①의 나머지 황기 달인 물을 넣고 센 불에서 끓이다가 약한 불로 줄여 20분간 끓인다.
4. ③에 ②의 검은콩 간 것을 넣고 10분간 더 끓인 다음 소금으로 간하고 2~3분간 뜸을 들여 그릇에 담는다.

재료(본초명)	성 미	귀 경	효 능
황기 黃芪	감온 甘溫	폐비 肺脾	익기승양 고표지한 이수소종 탁독생기 益氣升陽 固表止汗 利水消腫 托毒生肌
검은콩 黑大豆	감평 甘平	비신 脾腎	활혈이수 거풍해독 건비익신 活血利水 祛風解毒 健脾益腎

三. 산약율무죽 부종

비장(脾臟)의 소화기능을 도와 수분대사를 원활하게 하고 몸에 쌓인 불필요한 수분을 흡수해 부종을 가라앉게 해준다. 소화를 돕는 좁쌀에 비장과 신장의 기(氣)를 보하는 산약과 비장의 소화기능을 튼튼히 하면서 습기를 제거하는 율무, 연밥 등을 더해 자주 몸이 붓는 증상을 완화시킬 수 있다. 비장과 신장의 기허로 설사를 자주하는 사람에게도 쓸 수 있다.

■ 효능: 건비이습(健脾利濕), 보기보혈(補氣補血)

재료 및 분량

마 200g, 연밥 15g, 율무 30g, 대추 10개, 좁쌀 1컵, 물 10컵, 설탕 약간

TIP

부종과 함께 평소에 추위를 잘 탄다면 좁쌀 대신 찹쌀을 쓰는 것이 좋다.

마

율무

대추

연밥

만드는 법

1. 대추는 씨를 빼고 물을 넣어 20분쯤 달인다.
2. 율무와 연밥, 좁쌀은 물에 잘 씻어 2시간 정도 불린다.
3. 마는 잘게 깍둑썰기한다.
4. 불려 둔 ②의 재료와 ①의 대추를 블렌더에 넣고 곱게 간다.
5. 냄비에 ④와 ③의 마를 넣어 나무주걱으로 저으면서 죽을 끓인 후 기호에 맞게 설탕을 넣어 먹는다.

재료(본초명)	성미	귀경	효능
마 山藥	감평 甘平	비폐신 脾肺腎	보비 양폐 고신 익정 補脾 養肺 固腎 益精
율무 薏苡仁	감담미한 甘淡微寒	비위폐 脾胃肺	이습건비 서근제비 청열배농 利濕健脾 舒筋除痺 清熱排膿
대추 大棗	감온 甘溫	심비위 心脾胃	보비위 익기혈 안심신 조영위 화약성 補脾胃 益氣血 安心神 調營衛 和藥性
연밥 蓮子	감삽평 甘澁平	비신심 脾腎心	보비지사 익신고정 補脾止瀉 益腎固精
좁쌀 粟米	감함량 甘鹹凉	신비위 腎脾胃	화중 익신 제열 해독 和中 益腎 除熱 解毒

四. 복령대추산약죽 부종

비장(脾臟)의 기(氣)를 보하여 음식물의 소화흡수를 원활하게 함으로써 불필요한 수분이 몸 안에 쌓이는 것을 방지한다. 백복령은 건비화습(健脾化濕)의 효능을 가진 약재로 몸 안의 습기를 없애면서도 기를 손상시키지 않는다. 마, 대추 등은 모두 보기(補氣), 건비위(健脾胃) 효능을 가진 약재로 비장(脾臟)의 기허(氣虛)로 인해 수분이 소화, 흡수되지 못하고 정체되는 것을 방지한다. 부종뿐 아니라 비기허(脾氣虛)로 인한 만성설사나 식욕부진 등에도 응용할 수 있다.

■ 효능: 건운비위(健運脾胃), 삼습지사(滲濕止瀉)

재료 및 분량

백복령 30g, 대추 10개, 마 30g, 불린 멥쌀 2컵, 물 14컵, 흑설탕 적당량

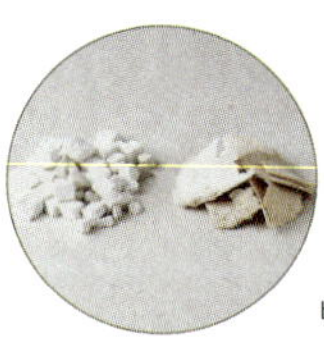

백복령

대추

마

만드는 법

1. 백복령, 대추, 마를 두꺼운 냄비에 넣고 물을 부어 30분쯤 약한 불로 달인 다음 체에 걸러 약물을 얻는다.
2. 약물에 불린 멥쌀을 넣고 쌀이 잘 퍼지도록 약한 불에서 천천히 끓인다.
3. 기호에 따라 흑설탕을 넣어 먹는다.

재료(본초명)	성미	귀경	효능
멥쌀 粳米	감평 甘平	비위폐 脾胃肺	보기건비 제번갈 지사리 補氣健脾 除煩渴 止瀉痢
백복령 白茯苓	감담평 甘淡平	심비폐신 心脾肺腎	이수삼습 건비화위 영심안신 利水滲濕 健脾和胃 寧心安神
대추 大棗	감온 甘溫	심비위 心脾胃	보비위 익기혈 안심신 조영위 화약성 補脾胃 益氣血 安心神 調營衛 和藥性
마 山藥	감평 甘平	비폐신 脾肺腎	보비 양폐 고신 익정 補脾 養肺 固腎 益精
흑설탕 赤砂糖	감온 甘溫	간비위 肝脾胃	보비난간 활혈산어 補脾暖肝 活血散瘀

五. 마른 새우죽 부종

비신양허(脾腎陽虛)유형에 적합하다. 비장(脾臟)과 신장(腎臟)의 양(陽)의 기운이 부족하면 수분대사가 신속히 일어나지 않고 기화(氣化) 작용이 떨어져 불필요한 물이 몸에 쌓이게 되고 이것이 부종이 된다. 새우의 따뜻한 성질을 이용해 몸을 따뜻하게 함으로써 수분대사를 돕는다.

■ 효능: 보비(補脾), 보신(補腎), 장양(壯陽)

재료 및 분량

마른 새우 10g, 불린 멥쌀 2컵, 물 12컵, 소금 적당량

만드는 법

1. 마른 새우는 블렌더에서 곱게 간다.
2. 냄비에 마른 새우 분말, 쌀과 물을 넣고 잘 어우러지도록 끓인 다음 소금으로 간한다.

재료(본초명)	성미	귀경	효능
새우 對蝦	감함온 甘鹹溫	–	보신흥양 자음식풍 補腎興陽 滋陰熄風
멥쌀 粳米	감평 甘平	비위폐 脾胃肺	보기건비 제번갈 지사리 補氣健脾 除煩渴 止瀉痢

六. 황기오골계백숙 부종

비장(脾臟)의 기(氣)를 보하여 음식물의 소화흡수를 원활하게 함으로써 불필요한 수분이 몸 안에 쌓이는 것을 방지한다. 주재료인 오골계는 간신(肝腎)의 기능을 강화하고 기혈(氣血)을 보하는 효능을 가지며 양질의 단백질 급원으로 소화를 담당하는 비장의 기허(氣虛)로 인해 수분이 소화, 흡수되지 못하고 정체되는 것을 방지한다. 황기는 대표적인 보기(補氣) 약재이면서 동시에 체액의 순환을 원활히 하는 이수(利水) 효능을 가지고 있어 비장의 기허로 인한 부종에 적합한 재료이다.

■ 효능: 익기온양(益氣溫陽), 이수소종(利水消腫)

재료 및 분량

수삼 1뿌리, 황기 20g, 오골계 1마리, 소금 · 후춧가루 적당량

국물용 닭발 500g, 양파 1개, 마늘 10쪽, 물 15컵

인삼

황기

만드는 법

1. 큰 솥에 닭발, 양파, 마늘, 물을 넣고 끓기 시작하면 약한 불로 해서 40분가량 더 끓여 국물을 만든다.
2. 오골계는 깨끗이 씻은 다음 뱃속에 저며 썰은 수삼과 잘게 썬 황기를 넣고 속이 빠지지 않도록 왼쪽과 오른쪽 다리를 꼬아서 끼워 넣는다.
3. ①의 국물에 오골계를 넣어 40분간 끓인 다음 소금과 후춧가루를 따로 담아서 낸다.

재료(본초명)	성미	귀경	효능
인삼 人蔘	감미고미온 甘微苦微溫	폐비심신 肺脾心腎	대보원기 고탈 생진 안신 大補元氣 固脫 生津 安神
황기 黃芪	감온 甘溫	폐비 肺脾	익기승양 고표지한 이수소종 탁독생기 益氣升陽 固表止汗 利水消腫 托毒生肌
오골계 烏骨鷄	감평 甘平	간신폐 肝腎肺	보간신 익기혈 퇴허열 補肝腎 益氣血 退虛熱

七. 양고기카레 부종

비장(脾臟)과 신장(腎臟)의 양(陽)의 기운을 더해 주어 몸을 따뜻하게 함으로써 몸 안에 정체된 비정상적인 수분을 제거하여 부기를 가라앉히는 효능이 있다.

주로 비신양허(脾腎陽虛)유형의 부종에 적합하다. 주재료인 양고기는 육류 중에서도 따뜻한 성질을 가진 재료로서 겨울철이나 몸이 찬 사람에게 적합하다. 카레는 인도가 원산지인 혼합향신료 분말로 주로 울금 · 사프란 · 진피 등의 이기활혈 효능을 가진 재료와 맵고 따뜻한(辛溫) 맛을 내는 후추 · 고추 · 생강 · 겨자 · 마늘 · 회향 · 정향 · 육계 · 계피 · 육두구(넛맥) · 고수(코리엔더) 등으로 구성되어 있다. 몸을 덥게 하는 양고기의 효능을 돕고 고기의 누린내를 제거하는 역할도 한다.

■ 효능: 익기보양(益氣補陽), 온중(溫中)

재료 및 분량

양고기 200g, 감자 100g, 당근 100g, 양파 100g, 피망(적 · 녹색) 30g, 다진 생강 1작은술, 카레가루 100g, 소금 1/2 작은술, 후춧가루 약간, 식용유 2큰술, 물 6컵

만드는 법

1. 양고기는 잘게 썰어 소금과 다진 생강, 후춧가루를 먼저 뿌려 밑간한다.
2. 달구어진 냄비에 식용유를 두르고 양고기를 볶다가 감자, 당근, 피망, 양파 썬 것을 넣고 볶는다.
3. ②의 냄비에 물을 붓고 15분간 약한 불로 끓이다가 카레가루를 넣어 잘 저어주고 5분간 더 끓인다.
4. 밥이나 빵과 함께 먹는다.

재료(본초명)	성미	귀경	효능
양고기 羊肉	감열 甘熱	비위신 脾胃腎	온중난신 익기보허 溫中暖腎 益氣補虛
계피 桂皮	신감온 辛甘溫	비위간신 脾胃肝腎	온중산한 이기지통 溫中散寒 理氣止痛
울금 鬱金	신고한 辛苦寒	심간담 心肝膽	활혈지통 행기해울 청심량혈 이담 活血止痛 行氣解鬱 淸心養血 利膽
사프란 藏紅花	감평 甘平	–	활혈화어 산울개결 活血化瘀 散鬱開結
진피 陳皮	신고온 辛苦溫	비위폐 脾胃肺	이기조중 강역지구 조습화담 理氣調中 降逆止嘔 燥濕化痰

*기타 향신료에 대한 성미효능은 생략한다(부록 참조).

빈뇨

빈뇨는 배뇨 횟수가 비정상적으로 증가하는 것으로 정상적인 배뇨의 경우 하루 4~6회 많아도 10회 정도, 야간에는 0~2회 정도를 정상범위로 보고 있으며 이 범위보다 배뇨 횟수가 증가하는 경우를 빈뇨로 본다. 대개 음수량이 많거나 긴장하거나 날씨가 추워지면 자연스럽게 배뇨 횟수가 증가하지만 그 외의 경우 요로감염이나 방광염 등과 같은 급, 만성염증 및 전립선비대 등으로 인한 요로폐색에 의한 병리적 요인에 의해 많이 발생한다.

한의학에서는 빈뇨를 임증(淋證)의 범주에 포함시키며 방광습열(膀胱濕熱)과 간울기체(肝鬱氣滯), 비신휴허(脾腎虧虛) 등으로 인해 발생한다고 보며, 노인에게서 자주 나타나는 빈뇨(頻尿)는 신양허쇠(腎陽虛衰)로 인한 고섭(固攝)기능의 저하로 본다. 방광습열(膀胱濕熱)과 간울기체(肝鬱氣滯)와 같은 실증(實證)의 경우 청열이습(淸熱利濕)과 이기해울(理氣解鬱) 등의 치법을 위주로 쓰지만 비신휴허(脾腎虧虛)나 신양허쇠(腎陽虛衰)의 경우 보기건비(補氣健脾), 온신조양(溫腎助陽) 등의 보법(補法)을 주로 쓴다.

빈뇨에 많이 쓰는 약재·식재

연밥(蓮子) | 가시연밥(芡實) | 마(山藥) | 산수유(山茱萸) | 오미자(五味子) | 복분자(覆盆子) | 금앵자(金櫻子) | 앵두(櫻桃) | 은행(白果)

一. 산수유차 빈뇨

산수유는 수렴(收斂)작용이 있으면서 간신(肝腎)의 정혈(精血)을 보익(補益)하므로 신장(腎臟)이 허(虛)해서 일어나는 요실금이나 빈뇨, 식은땀, 냉대하 등에 많이 사용된다. 그러므로 신장의 기(氣)가 허해서 일어나는 빈뇨와 더불어 어지럼증, 귀울림, 요통 등이 있는 경우 적합하다.

■ 효능: 보신(補腎), 축뇨(縮尿)

만드는 법

1. 말린 산수유는 가볍게 씻는다.
2. 주전자에 산수유와 물을 넣고 끓이다가 약한 불로 줄여 은근히 끓인다.
3. 2/3 정도로 찻물이 줄어들면 산수유는 건져 내고 찻잔에 따라서 꿀을 넣어 마신다.

재료 및 분량

산수유 30g, 물 7컵,
꿀 적당량

산수유

재료(본초명)	성미	귀경	효능
산수유 山茱萸	산미온 酸微溫	간신 肝腎	보익간신 수렴고탈 補益肝腎 收斂固脫
꿀 蜂蜜	감평 甘平	비위폐대장 脾胃肺大腸	보중 지해 윤조 해독 補中 止咳 潤燥 解毒

二. 돼지고기연자장조림 빈뇨

소화기능을 담당하는 비장(脾臟)과 수액대사를 담당하는 신장(腎臟)의 기허(氣虛)로 인해 소변이 잦고 양이 많으며, 과로하거나 피곤하면 빈뇨 증상이 더 심해지는 경우, 밤에 소변이 잦은 경우에 적합하다. 설사가 잦고 요통이 동반되는 경우에도 적합하다.

■ 효능: 보비고신(補脾固腎)

재료 및 분량

연밥 20g, 가시연밥 20g, 돼지고기(안심) 200g, 대파 1대, 마늘 3쪽, 물 4컵, 불린 표고버섯 1장

양념 간장 4큰술, 설탕 2큰술, 후춧가루 약간, 물 2컵

연밥

가시연밥

만드는 법

1. 돼지고기는 네 토막으로 썬다.
2. 냄비에 물을 먼저 끓인 다음 돼지고기, 대파, 마늘을 넣어 약한 불에서 20분간 끓인 다음 건져 낸다.
3. 냄비에 물과 양념을 넣고 삶은 돼지고기, 채 썬 표고버섯, 연밥, 가시연밥을 넣은 다음 중간 불에서 끓으면 썬 파와 후춧가루를 넣고 국물이 조금 남도록 조려 낸다.

재료(본초명)	성미	귀경	효능
돼지고기 豬肉	감함미한 甘鹹微寒	비위신 脾胃腎	보허 자음 윤조 補虛 滋陰 潤燥
연밥 蓮子	감삽평 甘澁平	비신심 脾腎心	보비지사 익신고정 補脾止瀉 益腎固精
가시연밥 芡實	감삽평 甘澁平	비신 脾腎	보비거습 익신고정 補脾祛濕 益腎固精

三. 복분자쇠고기마샐러드 빈뇨

소화기능을 담당하는 비장(脾臟)과 수분대사를 조절하는 신장(腎臟)의 기허(氣虛)로 혹은 양허(陽虛)로 인해 소변양이 많고 잦으며 안색이 누렇고 기운이 없으며 변이 묽은 경우 적합하다. 비위(脾胃)를 보하고 기혈(氣血)을 더해 주는 쇠고기를 주재료로 익신고정축뇨(益腎固精縮尿) 효능을 가진 복분자와 보비(補脾), 고신(固腎), 익정(益精) 효능의 산약을 더하여 익기축뇨(益氣縮尿)의 효능을 얻을 수 있다.

■ 효능: 익기축뇨(益氣縮尿)

재료 및 분량

쇠고기 300g(밑간 양념: 간장 2큰술, 복분자청 1큰술, 회향 1/3작은술), 마 200g

양념 간장 2큰술, 복분자청 2큰술, 참기름 1큰술

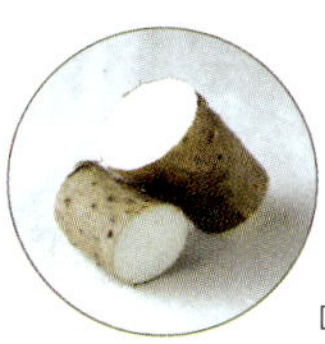

마

만드는 법

1. 쇠고기는 저며 썰어 밑간 양념에 20분 정도 재워 둔다.
2. 마는 껍질을 벗기고 반달모양으로 썬다.
3. ①의 쇠고기를 팬에 구워 낸다.
4. 구워 낸 쇠고기와 썬 마를 합하여 양념을 넣고 가볍게 무친다.

재료(본초명)	성미	귀경	효능
복분자 覆盆子	감산미온 甘酸微溫	신방광 腎膀胱	익신고정축뇨 益腎固精縮尿
마 山藥	감평 甘平	비폐신 脾肺腎	보비 양폐 고신 익정 補脾 養肺 固腎 益精
쇠고기 牛肉	감온 甘溫	비위 脾胃	보비위 익기혈 강근골 補脾胃 益氣血 强筋骨
회향 小茴香	신온 辛溫	간신방광위 肝腎膀胱胃	온신난간 행기지통 화위 溫腎暖肝 行氣止痛 和胃

四. 표고버섯돼지고기산적 빈뇨

수분대사를 조절하는 신장(腎臟)의 기허(氣虛) 혹은 음허(陰虛)로 소변을 자주 보며 기운이 없고 입안이 마르고 허열이 있으며 잠을 잘 못 자고 대변이 좀 건조한 경우에 적합하다. 보허(補虛), 자음윤조(滋陰潤燥) 효능을 가진 돼지고기를 주재료로 보허(補虛), 건비(健脾) 효능의 표고와 수삽지대(收澁止帶) 효능을 가진 은행을 더해 익기수삽(益氣收澁) 효능을 얻을 수 있다.

■ 효능: 익기수삽(益氣收澁)

재료 및 분량

불린 표고버섯 10장, 돼지고기 200g, 은행 12개

양념장 간장 3큰술, 청주 2큰술, 설탕 1큰술, 물엿 1큰술, 다진 파 1큰술, 다진 마늘 1/2큰술, 생강즙 1작은술, 통깨 1/2큰술, 참기름 1큰술, 식용유 1큰술, 후춧가루 약간

만드는 법

1. 양념장의 재료는 모두 합한다.
2. 불린 표고버섯은 1cm 폭으로 썰어 양념의 반을 넣어 무친다.
3. 돼지고기도 표고버섯 크기로 썰어 나머지 양념으로 무친다.
4. 은행은 팬에서 볶아 껍질을 벗겨 놓는다.
5. 꼬치에 돼지고기, 표고버섯을 번갈아 꿴다.
6. 팬을 달구어 식용유를 조금 두르고 ⑤의 꼬치를 앞뒤로 완전히 익혀 낸 다음 꼬치 끝에 은행을 꽂는다.

재료(본초명)	성미	귀경	효능
표고버섯 香菇	감평 甘平	간위 肝胃	부정 익기개위 투진 화담 항암 扶正 益氣開胃 透疹 化痰 抗癌
돼지고기 猪肉	감함미한 甘鹹微寒	비위신 脾胃腎	보허 자음 윤조 補虛 滋陰 潤燥
은행 白果	감고삽평소독 甘苦澁平小毒	폐신 肺腎	염폐정천 지대축뇨 斂肺定喘 止帶縮尿

기억력 감퇴·집중력 저하

기억력이란 정신활동에 필요한 정보를 받아들여 뇌 속에 저장했다가 필요할 때 의식세계로 꺼내어 사용하는 능력으로 등록과 부호화, 저장, 인출의 과정을 거치는 일련의 정신사유 활동이다. 또한 집중력이란 개인이 필요한 자료를 얻기 위해서 외부환경을 탐색하는 적극적이고 선택적인 힘으로 명료화 능력, 선택적 주의력, 지속적 주의력으로 구분한다.

이러한 기억력과 집중력 저하의 원인에는 연령과 심리적 요인, 환경, 알코올섭취과다, 작업, 질병 등이 있다. 한의학에서는 이들 기능을 뇌(腦)를 비롯해 신장(腎臟)과 심장(心臟)의 기능과 밀접한 관련이 있으며 두뇌활동의 물질적 기초의 역할을 하는 기혈(氣血)의 충족과도 연관이 있다고 본다.

변증유형은 심비양허(心脾兩虛), 혈어담조(血瘀痰阻), 신허신쇠(腎虛神衰) 등으로 분류할 수 있다.

기억력 감퇴·집중력 저하에 많이 쓰는 약재·식재

호두(胡桃) | 포도(葡萄) | 흑임자(黑芝麻) | 여지(荔枝) | 대추(大棗) | 흑목이버섯(木耳) | 오징어(烏賊魚) | 앵두(櫻桃) | 조기(石首魚) | 병어(鯧魚) | 홍합(淡菜) | 해삼(海蔘) | 고등어 | 용안육(龍眼肉) | 백합(百合) | 마(山藥) | 가시연밥(芡實) | 복령(茯苓) | 구기자(枸杞子) | 하수오(何首烏) | 둥글레(黃精)

一. 산약연자미음 기억력 감퇴 · 집중력 저하

심장과 비장의 기허(氣虛)로 몸이 마르고 잠이 잘 안 오며 입안이 마르는 증상과 피곤하고 기억력이 떨어지는 등의 증상에 쓴다. 두뇌활동을 지나치게 하는 정신적 과로로 기억력이 떨어지고 집중이 되지 않는 경우에 적합하다.

■ 효능: 보익심비(補益心脾)

만드는 법

1. 연밥은 물에 불려서 비벼 씻은 다음 블렌더에 넣고 물과 함께 곱게 간다.
2. 건포도는 잘게 다진다.
3. 냄비에 연밥 간 것과 물을 넣은 다음 불에 올려 나무주걱으로 저으면서 마가루를 넣고 끓으면 건포도를 넣는다.
4. 걸쭉한 상태가 되면 설탕과 소금을 넣어 맛을 낸다.

재료(본초명)	성미	귀경	효능
마 山藥	감평 甘平	비폐신 脾肺腎	보비 양폐 고신 익정 補脾 養肺 固腎 益精
연밥 蓮子	감삽평 甘澁平	비신심 脾腎心	보비지사 익신고정 補脾止瀉 益腎固精
포도 葡萄	감산평 甘酸平	폐비신 肺脾腎	보기혈 서근락 이소변 補氣血 舒筋絡 利小便
설탕 白砂糖	감평 甘平	비폐 脾肺	화중완급 생진윤조 和中緩急 生津潤燥

재료 및 분량

마가루 50g, 연밥(말린 것) 50g, 건포도 50g, 설탕 적당량, 소금 약간, 물 5컵

마

연밥

二. 마달걀죽

기억력 감퇴 · 집중력 저하

수험생의 영양간식으로 좋다. 마의 익신고정(益腎固精) 효능으로 두뇌활동에 필요한 정수(精髓)를 더하고 자음(滋陰)과 양혈(養血) 효능을 가진 달걀을 더해 기운을 나게 하고 두뇌회전을 빠르게 할 수 있다.

■ 효능: 익기혈(益氣血), 보비위(補脾胃)

재료 및 분량

마 200g, 달걀 노른자 2개분, 불린 멥쌀 2컵, 물 10컵, 소금 약간, 참기름 1큰술

마

만드는 법

1. 마는 씻어서 껍질을 벗겨 강판에 간다.
2. 달걀 노른자를 그릇에 담아 마 간 것을 넣고 섞는다.
3. 냄비에 참기름을 두르고 멥쌀 불린 것을 넣고 약한 불에서 볶다가 물을 붓고 나무주걱으로 저어 쌀이 잘 퍼지도록 끓인다.
4. 죽이 되면 준비된 ②를 넣고 잘 섞어 잠시 끓인 다음 소금으로 간한다.
5. 수시로 덜어서 먹는다.

재료(본초명)	성 미	귀 경	효 능
마 山藥	감평 甘平	비폐신 脾肺腎	보비 양폐 고신 익정 補脾 養肺 固腎 益精
달걀 鷄子	감평 甘平	–	자음윤조 양혈안태 滋陰潤燥 養血安胎
멥쌀 粳米	감평 甘平	비위폐 脾胃肺	보기건비 제번갈 지사리 補氣健脾 除煩渴 止瀉痢

三. 완두호두연근조림

기억력 감퇴 · 집중력 저하

수험생에게 적합한 약선으로서 육체활동은 부족하나 두뇌활동은 지나치게 지속함으로써 기혈(氣血)의 순환장애가 생긴 경우, 집중력이 떨어지고 피곤하나 잠이 잘 오지 않을 때 응용할 수 있다.

■ 효능: 청열산어(淸熱散瘀), 이기건뇌(理氣健腦)

재료 및 분량

완두 1컵, 호두 1/2컵, 연근 100g, 식용유 1/2컵

조림장 설탕 1큰술, 물엿 1큰술, 물 3컵, 소금 약간

호두

만드는 법

1. 완두를 냄비에 담고 물을 잠기도록 부어 삶아 건진다.
2. 호두를 170℃의 기름에 튀겨 낸다.
3. 연근은 껍질을 벗기고 0.5cm 두께로 썰어 식초를 조금 넣은 물에 데쳐 낸다.
4. 냄비에 익힌 완두, 튀긴 호두, 데친 연근을 넣고 설탕, 물엿, 소금 약간을 넣은 다음 물을 자작하게 넣어 끓인다.
5. 끓어오르면 타지 않도록 잘 저어 윤기 나게 조린다.

재료(본초명)	성 미	귀 경	효 능
완두 豌豆	감평 甘平	비위 脾胃	화중하기 통유이수 해독 和中下氣 通乳利水 解毒
호두 胡桃仁	감삽온 甘澁溫	신간폐 腎肝肺	보신익정 온폐정천 윤장통변 補腎益精 溫肺定喘 潤腸通便
연근 藕	감한 甘寒	심간비위 心肝脾胃	청열생진 양혈 산어 지혈 淸熱生津 凉血 散瘀 止血

四. 약선떡 기억력 감퇴 · 집중력 저하

담습(痰濕)으로 인한 기억력 감퇴와 심신불안, 우울, 어지럼증, 복부팽만, 식욕부진, 메스꺼움, 귀울림 등에 적합하다. 평소에도 대사율이 떨어지는 사람이 기름진 음식이나 음주를 즐기는 경우 쉽게 담습이 생길 수 있으며 이러한 담습은 몸이 무겁고 상쾌하지 않으며, 머리를 맑지 못하게 하는 경우가 많다. 익기(益氣)하면서 습을 없앨 수 있는 삽주뿌리와 담습을 없애면서 머리를 맑게 해주는 석창포를 함께 배합한 약선이다. 운동량이 적고 패스트푸드를 즐기는 수험생들의 간식으로 좋다.

■ 효능: 건비화담(健脾化痰), 개규익지(開竅益智)

재료 및 분량

삽주뿌리(볶은 것) 50g, 석창포 20g, 마(말린 것) 100g, 멥쌀가루 4컵, 물 1/2컵, 소금 1작은술, 설탕 1/3컵

삽주뿌리

석창포

마

만드는 법

1. 멥쌀가루는 2번 체에 내려 준비한다.
2. 삽주뿌리와 석창포를 마와 함께 분말을 내어 준비한다.
3. 쌀가루에 준비된 가루를 넣고 소금과 설탕을 넣고 물을 뿌려 손으로 비빈 다음 중간 체에 내린다.
4. 찜통에 젖은 보를 깔고 ③의 떡가루를 안쳐 뚜껑을 덮어 30분 정도 찐다.
5. 마른 가루가 묻어나지 않으면 잠시 두어 뜸을 들인 다음 꺼낸다.

재료(본초명)	성미	귀경	효능
삽주뿌리 白朮	고감온 苦甘溫	비위 脾胃	건비익기 조습이수 지한 안태 健脾益氣 燥濕利水 止汗 安胎
석창포 石菖蒲	신고미온 辛苦微溫	심간비 心肝脾	활담개규 화습화위 영심익지 豁痰開竅 化濕和胃 寧心益智
마 山藥	감평 甘平	비폐신 脾肺腎	보비 양폐 고신 익정 補脾 養肺 固腎 益精
멥쌀 粳米	감평 甘平	비위폐 脾胃肺	보기건비 제번갈 지사리 補氣健脾 除煩渴 止瀉痢

五. 약선대추찰밥 기억력 감퇴 · 집중력 저하

심장과 비장의 허약으로 빈혈이 있고 몸이 허약하며 가슴이 두근거리고 건망증과 안색이 좋지 않은 경우에 쓴다.

■ 효능: 양심안신(養心安神), 건비화중(健脾和中)

재료 및 분량

용안육 20g, 연밥 20g, 대추 5g, 불린 찹쌀 4컵, 물 4컵

용안육

연밥

대추

만드는 법

1. 용안육은 물로 씻고 연밥은 거피하여 심을 뺀다.
2. 대추는 돌려깎기하여 네 쪽으로 썬다.
3. ①, ②의 재료를 불린 찹쌀과 함께 냄비에 담고 물을 부어 불에 올린다. 쌀이 끓어오르면 천천히 불을 줄여 찰밥을 짓는다.

재료(본초명)	성미	귀경	효능
용안육 龍眼肉	감온 甘溫	심비 心脾	보심비 익기혈 안신 補心脾 益氣血 安神
연밥 蓮子	감삽평 甘澁平	비신심 脾腎心	보비지사 익신고정 補脾止瀉 益腎固精
대추 大棗	감온 甘溫	심비위 心脾胃	보비위 익기혈 안심신 조영위 화약성 補脾胃 益氣血 安心神 調營衛 和藥性
찹쌀 糯米	감온 甘溫	비위폐 脾胃肺	보중익기 건비지사 축뇨 염한 해독 補中益氣 健脾止瀉 縮尿 斂汗 解毒

六. 수삼닭수프

기억력 감퇴 · 집중력 저하

수삼은 강심작용을 하는 동시에 부신피질 기능을 홍분시키는 것에 의해 기운을 북돋우고 정서를 안정시킨다. 자양강장 효과가 있다. 단, 감기가 들었을 때는 먹지 않도록 한다.

■ 효능: 익기전정보수(益氣塡精補髓)

재료 및 분량

수삼 15g, 닭 1마리, 대파 1대, 생강 1톨, 청주 2큰술, 죽순 30g, 마른 표고버섯 4장, 청장 2큰술, 소금 1작은술, 물 10컵, 물녹말(녹말 2큰술, 물 2큰술)

고명 홍고추채 · 대파채 약간

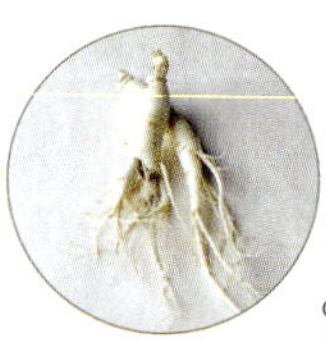

인삼

만드는 법

1. 수삼은 물에서 솔로 씻은 다음 노두를 떼어 낸다.
2. 닭은 통째로 씻어서 냄비에 담아 물을 붓고 청주, 저민 생강, 통대파를 넣는다. 중간 불에서 30분쯤 끓여 닭은 건져 내고 국물은 체에 걸러 건지와 기름을 걷어 낸다.
3. 수삼은 곱게 채 썰고, 죽순 석회는 떼어 내고 씻어서 곱게 채 썰고, 마른 표고는 불려서 곱게 채 썬다.
4. 삶아 건진 닭을 굵게 찢어 둔다.
5. 준비된 닭국물을 냄비에 담고 끓어오르면 닭살 찢은 것과 채 썬 죽순, 표고버섯을 넣고 소금과 청장으로 간을 맞추어 10분 정도 끓인다.
6. ⑤의 끓는 냄비에 녹말물을 넣으면서 저어주고 투명하게 될 때까지 끓인다.
7. 그릇에 담고 홍고추, 대파 채 썬 것으로 고명을 올린다.

재료(본초명)	성미	귀경	효능
인삼 人蔘	감미고미온 甘微苦微溫	폐비심신 肺脾心腎	대보원기 고탈 생진 안신 大補元氣 固脫 生津 安神
닭고기 鷄肉	감온 甘溫	비위 脾胃	온중 익기 보정 전수 溫中 益氣 補精 塡髓
죽순 竹筍	감미한 甘微寒	–	소창 청열제담 消脹 清熱除痰
표고버섯 香菇	감평 甘平	간위 肝胃	부정 익기개위 투진 화담 항암 扶正 益氣開胃 透疹 化痰 抗癌

七. 흑임자호두강정 기억력 감퇴 · 집중력 저하

흑임자는 간 및 신기능을 강화하여 몸을 자양하는 작용을 하며 자율신경기능의 실조나 고혈압, 동맥경화에서 비롯되는 여러 가지 증상 개선에 효과적이다. 호두는 신기능을 활발하게 하여 체질을 강화하는 작용, 장을 윤활하게 하여 변통을 좋게 하는 작용 등을 한다. 뇌기능을 활발하게 하고 노화를 방지해 준다.

■ 효능: 익지건뇌(益智健腦)

재료 및 분량

흑임자 1½컵, 호두 1½컵, 물엿 1/2컵, 설탕 1/2컵, 물 4큰술, 식용유 적당량

호두

만드는 법

1. 흑임자는 씻어 일어서 볶는다.
2. 호두는 잣 크기로 다진다.
3. 냄비에 물엿, 설탕, 물을 한데 담아서 약한 불에 올려서 젓지 말고 시럽을 만든다. 도중에 숟가락으로 떠서 찬물에 넣어 흩어지지 않으면 불을 끈다.
4. 준비된 흑임자와 호두를 그릇에 담아 섞은 다음 더운 시럽을 넣고 재빨리 버무려 식용유 바른 도마에 쏟는다.
5. 밀대에 식용유를 바르고 반죽이 식기 전에 0.7cm 정도의 두께로 민다. 딱딱해지기 전에 칼로 가로 2cm, 세로 3cm의 네모꼴로 썰거나, 모양틀로 찍어 낸다. 너무 많이 조리면 딱딱하게 된다.

재료(본초명)	성미	귀경	효능
호두 胡桃仁	감삽온 甘澁溫	신간폐 腎肝肺	보신익정 온폐정천 윤장통변 補腎益精 溫肺定喘 潤腸通便
흑임자 黑芝麻	감평 甘平	간비신 肝脾腎	양혈익정 윤장통변 養血益精 潤腸通便
설탕 白砂糖	감평 甘平	비폐 脾肺	화중완급 생진윤조 和中緩急 生津潤燥

시력저하

눈은 우리 몸의 중요한 감각기관 중의 하나로 외계물체에서 나오는 빛을 수용해 대뇌의 시각영역에 투사시키는 작용을 함으로써 외부세계의 형태나 색에 대한 시각적 정보를 우리 뇌가 인지하도록 하는 역할을 한다. 이러한 작용은 눈을 구성하는 여러 기관과 대뇌 간의 물리적, 화학적 반응 과정을 거쳐 일어나는 것으로 알려져 있다.

한의학에서 간개규어목(肝開竅於目)이라 해서 눈과 시력은 간(肝)의 생리기능과 밀접한 관련을 가지고 있는 것으로 인식하고 있다. 또한 눈은 마음의 창이라 하여 안구의 운동과 총기는 심신(心神) 상태를 외부로 반영하는 지표로 보며, 눈빛은 신(腎) 중의 정기(精氣)를 반영한다고 보았다.

시력저하의 원인은 여러 가지가 있을 수 있으나 최근에는 장시간의 컴퓨터 작업과 TV 시청 등으로 인한 눈의 피로 누적이 큰 원인 중의 하나이고, 그 외 노화에 따른 시력저하와 당뇨, 고혈압 등과 같은 질병에 의한 원인을 들 수 있다.

시력저하의 변증유형은 크게 간양상항(肝陽上亢), 음허화왕(陰虛火旺), 간신휴허(肝腎虧虛), 기혈부족(氣血不足) 등으로 나눌 수 있다.

시력저하에 많이 쓰는 약재·식재

양간명목(養肝明目) 소간(牛肝), 닭간(鷄肝) 등 동물의 간(肝) | 참새알(雀卵) | 전복(鮑魚) | 당근(胡蘿蔔) | 구기자(枸杞子) | 구기자잎(枸杞葉) | 마(山藥)

평간명목(平肝明目) 국화(菊花) | 결명자(決明子) | 냉이(薺菜)

一. 국화결명자차 시력저하

간열(肝熱)로 눈에 열이 오르면서 충혈되고 눈물이 나는 경우에 적합하다. 과로로 음혈(陰血)의 소모가 많거나 간양상항(肝陽上亢)으로 인해 간에 상대적으로 열(熱)이 많아지게 되면 감각기관 중에 눈이 가장 영향을 많이 받는다. 그러므로 쉽게 눈이 충혈되고 시력이 떨어지거나 초점이 잘 맞지 않는 증상이 나타나게 되는데 이런 때에 차로 마시기 적합하다.

■ 효능: 청간명목잠양(淸肝明目潛陽)

만드는 법

1. 결명자를 씻어 건져 팬에서 저으면서 볶는다.
2. 돌냄비에 결명자를 넣고 물을 부어 약한 불에서 천천히 20분쯤 끓여 찻주전자에 따끈하게 담는다.
3. 결명자 주전자에 국화를 넣고 뚜껑을 덮어 2~3분 두었다가 찻잔에 따라 마신다.

재료(본초명)	성 미	귀 경	효 능
국화 菊花	감고미한 甘苦微寒	폐간 肺肝	소풍청열 평간명목 해독소종 疏風淸熱 平肝明目 解毒消腫
결명자 決明子	고감함미한 苦甘鹹微寒	간신대장 肝腎大腸	청간명목 이수통변 淸肝明目 利水通便

재료 및 분량

국화 3g, 결명자 12g, 물 8컵

국화

결명자

二. 검실구기자죽 시력저하

노인의 시력감퇴에 좋다. 나이가 들어감에 따라 간(肝)과 신장(腎臟)의 정혈(精血)이 줄어 들고, 이로 인해 눈을 영양하는 기능이 떨어지면 시력저하가 오게 된다. 가시연밥(芡實)은 간신(肝腎)의 정혈(精血)이 헛되이 소실되는 것을 막아 주고 구기자는 간신의 정혈을 더해 주는 역할을 한다. 시력감퇴 이외에도 여러 노화증상을 개선하는 데 응용할 수 있다.

■ 효능: 총이명목(聰耳明目), 연년익수(延年益壽)

재료 및 분량

가시연밥 20g, 구기자 10g, 불린 멥쌀 2컵, 물 14컵

TIP

분말을 내어서 더운 물에 타 마셔도 된다.

가시연밥

구기자

만드는 법

1. 가시연밥과 구기자는 각각 뜨거운 물에 불려서 건져 두고, 쌀도 30분쯤 불린다.
2. 가시연밥에 물을 넣고 약한 불에서 20분쯤 끓이다가 구기자와 불려 둔 쌀을 넣고 죽을 끓인다.
3. 공복에 복용한다.

재료(본초명)	성 미	귀 경	효 능
가시연밥 芡實	감 삽 평 甘澁平	비 신 脾腎	보 비 거 습 익 신 고 정 補脾祛濕 益腎固精
구기자 枸杞子	감 평 甘平	간 신 폐 肝腎肺	양 간 자 신 윤 폐 養肝 滋腎 潤肺
멥쌀 粳米	감 평 甘平	비 위 폐 脾胃肺	보 기 건 비 제 번 갈 지 사 리 補氣健脾 除煩渴 止瀉痢

三. 구기자 돼지고기볶음 시력저하

큰 병을 앓고 난 후 쇠약해진 사람이나 노약자, 백내장이나 근시, 혹은 눈의 과로로 시력이 떨어진 경우의 영양식으로 좋다. 구기자와 국화는 전통적으로 시력을 개선하는 데 많이 활용되어 오던 약선재료이다. 효과를 증대시키기 위해 정혈(精血)을 보익(補益)하는 돼지고기를 배합하였다. 그 외 노화를 비롯해 간신(肝腎)의 기능저하로 인한 여러 증상을 개선하는 데도 응용할 수 있다.

■ 효능: 자보간신(滋補肝腎), 양간명목(養肝明目)

재료 및 분량

구기자 50g, 국화 5g, 돼지고기(등심) 200g, 식용유 3큰술

양념 간장 1큰술, 청주 1큰술, 설탕 1/2큰술, 녹말 1작은술

구기자

국화

만드는 법

1. 구기자는 잠깐 불리고, 국화는 씻어 건져 둔다.
2. 돼지고기는 가늘고 길게 썰어 그릇에 담고 간장, 청주, 설탕, 녹말을 넣어 잘 버무린다.
3. 팬을 불에 올려 기름을 두르고, 양념된 돼지고기 채를 넣어 볶다가 볶은 구기자와 국화를 넣고 잠시 볶으면서 소금으로 간하여 낸다.

재료(본초명)	성 미	귀 경	효 능
구기자 枸杞子	감평 甘平	간신폐 肝腎肺	양간 자신 윤폐 養肝 滋腎 潤肺
국화 菊花	감고미한 甘苦微寒	폐간 肺肝	소풍청열 평간명목 해독소종 疎風淸熱 平肝明目 解毒消腫
돼지고기 豬肉	감함미한 甘鹹微寒	비위신 脾胃腎	보허 자음 윤조 補虛 滋陰 潤燥

四. 영계구기자백숙 시력저하

간신(肝腎)의 기능을 보하고 시력증강에 도움을 주는 구기자와 정혈(精血)을 보하는 닭고기를 더해 시력의 증진을 도모한다. 그 외 허약한 체질이나 체력소모가 심해 피로하고 어지럽고 기운이 없는 사람들의 증상을 개선하는 데도 응용할 수 있다.

■ 효능: 보간신(補肝腎), 익정혈(益精血)

재료 및 분량

영계 1마리, 구기자 1/2컵, 불린 찹쌀 1/2컵, 대파 1대, 마늘 4쪽, 생강 1톨, 청주 1큰술, 대추 4개, 소금 · 후춧가루 약간

구기자

만드는 법

1. 영계는 내장을 꺼내고, 꼬리끝 기름을 떼어 낸 다음 잘 씻어 둔다.
2. 구기자는 미지근한 물에 30분 불린다.
3. 마늘은 껍질을 벗기고, 대추는 씨를 발라 놓는다.
4. 닭 뱃속에 구기자, 찹쌀, 대추, 마늘, 생강편, 대파를 각각 반씩 나누어 넣는다.
5. 냄비에 닭을 담고 닭이 잠기도록 물을 붓고 청주를 넣어 끓여 불을 줄여서 40분쯤 푹 끓인다.
6. 큰 대접에 닭을 담고 국물을 붓고 소금, 후춧가루, 송송 썬 파를 곁들여 낸다.

재료(본초명)	성 미	귀 경	효 능
구기자 枸杞子	감평 甘平	간신폐 肝腎肺	양간 자신 윤폐 養肝 滋腎 潤肺
닭고기 鷄肉	감온 甘溫	비위 脾胃	온중 익기 보정 전수 溫中 益氣 補精 塡髓
찹쌀 糯米	감온 甘溫	비위폐 脾胃肺	보중익기 건비지사 축뇨 염한 해독 補中益氣 健脾止瀉 縮尿 斂汗 解毒

五. 결명자닭간탕수 시력저하

간혈(肝血)부족으로 인한 시력저하, 야맹증, 충혈, 녹내장 등의 안질환과 변비 등의 증상에 쓴다. 간양상항(肝陽上亢)으로 인한 고혈압에도 좋다.

■ 효능: 청간명목(淸肝明目), 보신건비(補腎健脾)

재료 및 분량

결명자 10g, 닭간 200g, 소금 약간, 청주 1작은술, 녹말 1큰술, 오이 1/4개, 당근 20g, 식용유 2컵

소스 물 1컵, 설탕 1/3컵, 소금 1/2작은술, 간장 1큰술, 식초 1/3컵, 물녹말(물 2큰술, 녹말 2큰술), 참기름 1큰술

결명자

만드는 법

1. 결명자는 볶아서 분말을 낸다.
2. 닭간은 납작하게 썰어 청주, 소금, 결명자 가루에 무쳐서 녹말을 묻힌 다음 끓는 기름에 바삭하게 튀겨 낸다.
3. 소스는 물에 설탕, 소금, 간장을 넣어 끓으면 식초를 넣고 녹말물을 넣어 빨리 저어 주고 참기름을 넣고 투명해질 때까지 끓인다.
4. 튀겨 낸 닭간을 뜨거운 기름에 다시 한 번 바삭하게 튀겨 낸다.
5. 오이와 당근은 납작하게 썰어 기름에 튀겨 낸다.
6. 접시에 튀긴 닭간과 채소를 올려 담고 따끈한 소스를 먹기 직전에 끼얹어 낸다.

재료(본초명)	성미	귀경	효능
결명자 決明子	고감함미한 苦甘鹹微寒	간신대장 肝腎大腸	청간명목 이수통변 淸肝明目 利水通便
닭간 鷄肝	감온 甘溫	간신비 肝腎脾	보간신 명목 소감 살충 補肝腎 明目 消疳 殺蟲
당근 胡蘿蔔	감신평 甘辛平	비간폐 脾肝肺	건비화중 자간명목 화담지해 청열해독 健脾和中 滋肝明目 化痰止咳 淸熱解毒
오이 黃瓜	감량 甘涼	폐비위 肺脾胃	청열 이수 해독 淸熱 利水 解毒

六. 하수오돼지간볶음 시력저하

간신허약(肝腎虛弱)과 정혈(精血)부족 유형에 적합하다. 노화, 질병회복기의 어지럼증, 시력저하, 허리통증, 흰머리가 늘어나는 등의 증상에 쓴다.

■ 효능: 보간신(補肝腎), 익정혈(益精血), 오발명목(烏髮明目)

재료 및 분량

하수오 6g, 물 2컵, 돼지간 250g, 소금 1작은술, 청주 1큰술, 마른 목이버섯 10g, 청경채 4줄기

양념 청주 1큰술, 식초 1큰술, 간장 1큰술, 파 1대, 마늘 4쪽, 소금 약간, 물녹말(물 1큰술, 녹말 1큰술), 참기름 1/2큰술, 식용유 적당량

하수오

만드는 법

1. 하수오는 씻어 건져 물 2컵을 넣고 약한 불에서 천천히 한 컵이 되도록 달여 약물을 만든다.
2. 돼지간에 하수오 국물을 잠기도록 넣고 청주, 소금을 넣어 완전히 익힌 다음 건져 내어 식혀서 얇게 저며 썬다.
3. 마른 목이버섯은 미지근한 물에 20분쯤 담가 잘게 뜯고 파는 4cm 길이로 썰고 마늘은 저며 썬다.
4. 청경채는 끓는 물에 소금을 넣고 데쳐 씻어서 물기를 제거한다.
5. 팬에 기름을 두르고 채 썬 파, 마늘을 볶다가 돼지간, 간장, 청주, 설탕, 식초, 참기름을 잘 섞은 다음 데친 청경채를 넣고 소금으로 간하여 재빨리 볶다가 물녹말을 넣어 고루 섞어 윤기 나게 볶아 낸다.

재료(본초명)	성미	귀경	효능
하수오 何首烏	고감삽미온 苦甘澁微溫	간심신 肝心腎	양혈자음 윤장통변 거풍 해독 養血滋陰 潤腸通便 祛風 解毒
돼지간 猪肝	감고온 甘苦溫	비위간 脾胃肝	보간명목 양혈건비 補肝明目 養血健脾
목이버섯 木耳	감평 甘平	폐비대장간 肺脾大腸肝	보익기혈 윤폐지해 지혈 補益氣血 潤肺止咳 止血
청경채 菘菜	감량 甘涼	폐위대장 肺胃大腸	청열제번 생진지갈 통리장위 清熱除煩 生津止渴 通利腸胃
파 蔥白	신온 辛溫	폐위 肺胃	발표 통양 해독 發表 通陽 解毒

七. 전복죽순볶음 시력저하

간신음허(肝腎陰虛)유형에 적합하다. 전복은 양질의 단백질과 아미노산을 함유해 좋은 맛을 내며 비타민과 미네랄 등 영양소가 풍부해 귀한 식재료로 이용되어 오고 있다. 간신(肝腎)의 정혈(精血)을 보하여 눈을 밝게 하고 열을 내려 주는 효능이 있다. 성질이 차가우면서 화담소창(化痰消脹) 효능이 있는 죽순을 더해 소화를 도와주므로 과로로 눈이 피로하고 시력이 떨어지면서 충혈되면서 입안이 깔깔하고 입맛이 없으며 갈증이 나는 등의 증상이 동반될 때 영양식으로 좋다.

■ 효능: 익정명목(益精明目), 양음청열(養陰淸熱)

재료 및 분량

전복(中) 2개, 죽순 100g, 잣 1큰술

양념장 청주 1큰술, 간장 2큰술, 소금 약간, 설탕 2큰술, 깨소금 2큰술, 참기름 1큰술, 물 1/2컵

만드는 법

1. 전복은 껍데기째 솔로 문질러 씻어 숟가락으로 살을 떼어 낸 다음 저며 썬다.
2. 죽순은 납작하게 썰어 석회분은 떼어 낸다.
3. 냄비에 간장과 설탕을 넣어 끓기 시작하면 물과 전복에 청주를 넣고 볶는다.
4. 죽순을 넣어 소금으로 간한 다음 깨소금과 참기름으로 볶아 낸다.

재료(본초명)	성미	귀경	효능
전복 鰒魚	감함평 甘鹹平	–	자음청열 익정명목 조경윤장 滋陰淸熱 益精明目 調經潤腸
죽순 毛筍	감미한 甘微寒	–	소창 청열제담 消脹 淸熱除痰

당뇨병

당뇨병은 췌장에 있는 β-세포에서의 인슐린 분비장애와 말초조직에 대한 인슐린 저항에 의해 혈중 포도당의 농도가 높아지는 만성고혈당을 특징으로 하는 질환이다. 당뇨가 오래 지속되고 치료가 적절히 이루어지지 않으면 고혈당과 함께 인슐린이 관여하는 당질, 단백질 및 지방의 에너지 대사의 이상으로 전신 증상이 나타나게 되며 장기화되면 망막병증, 신기능장애, 신경병증(저림, 통증) 등의 합병증을 일으키고, 심혈관계질환의 위험이 높아지게 된다.

당뇨병을 한의학에서는 소갈(消渴)이라 하며, 증상의 특징에 따라 갈증이 심하게 나타나는 상소(上消), 허기가 심하게 나타나는 중소(中消), 소변량의 증가가 심하게 나타나는 하소(下消) 세 가지 유형으로 분류한다. 음허(陰虛)체질인 경우와 생활습관, 정서적 요인, 지속적인 과로 등을 원인으로 보며 폐조(肺燥), 위열(胃熱), 신허(腎虛)를 주요 병기(病機)로 본다.

당뇨병에 많이 쓰는 약재·식재

검은콩(黑大豆) | 보리(大麥) | 메밀(蕎麥) | 홍삼(紅蔘) | 마(山藥) | 맥문동(麥門冬) | 생지황(生地黃) | 산수유(山茱萸) | 복분자(覆盆子) | 옥수수수염(玉米鬚) | 돼지췌장(猪胰) | 뽕잎(桑葉)

一. 구기두충차 당뇨병

두충은 두충나무의 수피(樹皮)로 성질이 약간 따뜻하면서 간(肝)과 신장(腎臟)을 보(補)하고 근골을 튼튼하게 하는 효능을 가지고 있다. 구기자는 간신(肝腎)의 정혈(精血)을 보하는 효능을 가지고 있다. 당뇨뿐 아니라 간신기능의 허약으로 인한 피로, 무력감, 요통, 시력저하 등에도 좋다.

■ 효능: 보간신(補肝腎), 보신양(補腎陽)

만드는 법

1. 주전자에 두충을 넣고 약한 불로 20분간 끓인다.
2. 두충을 걸러 내고 구기자를 넣어 5분간 끓인다.
3. 구기자는 건져 내지 말고 차에 띄워 낸다.

재료(본초명)	성미	귀경	효능
구기자 枸杞子	감평 甘平	간신폐 肝腎肺	양간 자신 윤폐 養肝 滋腎 潤肺
두충 杜仲	감미신온 甘微辛溫	간신 肝腎	보간신 강근골 안태 補肝腎 强筋骨 安胎

재료 및 분량

구기자 12g, 두충 8g, 물 10컵

구기자

두충

二. 옥죽오매차 당뇨병

폐음(肺陰)부족 위주로 갈증이 심한 당뇨병에 적합하다. 둥굴레와 잔대, 맥문동, 석곡, 오매 등 재료들이 대부분 몸 안의 정상적인 수분인 진액의 부족, 특히 폐(肺)의 기(氣)와 진액(津液)을 더해 주는 효능을 가지고 있다. 때문에 폐음부족 위주의 당뇨 증상 및 진액의 손상으로 인한 갈증, 여름철 땀을 많이 낸 후의 갈증 등에 적합하다.

■ 효능: 청열제번지갈(淸熱除煩止渴)

재료 및 분량

둥굴레 8g, 잔대 8g, 석곡 4g, 맥문동 9g, 오매 12g, 물 10컵

둥굴레

잔대

석곡

맥문동

오매

만드는 법

1. 모든 재료를 주전자에 넣고 약한 불로 30분간 끓인다.
2. 체에 걸러 약물을 수시로 마신다.

재료(본초명)	성미	귀경	효능
둥굴레 玉竹	감평 甘平	폐위 肺胃	자음윤폐 양위생진 滋陰潤肺 養胃生津
잔대 沙蔘	감미고미한 甘微苦微寒	폐위 肺胃	양음청열 윤폐화담 익위생진 養陰淸熱 潤肺化痰 益胃生津
석곡 石斛	감미한 甘微寒	위폐신 胃肺腎	생진익위 양음청열 生津益胃 養陰淸熱
맥문동 麥門冬	감미고미한 甘微苦微寒	폐위심 肺胃心	자음윤폐 익위생진 청심제번 滋陰潤肺 益胃生津 淸心除煩
오매 烏梅	산평 酸平	간비폐대장 肝脾肺大腸	염폐지해 삽장지사 지혈 생진 안회 斂肺止咳 澁腸止瀉 止血 生津 安蛔

三. 오미맥문동차 당뇨병

폐음(肺陰)부족 위주로 갈증이 심한 당뇨병에 적합하다. 맥문동의 괴근(塊根)은 진액을 보익(補益)하는 효능이 있어 폐음(肺陰)부족으로 인한 마른 기침이나 위음(胃陰)부족으로 인한 입안이 마르는 증상과 심음(心陰)부족으로 인한 불면 등의 치료에 많이 쓰인다.

오미자는 신맛이 강해 기(氣)나 진액(津液)이 함부로 소실되는 것을 막아 주고 몸 안에 진액이 잘 생기게 하며 정신을 안정시켜 주는 역할을 한다. 음허(陰虛)가 기본 병리기전인 당뇨에 적합한 재료들이다. 갈근과 천화분, 지모 등은 각각 감기나 열을 내리는 데 사용되지만 혈당을 강하시키는 효능이 있어 당뇨에 많이 쓰이는 약재이다.

■ 효능: 생진지갈(生津止渴), 혈당강하

재료 및 분량

오미자 4g, 칡뿌리 4g, 하늘타리 4g, 맥문동 10g, 지모 8g, 물 10컵

오미자

칡뿌리

하늘타리

맥문동

지모

만드는 법

1. 주전자에 오미자를 제외한 모든 재료를 넣고 물을 부어 30분간 끓인다.
2. ①의 약물에 오미자를 넣고 10분간 우린 다음 여과하여 마신다.

재료(본초명)	성미	귀경	효능
오미자 五味子	산온 酸溫	폐심신 肺心腎	수렴고삽 익기생진 영심안신 收斂固澁 益氣生津 寧心安神
칡뿌리 葛根	감신평 甘辛平	비위 脾胃	해기발표 생진지갈 승양지사 解肌發表 生津止渴 升陽止瀉
하늘타리 天花粉	감미고미한 甘微苦微寒	폐위 肺胃	청열생진 윤폐화담 소종배농 淸熱生津 潤肺化痰 消腫排膿
맥문동 麥門冬	감미고미한 甘微苦微寒	폐위심 肺胃心	자음윤폐 익위생진 청심제번 滋陰潤肺 益胃生津 淸心除煩
지모 知母	고한 苦寒	폐위신 肺胃腎	청열사화 자음윤조 淸熱瀉火 滋陰潤燥

四. 황정옥수수수염차 당뇨병

당뇨병, 신장염으로 인한 부종과 소변량이 적은 경우 적합하다. 황정(黃精)은 층층갈고리둥굴레의 근경(根莖)으로 폐음허로 인한 기침이나 신음허(腎陰虛)로 인한 당뇨에 많이 쓰인다. 옥수수수염은 최근 음료로 개발되어 유명해졌지만 혈당강하 작용이 있어 단방으로도 당뇨에 많이 사용되고 있다.

■ 효능: 익기양음(益氣養陰), 이뇨(利尿)

재료 및 분량

둥굴레 · 옥수수수염 각 15g, 녹차 6g, 물 10컵

TIP

황정과 옥죽 모두 둥굴레가 기원식물이나 품종의 차이가 있으며 황정의 경우 옥죽에 비해 보익(補益)하는 효능이 강하고 맛이 무겁다. 소화기능이 떨어지는 경우에는 옥죽으로 대체해도 좋다.

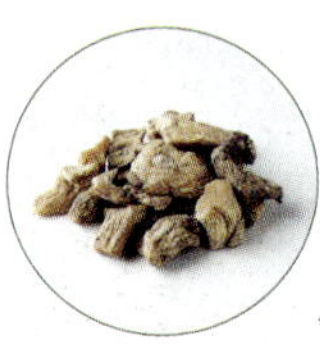

둥굴레

옥수수수염

만드는 법

주전자에 둥굴레, 옥수수수염과 물을 넣고 15분간 약한 불로 끓인 다음 불을 끄고 녹차를 넣어 3분간 우린 다음 여과하여 찻잔에 담는다.

재료(본초명)	성 미	귀 경	효 능
둥굴레 黃精	감평 甘平	비폐신 脾肺腎	양음윤폐 보비익기 자신전정 養陰潤肺 補裨益氣 滋腎塡精
옥수수수염 玉米鬚	감담평 甘淡平	신위간담 腎胃肝膽	이뇨소종 청간이담 利尿消腫 淸肝利膽
녹차 茶葉	고감량 苦甘涼	심폐위신 心肺胃腎	청두목 제번갈 소식 화담 이뇨 해독 淸頭目 除煩渴 消食 化痰 利尿 解毒

五. 호두죽 당뇨병

당뇨병이 많이 진행되어 음양(陰陽)이 모두 허하여 소변 횟수가 잦고 뿌연 경우와 얼굴색이 검고 귓바퀴가 검게 되며 요통과 추위를 타는 증상 등이 있는 경우에 적합하다.

■ 효능: 보비익신(補脾益腎), 온양자음(溫養滋陰)

재료 및 분량

호두 60g, 우유 2컵, 불린 멥쌀 2컵, 물 10컵, 식용유 1컵

만드는 법

1. 식용유를 달구어 호두를 튀겨 낸다.
2. 블렌더에 튀긴 호두, 불린 멥쌀, 우유를 넣고 곱게 간다.
3. 두꺼운 냄비에 ②와 물을 넣고 저어 가며 쌀이 잘 퍼지도록 죽을 쑨다.

재료(본초명)	성미	귀경	효능
멥쌀 粳米	감평 甘平	비위폐 脾胃肺	보기건비 제번갈 지사리 補氣健脾 除煩渴 止瀉痢
호두 胡桃	감삽온 甘澁溫	신간폐 腎肝肺	보신익정 온폐정천 윤장통변 補腎益精 溫肺定喘 潤腸通便
우유 牛乳	감미한 甘微寒	심폐위 心肺胃	보허손 익폐위 양혈 생진윤조 해독 補虛損 益肺胃 養血 生津潤燥 解毒

六. 검실마죽 당뇨병

비신(脾腎)이 허약한 중소(中消), 하소(下消)유형의 당뇨병으로 공복감과 체중감소, 변비 증상 등이 있는 데 적합하다.

■ 효능: 보기익신(補氣益腎)

재료 및 분량

가시연밥 20g, 마 100g, 당근 20g, 불린 멥쌀 2컵, 물 12컵

가시연밥

마

만드는 법

1. 가시연밥은 물에 충분히 불린다.
2. 마와 당근은 쌀알 크기로 썰어 놓는다.
3. 냄비에 마, 멥쌀, 당근과 불린 가시연밥을 넣어 처음에는 센 불로 끓이다가 약한 불로 줄여서 죽이 잘 어우러지도록 끓인다.

재료(본초명)	성미	귀경	효능
멥쌀 粳米	감평 甘平	비위폐 脾胃肺	보기건비 제번갈 지사리 補氣健脾 除煩渴 止瀉痢
가시연밥 芡實	감삽평 甘澁平	비신 脾腎	보비거습 익신고정 補脾祛濕 益腎固精
마 山藥	감평 甘平	비폐신 脾肺腎	보비 양폐 고신 익정 補脾 養肺 固腎 益精
당근 胡蘿菖	감신평 甘辛平	비간폐 脾肝肺	건비화중 자간명목 화담지해 청열해독 健脾和中 滋肝明目 化痰止咳 清熱解毒

七. 사삼옥죽오리백숙 당뇨병

오리는 보기양음(補氣養陰) 효능을 가지고 있어 기(氣)와 음진(陰津)이 부족한 환자에게 좋은 보양식이 된다. 여기에 폐음(肺陰)부족을 보완할 수 있는 잔대(사삼)와 둥굴레를 더해 갈증이 심하고 많이 먹어도 기운이 없는 당뇨환자에게 양질의 단백질을 공급할 수 있는 영양식이 된다.

■ 효능: 자음보폐(滋陰補肺), 익신양음(益腎養陰)

재료 및 분량

잔대 5g, 둥굴레 50g, 오리 1마리, 대파 1대, 생강 5g, 물 12컵, 소금 적당량, 후춧가루 약간

잔대

둥굴레

만드는 법

1. 오리는 깨끗이 씻어 끓는 물에서 데쳐 낸다.
2. 냄비에 잔대, 둥굴레, 오리, 대파, 생강, 물을 넣고 끓이다가 약한 불로 줄여서 1시간가량 고기가 푹 무르도록 익힌 다음 기름은 걷어 낸다.
3. 소금과 후춧가루로 간을 한다.

재료(본초명)	성미	귀경	효능
잔대 沙參	감미고미한 甘微苦微寒	폐위 肺胃	양음청열 윤폐화담 익위생진 養陰淸熱 潤肺化痰 益胃生津
둥굴레 玉竹	감평 甘平	폐위 肺胃	자음윤폐 양위생진 滋陰潤肺 養胃生津
오리 白鴨肉	감미함평 甘微鹹平	폐비신 肺脾腎	보기자음 이수소종 補氣滋陰 利水消腫

八. 두부달걀찜 당뇨병

갈증을 주요 증상으로 하는 상소(上消)와 소변량이 많은 하소(下消) 유형의 당뇨로 목이 마르고 혀가 건조하며 식욕과 소변량이 증가하는 증상에 적합하다.

■ 효능: 양음청열(養陰淸熱), 생진지갈(生津止渴)

재료 및 분량

두부 1모, 두유 8큰술, 산수유 4큰술, 달걀 4개

TIP

두부장: 황대두나 흑대두를 가공하여 만든 것이다. 먼저 물에 하루 정도 담가 두고 콩이 불으면 물기가 있는 채로 갈아서 여과하여 찌꺼기를 제거하고 솥에 넣어 펄펄 끓이면 만들어진다. 원액을 농축한 것은 두유라고 부르고, 물로 희석한 것은 콩국이라고 부른다.

산수유

만드는 법

1. 산수유는 미지근한 물에 불린다.
2. 그릇에 으깬 두부, 달걀, 두유, 산수유를 넣고 잘 섞는다.
3. 찜 그릇에 ②를 담고 김이 오른 찜통에 10분쯤 쪄서 꺼낸다.

재료(본초명)	성미	귀경	효능
두유 豆腐漿	감평 甘平	–	청폐화담 윤조이뇨 淸肺化痰 潤燥利尿
달걀 鷄子	감평 甘平	–	자음윤조 양혈안태 滋陰潤燥 養血安胎
두부 豆腐	감량 甘凉	비위대장 脾胃大腸	청열해독 생진윤조 화중익기 淸熱解毒 生津潤燥 和中益氣
산수유 山茱萸	산미온 酸微溫	간신 肝腎	보익간신 수렴고탈 補益肝腎 收斂固脫

九. 표고버섯두부조림 당뇨병

위음(胃陰)부족으로 허기가 지고 기운이 없는 중소(中消)형 당뇨에 적합하다. 청열(淸熱) 효능이 있는 두부를 주재료로 하여 위(胃)의 열을 내려 주어 공복감을 덜 하게 하고, 보기(補氣) 효능이 있는 표고를 더해 기운을 나게 해준다.

■ 효능: 청열익위(淸熱益胃), 활혈익기(活血益氣)

재료 및 분량

표고버섯 5장, 두부 250g, 미나리 20g, 식용유 2큰술, 소금 약간

양념장 다시마국물 1컵, 간장 3큰술, 설탕 1/2큰술, 참기름 1큰술, 다진 파 1큰술, 다진 마늘 1작은술, 통깨 1/2작은술

만드는 법

1. 두부는 3×4×0.8cm 크기로 썰어서 소금을 뿌린 후 마른 행주로 물기를 없앤 다음 달군 팬에 기름을 두르고 앞뒤로 노릇노릇하게 지진다.
2. 표고버섯은 채를 썰고, 미나리는 3cm 길이로 썬다.
3. 다시마국물, 간장, 설탕, 파, 마늘, 통깨, 참기름을 섞어서 양념장을 만든 다음 냄비에 넣고 두부 지진 것과 표고버섯 채를 넣는다.
4. 양념장을 끼얹어가며 넣고 윤기 나게 조리다가 마지막으로 미나리를 넣는다.

재료(본초명)	성미	귀경	효능
표고버섯 香菇	감평 甘平	간위 肝胃	부정 익기개위 투진 화담 항암 扶正 益氣開胃 透疹 化痰 抗癌
두부 豆腐	감량 甘涼	비위대장 脾胃大腸	청열해독 생진윤조 화중익기 淸熱解毒 生津潤燥 和中益氣
미나리 水芹	신감량 辛甘涼	폐간방광 肺肝膀胱	청열해독 이뇨 지혈 淸熱解毒 利尿 止血

十. 돼지등갈비찜 당뇨병

신음(腎陰)부족으로 소변이 잦고 입안이 마르며 기운이 없는 증상 위주인 당뇨병에 적합하다. 양질의 단백질을 공급할 수 있으면서 자음(滋陰) 효능을 가지고 있는 돼지고기를 주재료로 하여 수렴(收斂) 작용과 안심(安心) 효능을 가진 연밥과 소화를 도울 수 있는 목향을 소량 더하였다.

■ 효능: 보음익수(補陰益髓)

재료 및 분량

연밥 100g, 대추 8개, 목향 3g, 감초 3g, 돼지등갈비 700g

양념 간장 7큰술, 설탕 3큰술, 청주 2큰술, 다진 파 · 마늘 1큰술씩, 후춧가루 약간, 생강 5g, 물 5컵, 참기름 1큰술

대추

연밥

목향

감초

만드는 법

1. 돼지등갈비는 찬물에 담가 1시간가량 핏물을 빼고 끓는 물에 데쳐 낸 다음 찬물에 헹구어 놓는다.
2. 연밥은 물에 불려 둔다.
3. 양념장에 들어가는 재료를 잘 섞어 둔다.
4. 두꺼운 냄비에 약재, 돼지등갈비, 불린 연밥을 넣고, 양념장을 넣고 잘 섞는다.
5. 처음에는 센 불로 끓이다가 약한 불로 줄여 뭉근하게 끓이면서 기름기를 제거하고 푹 익힌다.

재료(본초명)	성미	귀경	효능
돼지고기 猪肉	감함미한 甘鹹微寒	비위신 脾胃腎	보허 자음 윤조 補虛 滋陰 潤燥
대추 大棗	감온 甘溫	심비위 心脾胃	보비위 익기혈 안심신 조영위 화약성 補脾胃 益氣血 安心神 調營衛 和藥性
연밥 蓮子	감삽평 甘澁平	비신심 脾腎心	보비지사 익신고정 補脾止瀉 益腎固精
목향 木香	신고온 辛苦溫	비위간폐 脾胃肝肺	행기지통 조중도체 行氣止痛 調中導滯
감초 甘草	감평 甘平	비위심폐 脾胃心肺	화중완급 윤폐 해독 조화제약 和中緩急 潤肺 解毒 調和諸藥

고혈압

고혈압은 혈액이 혈관벽에 가하는 압력인 혈압이 만성적으로 높은 상태를 말하는 것으로 그 자체로는 증상이 나타나는 일이 없지만 장기간 방치할 경우 뇌, 심장, 신장 등에 장애를 주어 치명적인 합병증을 일으키게 된다. 혈압의 정상범위는 안정된 상태에서 2~3회 측정한 혈압의 평균이 수축기 130mmHg 미만, 이완기 85 mmHg 미만이다. 고혈압은 전체의 90% 이상이 원인불명인 본태성고혈압이며, 유전적 인자나 연령, 나트륨 과다섭취, 비만, 포화지방 과다섭취 등과 같은 식생활인자, 음주, 스트레스, 운동부족 등과 같은 생활인자, 교감신경계과민, 나트륨 배출 조절이상, 레닌-안지오텐신계 비정상 등의 병리인자를 주요 원인으로 보고 있다.

고혈압은 한의학에서 두통(頭痛), 어지럼증(眩暈) 등의 병증에서 다루어지고 있으며 변증 유형은 주로 간양상항(肝陽上亢), 담습옹성(痰濕壅盛), 음허양항(陰虛陽亢), 음양양허(陰陽兩虛), 기허혈어(氣虛血瘀) 등으로 분류된다.

고혈압에 많이 쓰는 약재·식재

천마(天麻) | 하고초(夏枯草) | 셀러리(旱芹) | 미나리(水芹) | 결명자(決明子) | 치자(梔子) | 산사(山楂) | 양파(洋葱) | 연잎(荷葉) | 구기자(枸杞子) | 하수오(何首烏) | 두충(杜仲) | 단삼(丹蔘) | 황기(黃芪) | 잉어(鯉魚)

一. 조미음 고혈압

간신음허(肝腎陰虛) 유형으로 허열이 있는 고혈압 환자의 보조식으로 적합하다. 좁쌀은 소화를 돕고 신장을 이롭게 하면서 열을 내려주는 효능을 가지고 있다. 상열 증상이 있는 경우 활용하기 적합하다.

■ 효능: 익신제열(益腎除熱)

만드는 법

1. 충분히 불린 쌀을 냄비에 담고 좁쌀과 물을 한데 넣어 약한 불에서 한 시간 이상 나무주걱으로 가끔 저으면서 끓인다.
2. 쌀알이 완전히 퍼지면 불에서 내려 체에 내린다.
3. 먹을 때 따뜻하게 데워 먹는다.

재료 및 분량

불린 멥쌀 1컵, 좁쌀 1/4컵, 물 15컵

재료(본초명)	성미	귀경	효능
멥쌀 粳米	감평 甘平	비위폐 脾胃肺	보기건비 제번갈 지사리 補氣健脾 除煩渴 止瀉痢
좁쌀 粟米	감함량 甘鹹涼	신비위 腎脾胃	화중 익신 제열 해독 和中 益腎 除熱 解毒

二. 하수오단삼꿀차 고혈압

기허혈어(氣虛血瘀)로 인한 고혈압으로 두통과 어지럼증, 손발이 저리고 잠이 잘 안오며 기운이 없는 경우에 적합하다.

■ 효능: 활혈화어(活血化瘀), 강지강압(降脂降壓)

재료 및 분량

하수오 25g, 단삼 25g,
꿀 적당량, 물 7컵

하수오

단삼

만드는 법

1. 하수오와 단삼은 씻어 둔다.
2. 돌냄비에 하수오와 단삼을 넣고 물 7컵을 부어 센 불에서 끓이다 끓어 오르면 약한 불로 줄여 5컵이 되도록 끓인다.
3. 기호에 따라 꿀을 타서 마신다.

재료(본초명)	성미	귀경	효능
하수오 何首烏	고감삽미온 苦甘澁微溫	간심신 肝心腎	양혈자음 윤장통변 거풍 해독 養血滋陰 潤腸通便 祛風 解毒
단삼 丹蔘	고미한 苦微寒	심심포간 心心包肝	활혈거어 조경지통 제번안신 양혈소옹 活血祛瘀 調經止痛 除煩安神 凉血消癰
꿀 蜂蜜	감평 甘平	비위폐대장 脾胃肺大腸	보중 지해 윤조 해독 補中 止咳 潤燥 解毒

三. 국화산사결명자차 고혈압

음허양항(陰虛陽亢) 유형의 고혈압이나 관상동맥경화증에 변비가 동반된 경우에 적합하다. 체내에 음진(陰津)이 부족하면 상대적으로 양화(陽火)가 왕성해지고 이로 인해 두통과 어지럼증, 불면과 이명(耳鳴), 상열감과 변비 등이 나타나게 된다. 이런 경우의 약선차로 적합하다.

■ 효능: 평간소풍(平肝消風), 활혈화어(活血化瘀)

재료 및 분량

국화 3g, 산사 15g, 결명자 15g, 설탕 적당량, 물 6컵

국화

산사

결명자

만드는 법

1. 산사와 결명자는 씻어 돌냄비에 넣고 물을 부어 센 불에서 끓이다가 약한 불로 줄여 5컵이 되도록 한다.
2. 달여진 산사와 결명자 약물을 찻주전자에 따라 둔 다음 국화를 넣고 뚜껑을 덮어 2~3분쯤 기다려 찻잔에 차를 따라 마신다.
3. 기호에 따라 설탕을 넣어 마신다.

재료(본초명)	성미	귀경	효능
국화 菊花	감고미한 甘苦微寒	폐간 肺肝	소풍청열 평간명목 해독소종 疏風清熱 平肝明目 解毒消腫
산사 山楂	산감미온 酸甘微溫	비위간 脾胃肝	소식건위 행기산어 消食健胃 行氣散瘀
결명자 決明子	고감함미한 苦甘鹹微寒	간신대장 肝腎大腸	청간명목 이수통변 淸肝明目 利水通便

四. 산사영지차 고혈압

기허혈어(氣虛血瘀) 유형의 혈중지질이 높은 고혈압 환자에게 적합하다. 산사는 육식으로 인한 식체(食滯)를 해소하는 데 많이 쓰이는 소화재이나 행기산어(行氣散瘀) 효능이 있어 혈행장애 등에도 많이 사용되며 최근에는 고지혈증에 많이 이용되고 있다. 영지는 기혈(氣血)을 보하면서 마음을 안정시키는 효능이 있다. 혈행을 도와주면서 교감신경의 흥분을 진정시킬 수 있어 고혈압에 효과적이다.

■ 효능: 활혈강지(活血降脂), 안신(安神)

재료 및 분량

산사 10g, 영지 3g, 물 10컵

산사

영지

만드는 법

1. 산사와 영지를 씻어 주전자에 담아 약한 불에서 천천히 끓인다.
2. 수시로 음료로 마신다.

재료(본초명)	성미	귀경	효능
산사 山楂	산감미온 酸甘微溫	비위간 脾胃肝	소식건위 행기산어 消食健胃 行氣散瘀
영지 靈芝	감평 甘平	폐심비 肺心脾	익기강장 양심안신 益氣强壯 養心安神

五. 다시마죽 고혈압

음허양항(陰虛陽亢)으로 인한 고혈압으로 두통과 어지럼증, 귀울림과 가슴 두근거림, 건망증, 화를 잘 내는 등의 증상에 적합하다.

■ 효능: 청간명목(淸肝明目), 이수강압(利水降壓)

재료 및 분량

결명자 8g, 다시마 20cm, 미나리 20g, 불린 멥쌀 2컵, 물 12컵

결명자

만드는 법

1. 다시마는 물 7컵에 불려서 1~2분간 끓여 건져 3cm 길이로 채 썬다.
2. 결명자를 씻어 물 5컵을 붓고 끓여 약물을 만든다.
3. 냄비에 다시마국물과 약물을 넣고 불린 쌀을 넣어 죽을 쑨다.
4. 마지막으로 3cm 길이로 썬 미나리와 다시마를 넣고 다시 한 번 끓여 쌀이 잘 퍼지게 끓인다.

재료(본초명)	성미	귀경	효능
미나리 水芹	신감량 辛甘凉	폐간방광 肺肝膀胱	청열해독 이뇨 지혈 淸熱解毒 利尿 止血
결명자 決明子	고감함미한 苦甘鹹微寒	간신대장 肝腎大腸	청간명목 이수통변 淸肝明目 利水通便
다시마 昆布	감한 甘寒	간위신 肝胃腎	연견화담 이수소종 軟堅化痰 利水消腫

六. 마흑임자보리밥 고혈압

간신음허(肝腎陰虛) 유형 고혈압 환자의 주식으로 적합하다. 보리는 성질이 서늘하면서 소화작용을 돕고 배뇨를 돕는 효능을 가지고 있다. 신장의 생리기능을 강화하는 마와 흑임자를 함께 넣어 노인들의 고혈압에 적합한 약선식이다.

■ 효능: 건비익신(健脾益腎)

재료 및 분량

마 200g, 흑임자 1큰술, 불린 보리쌀 4컵, 물 4½컵

마

만드는 법

1. 마는 껍질을 벗겨 작은 깍둑썰기로 썬다.
2. 불린 보리쌀을 냄비에 담아 마, 흑임자를 넣고 물을 부어 보리밥을 짓는다.

재료(본초명)	성미	귀경	효능
보리 大麥	감량 甘凉	비신 脾腎	건비화위 관장 이수 健脾和胃 寬腸 利水
마 山藥	감평 甘平	비폐신 脾肺腎	보비 양폐 고신 익정 補脾 養肺 固腎 益精
흑임자 黑芝麻	감평 甘平	간비신 肝脾腎	양혈익정 윤장통변 養血益精 潤腸通便

ㄷ. 율무콩나물죽 고혈압

담습옹성(痰濕壅盛) 유형의 고혈압에 적합하다. 여러 원인에 의해 발생한 노폐물인 담습(痰濕)의 적체로 신진대사가 원활하지 못해 항상 머리와 몸이 무겁고 가래 등이 많으며 식욕이 떨어지는 경우에 적합하다. 율무와 콩나물을 이용해 몸의 불필요한 노폐물인 담습과 그로 인한 열을 제거하는 데 효과적이다.

■ 효능: 청열이수삼습(淸熱利水滲濕)

재료 및 분량

율무 1컵, 콩나물 200g, 다진 파 1큰술, 물 8컵, 간장 적당량, 참기름 약간

율무

만드는 법

1. 콩나물은 씻어 물 4컵을 넣고 국을 끓인다.
2. 불린 율무는 물 4컵과 합하여 블렌더에 넣고 반 정도 간다.
3. 율무를 ①의 콩나물국에 넣고 끓인다.
4. 눌지 않게 저어 가며 다진 파를 넣고 죽을 끓인다.
5. 기호에 따라 간장과 참기름으로 맛을 내어 먹는다.

재료(본초명)	성미	귀경	효능
율무 薏苡仁	감담미한 甘淡微寒	비위폐 脾胃肺	이습건비 서근제비 청열배농 利濕健脾 舒筋除痺 淸熱排膿
콩나물 大豆黃卷	감평 甘平	비위폐 脾胃肺	청열투표 제습이기 淸熱透表 除濕利氣

八. 가지숙주나물 고혈압

간열(肝熱)이 왕성해 두통과 눈의 충혈 등이 심한 고혈압 환자의 찬품으로 적합하다. 혈액순환장애를 개선하고 열을 내리며 피부의 발적(發赤), 종기 등의 염증을 치유하는 데에도 응용할 수 있다.

■ 효능: 청열활혈해독(清熱活血解毒)

재료 및 분량

가지 2개, 숙주 200g

양념 청장 2큰술, 참기름 1큰술, 다진 파 1/2큰술, 다진 마늘 약간, 깨소금 1작은술

만드는 법

1. 가지는 꼭지를 잘라 내고 반 갈라 찜통에 쪄내어 한김 나가면 굵게 갈라 놓는다.
2. 숙주는 끓는 물에 넣어 3분 정도 삶아 찬물에 넣어 식힌 다음 체에 건져 둔다.
3. 준비된 가지와 숙주를 볼에 담고 양념을 넣어 조물조물 무친다.

재료(본초명)	성미	귀경	효능
가지 茄子	감량 甘涼	비위대장 脾胃大腸	청열 활혈 소종 清熱 活血 消腫
숙주 綠豆芽	감량 甘涼	–	청열소서 해독이뇨 清熱消暑 解毒利尿

九. 콩나물국수볶음 고혈압

콩나물은 열을 식히고 염증을 개선하며 배뇨를 돕는다. 가락국수(밀가루)는 정신을 안정시키고 신기능을 높이며 열을 없애고 갈증을 치유하며 미나리는 간의 열을 내려 고혈압의 증상개선에 효과적이다. 동맥경화증 등 성인병의 예방과 치료에 좋다.

■ 효능: 청간안신(淸肝安神)

재료 및 분량

칼국수 200g, 참기름 2큰술, 콩나물 100g, 표고버섯 4장, 미나리 20g

양념 다진 파 1큰술, 다진 마늘 1/2작은술, 다진 생강 약간, 간장 2큰술, 조미술 2큰술, 후춧가루 약간, 물 1/2컵, 식용유 3큰술

만드는 법

1. 칼국수는 끓는 물에 넣어 퍼지지 않도록 삶아 찬물에 씻어 물기를 뺀 다음 참기름에 버무려 둔다.
2. 콩나물은 거두절미하여 씻는다.
3. 표고버섯은 곱게 채 썰고, 미나리 줄기는 4cm 길이로 썬다.
4. 팬에 식용유를 두르고 달구어지면 다진 파, 마늘, 생강을 넣고 간장, 조미술을 넣어 향을 낸다.
5. ④에 표고버섯, 콩나물을 넣어 볶다가 물 1/2컵을 넣고 끓으면 ①의 칼국수를 넣는다.
6. 칼국수를 볶으면서 미나리와 후춧가루를 넣어 완성한다.

재료(본초명)	성미	귀경	효능
밀 小麥	감미한 甘微寒	심비 心脾	양심 제열 지갈 염한 養心 除熱 止渴 斂汗
콩나물 大豆黃卷	감평 甘平	비위폐 脾胃肺	청열투표 제습이기 淸熱透表 除濕理氣
표고버섯 香菇	감평 甘平	간위 肝胃	부정 익기개위 투진 화담 항암 扶正 益氣開胃 透疹 化痰 抗癌
미나리 水芹	신감량 辛甘涼	폐간방광 肺肝膀胱	청열해독 이뇨 지혈 淸熱解毒 利尿 止血

十. 천마국화 돼지고기볶음 고혈압

간양상항(肝陽上亢) 유형의 고혈압으로 간신(肝腎)의 정혈(精血)부족이 오래되어 평소에 과로하면 어지럼증과 두통 등이 나타난다. 화를 잘 내며 입안이 마르고 쓴 증상 등이 나타나는 사람에게 적합하다.

■ 효능: 양간혈(養肝血), 청풍현(淸風眩)

재료 및 분량

천마 5g, 물 2컵, 국화 3g, 마른 표고버섯 4장, 돼지고기(살코기) 250g, 간장 2큰술, 생강즙 1/2작은술, 조미술, 물녹말(녹말 1큰술, 물 1큰술), 소금 약간, 참기름 1큰술

천마

국화

만드는 법

1. 천마는 씻어 건져 물을 붓고 달여서 1컵이 되게 한다.
2. 마른 표고버섯은 불려서 기둥을 떼고 곱게 채 썰고, 국화는 씻어 건져 둔다.
3. 돼지고기는 곱게 채 썰어 간장, 생강즙으로 밑간한다.
4. 물녹말은 녹말 1큰술에 물 1큰술을 넣어 섞어 둔다.
5. 팬에 기름을 두르고 달구어지면 돼지고기를 넣고 볶다가 표고버섯, 국화, 조미술, 간장을 넣어 더 볶는다.
6. ⑤에 천마 달인 국물을 넣고 끓으면 소금으로 간 맞추고 물녹말을 넣고 재빨리 저어 준 다음 참기름을 넣어 완성한다.

재료(본초명)	성미	귀경	효능
천마 天麻	감신평 甘辛平	간 肝	식풍지경 평간양 거풍통락 熄風止痙 平肝陽 祛風通絡
국화 菊花	감고미한 甘苦微寒	폐간 肺肝	소풍청열 평간명목 해독소종 疏風淸熱 平肝明目 解毒消腫
돼지고기 豬肉	감함미한 甘鹹微寒	비위신 脾胃腎	보허 자음 윤조 補虛 滋陰 潤燥
표고버섯 香菇	감평 甘平	간위 肝胃	부정 익기개위 투진 화담 항암 扶正 益氣開胃 透疹 化痰 抗癌

비만

비만이란 섭취한 열량에 비해 소비한 열량이 적은 에너지 불균형으로 신체구성성분 중 체지방이 조직에 과다하게 축적된 상태이다. 비만의 판정은 브로카법이나 체질량지수, 허리둘레 등 다양한 방법에 의해 이루어지나 최근에는 체질량지수(BMI: Body mass index, 체중(kg)을 신장(m)의 제곱으로 나눈 값)를 진단기준으로 많이 삼고 있다. 체질량지수가 25 이상이면 비만으로 판정한다.

비만의 원인에는 유전적 요인(과식이나 운동부족 및 잦은 매식 등), 사회적 요인(스트레스나 우울증 등), 심리적 요인(갑상선기능저하나 부신피질호르몬 항진 등 질병 등에 의한 이차적 원인) 등이 있다. 그러나 큰 범주에서 살펴보면 신체 대사기능의 저하, 섭취량의 증가 혹은 운동량이 감소로 인한 에너지대사 불균형으로 볼 수 있다.

한의학에서는 비만을 표실본허(表實本虛), 즉 겉으로는 여러 원인에 의한 실증(實證)이지만 본질은 허(虛)에서 온다고 본다. 겉으로 드러난 원인은 수(水), 습(濕), 담(痰), 음(飮)과 같은 비정상적인 수분노폐물과 식적(食積), 어혈(瘀血), 기체(氣滯) 등이고, 본질은 비장(脾臟)의 운화(運化)기능, 신장(腎臟)의 기화(氣化)기능, 간장(肝臟)의 소설(疏泄) 기능저하에 있다고 본다.

비만에 많이 쓰는 약재·식재

이수삼습(利水滲濕), 화담(化痰) 율무(薏苡仁) | 팥(赤小豆) | 동아(冬瓜) | 연잎(荷葉) | 다시마(昆布) | 곤약(魔芋) | 쑥갓(茼蒿) | 죽순(毛笋) | 해파리(海蜇) | 대합(文蛤)

통부소적(通腑消積) 산사(山楂) | 맥아(麥芽) | 무씨(蘿菖子) | 무(蘿菖) | 순무(蕪菁) | 콩나물(大豆黃卷) | 보리(大麥) | 메밀(蕎麥)

이기활혈(理氣活血) 진피(陳皮) | 지각(枳殼) | 매괴화(玫瑰花) | 검은콩(黑大豆) | 가지(茄子) | 원추리(金針菜) | 식초(醋) | 홍화(紅花) | 울금(鬱金) | 강황(薑黃)

一. 복령택사미음 비만

기허(氣虛)로 인해 담습(痰濕)이 쌓인 유형의 비만으로 기운이 없고 몸이 무거우며 근육에 탄력이 없는 경우 적합하다.

■ 효능: 이수삼습(利水滲濕), 건비사열(健脾瀉熱)

만드는 법

1. 돌냄비에 백복령, 택사와 물을 넣고 30분 정도 끓여서 약물을 만든다.
2. 두꺼운 냄비에 좁쌀과 약물을 넣어 센 불에서 10분 정도 끓이다가 약한 불로 줄여 가끔 저으면서 잘 어우러지게 끓인다.
4. 체에 쏟아 나무주걱으로 으깨면서 걸러 내어 묽은 미음으로 만든다.

재료(본초명)	성미	귀경	효능
백복령 白茯苓	감담평 甘淡平	심비폐신 心脾肺腎	이수삼습 건비화위 영심안신 利水滲濕 健脾和胃 寧心安神
택사 澤瀉	감담한 甘淡寒	신방광 腎膀胱	이수삼습 설열통림 利水滲濕 泄熱通淋
좁쌀 粟米	감함량 甘鹹凉	신비위 腎脾胃	화중 익신 제열 해독 和中 益腎 除熱 解毒

재료 및 분량

백복령 40g, 택사 20g, 물 10컵, 좁쌀 1컵, 소금 적당량

백복령

택사

二. 하엽감비차 비만

연잎은 물에서 자라면서도 물에 가라앉지 않고 떠있는 성질을 가지고 있다. 이는 연잎이 물을 스스로 받아들이기보다는 배출하는 기능이 더 많기 때문이 아닐까 생각된다. 실제 연잎은 한의학에서 청서이습(淸暑利濕)이라고 해서 더위를 가시게 해주고 몸 안의 수분 노폐물을 배출하는 효능이 있는 것으로 알려져 있다. 때문에 담음수습(痰飮水濕) 등의 노폐물 적체로 인한 단순비만을 조절하는 재료로 자주 사용되고 있다. 여기에 건비화습(健脾化濕)할 수 있는 율무와 기의 운행을 돕는 귤피, 혈의 운행을 돕고 식적(食積)을 없애는 산사(山楂)를 더해 담습(痰濕)과 함께 기혈(氣血)의 정체로 인한 단순비만에 적합하다.

■ 효능: 강지감비(降脂減肥), 이기행수(理氣行水)

재료 및 분량

연잎(마른 것) 15g, 산사 10g, 율무 10g, 귤피 5g, 끓인 물 5컵

산사

율무

귤피

만드는 법

주전자에 모든 재료를 넣고 끓는 물을 부어 30분가량 우려낸 후 수시로 마신다. 여러 번 우려 마셔도 된다.

재료(본초명)	성 미	귀 경	효 능
연잎 荷葉	고삽평 苦澁平	간비위 肝脾胃	청서리습 승양지혈 淸暑利濕 升陽止血
산사 山楂	산감미온 酸甘微溫	비위간 脾胃肝	소식건위 행기산어 消食健胃 行氣散瘀
율무 薏苡仁	감담미한 甘淡微寒	비위폐 脾胃肺	이습건비 서근제비 청열배농 利濕健脾 舒筋除痺 淸熱排膿
귤피 橘皮	신고온 辛苦溫	비위폐 脾胃肺	이기조중 강역지구 조습화담 理氣調中 降逆止嘔 燥濕化痰

三. 감비차 비만

보이차와 오룡차는 발효차의 일종으로 모두 최근에 지질대사 개선에 긍정적 영향을 미치는 것으로 알려지면서 고지혈증이나 비만인 사람들의 기호식품으로 많이 이용되고 있다. 나복자는 무씨를 말하는 것으로 소화를 돕고 기의 운행을 순조롭게 해주는 효능이 있다. 여기에 비장의 소화흡수기능을 도우면서 불필요한 수분을 배출하는 효능을 가진 백복령을 더해 체내 담탁(痰濁)의 적체로 혈중 지질 농도가 높은 비만에 적합한 약선차가 된다.

■ 효능: 승청강탁(升淸降濁), 강지감비(降脂減肥)

재료 및 분량

보이차 5g, 오룡차 5g, 무씨 5g, 백복령 10g, 끓인 물 10컵

무씨

백복령

만드는 법

1. 무씨와 백복령은 블렌더에 넣고 1~2회 회전시켜 거칠게 분쇄한다.
2. 주전자에 보이차를 넣고 불순물을 없애기 위해 뜨거운 물을 부어 첫 물을 버린다.
3. ②의 보이차에 오룡차, 거칠게 분쇄한 무씨 · 백복령과 끓인 물을 넣고 3분간 우려낸다.
4. 여러 번 반복해서 우려내어 마신다.

재료(본초명)	성 미	귀 경	효 능
보이차 오룡차	고삽감량 苦澀甘凉	심폐위 心肺胃	생진지갈 청열해독 거습이뇨 청심제신 生津止渴 清熱解毒 祛濕利尿 清心提神
무씨 蘿菖子	신감평 辛甘平	비위폐대장 脾胃肺大腸	소식도체 강기화담 消食導滯 降氣化痰
백복령 白茯苓	감담평 甘淡平	심비폐신 心脾肺腎	이수삼습 건비화위 영심안신 利水滲濕 健脾和胃 寧心安神

四. 강지차 비만

비만과 고지혈증 등에 많이 쓰이는 처방으로 비만의 원인 중에서도 혈행이 원활하지 않아 생긴 어혈(瘀血)로 인한 경우 혹은 노화로 인해 대사기능이 떨어지면서 혈행이 원활하지 않은 경우에 적합하다. 전체 구성 재료들이 모두 혈중 지질을 낮춰 주는 작용을 한다고 알려져 있어 비만이나 고지혈증에 많이 활용되고 있다. 그중에서 구기자와 하수오는 간신(肝腎)의 정혈(精血)을 보하고 결명자는 간열(肝熱)을 내려 주며, 산사와 단삼은 혈액의 순환을 원활하게 하는 활혈(活血) 효능을 가지고 있다.

■ 효능: 활혈화어(活血化瘀), 경신감비(輕身減肥)

재료 및 분량

구기자 10g, 하수오 15g, 결명자 15g, 산사 15g, 단삼 10g, 물 10컵

구기자

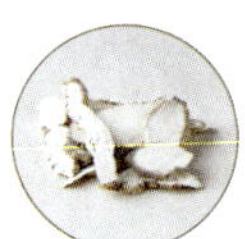

하수오

결명자

산사

단삼

만드는 법

돌냄비에 모든 약재를 넣고 물을 부어 약한 불에서 30~40분간 달인다.

재료(본초명)	성미	귀경	효능
구기자 枸杞子	감평 甘平	간신폐 肝腎肺	양간 자신 윤폐 養肝 滋腎 潤肺
하수오 何首烏	고감삽미온 苦甘澁微溫	간심신 肝心腎	양혈자음 윤장통변 거풍 해독 養血滋陰 潤腸通便 祛風 解毒
결명자 決明子	고감함미한 苦甘鹹微寒	간신대장 肝腎大腸	청간명목 이수통변 淸肝明目 利水通便
산사 山楂	산감미온 酸甘微溫	비위간 脾胃肝	소식건위 행기산어 消食健胃 行氣散瘀
단삼 丹蔘	고미한 苦微寒	심심포간 心心包肝	활혈거어 조경지통 제번안신 양혈소옹 活血祛瘀 調經止痛 除煩安神 凉血消癰

五. 결명산사죽 비만

담음(痰飮)과 어혈(瘀血)로 인한 비만으로 가슴과 옆구리가 답답하고 얼굴색이 검은 경우 적합하다.

■ 효능: 화식소적(化食消積), 강지감비(降脂減肥)

재료 및 분량

결명자 15g, 산사 30g, 불린 멥쌀 2컵, 물 14컵, 설탕 적당량

TIP

결명자는 상온에서 장기간 보관할 경우 아플라톡신과 같은 곰팡이독소가 생성될 수 있으므로 냉장보관한다.

결명자

산사

만드는 법

1. 냄비에 결명자와 산사, 물을 넣어 약물을 만든다.
2. 두꺼운 냄비에 불린 멥쌀과 ①의 약물을 넣어 센 불, 중간 불, 약한 불로 끓이면서 잘 어우러지게 한다.
3. 기호에 따라 설탕을 넣어 먹는다.

재료(본초명)	성미	귀경	효능
결명자 決明子	고감함미한 苦甘鹹微寒	간신대장 肝腎大腸	청간명목 이수통변 清肝明目 利水通便
산사 山楂	산감미온 酸甘微溫	비위간 脾胃肝	소식건위 행기산어 消食健胃 行氣散瘀
멥쌀 粳米	감평 甘平	비위폐 脾胃肺	보기건비 제번갈 지사리 補氣健脾 除煩渴 止瀉痢

六. 옥수수죽 비만

옥수수는 남아메리카가 원산지로 알려져 있고 세계 3대 곡류 중의 하나이다. 한의학에서는 식욕을 돋게 하는 효능과 소변을 잘 보게 해서 부기를 빼는 효능이 있다고 알려져 있다. 옥수수죽은 살이 쪄 늘 부석부석하고 가슴이 답답하며 한숨을 쉬고, 피곤하며 몸이 무겁고 현기증이 있는 등 담습(痰濕)으로 인한 비만유형에 적합하다.

■ 효능: 건비(健脾), 이습(利濕), 화담(化痰)

재료 및 분량

옥수수알(통조림) 1컵, 불린 멥쌀 1컵, 물 10컵, 소금 1작은술

만드는 법

1. 옥수수는 쌀과 함께 블렌더에 넣고 물 1컵을 넣어 곱게 간다.
2. 두꺼운 냄비에 ①의 옥수수와 쌀을 넣고 남아 있는 물을 넣어 나무주걱으로 잘 저어가며 약한 불로 끓인다.
3. 충분히 끓으면 뜸을 들인 후 소금으로 간을 한다.

재료(본초명)	성미	귀경	효능
옥수수 玉蜀黍	감평 甘平	위대장 胃大腸	개위 이뇨 開胃 利尿
멥쌀 粳米	감평 甘平	비위폐 脾胃肺	보기건비 제번갈 지사리 補氣健脾 除煩渴 止瀉痢

七. 율무팥죽 비만

율무는 몸 안의 불필요한 수분인 습(濕)을 제거하고 비장(脾臟)의 소화흡수기능을 원활하게 하는 이습건비(利濕健脾) 효능을 가지고 있고, 팥도 소변을 잘 나오게 하여 몸안의 불필요한 수분을 배출시킴으로써 부기를 가라앉히는 이수소종(利水消腫) 효능을 가지고 있어 담습(痰濕)으로 인한 단순비만으로 몸이 무겁고 기운이 없으며 졸립고 가슴이 답답한 경우에 적합하다.

■ 효능: 이수소종(利水消腫), 건비익위(健脾益胃)

재료 및 분량

불린 율무 1컵, 팥 1컵,
불린 멥쌀 1컵, 물 12컵

율무

만드는 법

1. 팥을 삶을 때 팥의 10배가량의 물을 부어 센 불에 얹어 끓어오를 때 물을 1컵을 부어 껍질이 터지게 하여 푹 삶는다.
2. 팥 삶은 것에 불린 율무, 불린 멥쌀, 물을 붓고 센 불로 끓이다가 약한 불로 줄여서 잘 퍼지도록 끓인다.

재료(본초명)	성 미	귀 경	효 능
율무 薏苡仁	감담미한 甘淡微寒	비위폐 脾胃肺	이습건비 서근제비 청열배농 利濕健脾 舒筋除痺 淸熱排膿
팥 赤小豆	감산미한 甘酸微寒	심소장비 心小腸脾	이수소종퇴황 청열해독소옹 利水消腫退黃 淸熱解毒消癰
멥쌀 粳米	감평 甘平	비위폐 脾胃肺	보기건비 제번갈 지사리 補氣健脾 除煩渴 止瀉痢

八. 복령두부찜 비만

두부는 콩을 원료로 한 가공식품으로 훌륭한 식물성 단백질 공급원이 되어 다이어트 식품으로 많이 이용되고 있다. 두부는 성질이 서늘하여 열을 내려 주고 해독하는 효능이 있으며 화중익기(和中益氣)라 하여 기운을 내게 해주는 효능을 가지고 있다. 여기에 소화기능을 건강하게 하면서 몸 안의 불필요한 수분을 배출해 내는 효능을 가진 백복령을 넣어 담습(痰濕)의 정체로 인한 단순비만에 적합하다.

■ 효능: 건비화습(健脾化濕), 소식감비(消食減肥)

재료 및 분량

백복령가루 30g, 잣 40g, 두부 200g, 당근 · 완두 · 표고버섯 · 옥수수 각 20g씩, 달걀흰자 4개분, 소금 1작은술, 청주 1큰술, 녹말 1큰술

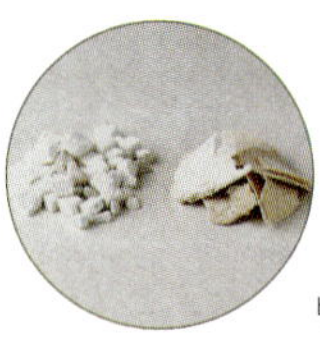

백복령

만드는 법

1. 두부는 깨끗한 면보에 싼 후 눌러 물기를 뺀다.
2. 당근, 표고버섯은 잘게 다진다.
3. 완두와 옥수수는 씻어서 물기를 빼둔다.
4. 그릇에 백복령가루, 두부, 잣, 당근, 완두, 표고버섯, 옥수수, 달걀 흰자, 소금, 청주, 녹말을 넣고 잘 섞은 다음 찜기에 담는다.
5. 김이 오른 찜통에 찜기를 얹어 약 10분가량 찐다.

재료(본초명)	성미	귀경	효능
백복령 白茯苓	감담평 甘淡平	심비폐신 心脾肺腎	이수삼습 건비화위 영심안신 利水滲濕 健脾和胃 寧心安神
두부 豆腐	감량 甘涼	비위대장 脾胃大腸	청열해독 생진윤조 화중익기 清熱解毒 生津潤燥 和中益氣
잣 海松子	감미온 甘微溫	간폐대장 肝肺大腸	윤조 양혈 거풍 潤燥 養血 祛風

九. 곤약무침 비만

구약(마우: 魔芋)의 괴경을 가공한 식품으로 반투명 묵과 비슷하다. 주로 수분과 식이섬유로 되어 있어 다이어트 식품으로 환영받고 있다. 곤약의 원식물인 구약은 화담소적(化痰消積)이라 해서 몸 안의 쌓인 노폐물인 담(痰) 등의 적체를 제거하고, 혈액의 순환을 원활하게 한다. 살이 많이 찌고, 많이 먹어도 공복감이 있고 안색이 좋지 않으며 목이 건조하고 변비 등의 증상이 나타나는 경우에 적합하다.

■ 효능: 청위통부(淸胃通腑), 양혈윤장(涼血潤腸)

재료 및 분량

곤약 150g, 미나리 50g, 소금 1작은술, 들기름 1큰술, 통깨 1/2작은술, 구운 김(채 썬 것) 1장

양념 간장 1큰술, 설탕 1/2큰술, 식초 1큰술

TIP

곤약의 원식물인 구약은 생것으로 다량 복용 시 혀와 입안에 작열감과 통증, 부종 등 독성반응이 나타날 수 있으므로 주의해야 한다.

만드는 법

1. 미나리는 잎을 떼어 내고 줄기를 데친 다음 5cm 길이로 썬다.
2. 곤약은 채 썬 다음 물에 데쳐서 소금과 들기름으로 밑간한다.
3. 데친 곤약과 미나리를 볼에 넣고 양념에 무친 다음 내기 전 채 썬 김과 통깨를 살짝 무쳐 낸다.

재료(본초명)	성미	귀경	효능
곤약 魔芋	신고한유독 辛苦寒有毒	–	화담소적 해독산결 행어지통 化痰消積 解毒散結 行瘀止痛
미나리 水芹	신감량 辛甘涼	폐간방광 肺肝膀胱	청열해독 이뇨 지혈 淸熱解毒 利尿 止血

부록

재료 성미효능표 | 용어해설

재료 성미효능표

재료명	본초명	성미	귀경	효능
가지	가자(茄子)	甘凉	脾胃大腸	清熱 活血 消腫
가시연밥	검실(芡實)	甘澁平	脾腎	補脾祛濕 益腎固精
간장	–	甘寒	脾胃腎	清熱解毒 除煩
감자	마령서(馬鈴薯)	甘平	胃大腸	和中假中 解毒消腫
감초	감초(甘草)	甘平	脾胃心肺	和中緩急 潤肺 解毒 調和諸藥
갯방풍	북사삼(北沙蔘)	甘凉	肺胃	養陰清肺 益胃生津
검은콩	흑대두(黑大豆)	甘平	脾腎	活血利水 祛風解毒 健脾益腎
결명자	결명자(決明子)	苦甘鹹微寒	肝腎大腸	清肝明目 利水通便
계혈등	계혈등(鷄血藤)	苦微甘溫	肝腎	活血舒筋 養血調經
고추	랄초(辣椒)	辛熱	脾胃	溫中散寒 下氣消食
고구마	번서(番薯)	甘平	脾腎	補氣 生津 寬腸 通便
고구마줄기	번서등(番薯藤)	甘澁微凉	–	主治 吐瀉 便血 血崩 乳汁不通
곤약	마우(魔芋)	辛苦寒有毒	–	化痰消積 解毒散結 行瘀止痛
곽향	곽향(藿香)	辛微溫	肺脾胃	祛暑解毒 化濕和胃
관동화	관동화(款冬花)	辛微甘溫	肺	潤肺下氣 化痰止咳
구기자	구기자(枸杞子)	甘平	肝腎肺	養肝 滋腎 潤肺
국화	국화(菊花)	甘苦微寒	肺肝	疏風清熱 平肝明目 解毒消腫
굴	모려육(牡蠣肉)	甘鹹平		養血安神 軟堅消腫
귤껍질	진피(陳皮)	辛苦溫	脾胃肺	理氣調中 降逆止嘔 燥濕化痰
귤홍	귤홍(橘紅)	辛苦溫	肺脾	散寒燥濕 理氣化痰 寬中健胃
까치콩	백편두(白扁豆)	甘淡平	脾胃	健脾 化濕 消暑
꿀	봉밀(蜂蜜)	甘平	脾胃肺大腸	補中 止咳 潤燥 解毒
노근	노근(蘆根)	甘寒	肺胃膀胱	清熱除煩 透疹解毒

(계속)

재료명	본초명	성 미	귀 경	효 능
녹두	녹두(綠豆)	甘寒	心肝胃	清熱 消暑 利水 解毒
녹차	차엽(茶葉)	苦甘凉	心肺胃腎	清頭目 除煩渴 消食 化痰 利尿 解毒
다시마	곤포(昆布)	鹹寒	肝胃腎	軟堅化痰 利水消腫
단삼	단삼(丹蔘)	苦微寒	心心包肝	活血祛瘀 調經止痛 除煩安神 凉血消癰
달걀	계자(鷄子)	甘平	–	滋陰潤燥 養血安胎
닭고기	계육(鷄肉)	甘溫	脾胃	溫中益氣補精塡髓
닭간	계간(鷄肝)	甘溫	肝腎脾	補肝腎 明目 消疳 殺蟲
닭모래주머니	계내금(鷄內金)	甘澁平	脾胃膀胱	健脾胃 消食積 化石
당근	호나복(胡蘿蔔)	甘辛平	脾肝肺	健脾和中 滋肝明目 化痰止咳 清熱解毒
당귀	당귀(當歸)	甘辛苦溫	肝心脾	補血活血 調經止痛 潤燥滑腸
대추	대조(大棗)	甘溫	心脾胃	補脾胃 益氣血 安心神 調營衛 和藥性
도라지	길경(桔梗)	苦辛平	肺胃	宣肺祛痰 利咽排膿
돼지고기	저육(豬肉)	甘鹹微寒	脾胃腎	補虛 滋陰 潤燥
돼지간	저간(豬肝)	甘苦溫	脾胃肝	補肝明目 養血健脾
두부	두부(豆腐)	甘凉	脾胃大腸	清熱解毒 生津潤燥 和中益氣
두유	두부장(豆腐漿)	甘平	–	清肺化痰 潤燥利尿
두충	두충(杜仲)	甘微辛溫	肝腎	補肝腎 强筋骨 安胎
둥굴레	옥죽(玉竹)	甘平	肺胃	滋陰潤肺 養胃生津
둥굴레	황정(黃精)	甘平	脾肺腎	養陰潤肺 補脾益氣 滋腎塡精
땅콩	낙화생(落花生)	甘平	脾肺	健脾養胃 潤肺化痰
레몬	영몽(檸檬)	酸甘凉	胃肺	生津解暑 和胃安胎
마	산약(山藥)	甘平	脾肺腎	補脾 養肺 固腎 益精
마늘	대산(大蒜)	辛溫	脾胃肺大腸	溫中行滯 解毒 殺蟲
만삼	당삼(黨蔘)	甘平	脾肺	健脾補肺 益氣生津
말린 생강	건강(乾薑)	辛熱	脾胃心肺	溫中散寒 回陽通脈 溫肺化飮
맥문동	맥문동(麥門冬)	甘微苦微寒	肺胃心	滋陰潤肺 益胃生津 淸心除煩
맥아	맥아(麥芽)	甘平	脾胃	消食化積 回乳

(계속)

재료명	본초명	성 미	귀 경	효 능
메추리알	암순단(鵪鶉蛋)	–	–	補虛 健胃
멥쌀	갱미(粳米)	甘平	脾胃肺	補氣健脾 除煩渴 止瀉痢
멧대추씨	산조인(酸棗仁)	甘平	心肝	寧心安神 養肝 斂汗
목향	목향(木香)	辛苦溫	脾胃肝肺	行氣止痛 調中導滯
목이버섯	목이(木耳)	甘平	肺脾大腸肝	補益氣血 潤肺止咳 止血
무	나복(蘿葍)	辛甘凉 熟–甘平	脾胃肺大腸	消食 下氣 化痰 止血
무씨	나복자(蘿葍子)	辛甘平	脾胃肺大腸	消食導滯 降氣化痰
미나리	수근(水芹)	辛甘凉	肺肝膀胱	清熱解毒 利尿 止血
밀	소맥(小麥)	甘微寒	心脾	養心 除熱 止渴 斂汗
밀쭉정이	부소맥(浮小麥)	甘溫	心	除虛熱 止汗
바나나	향초(香蕉)	甘寒	–	清熱 潤腸 滑腸 解毒
박하	박하(薄荷)	辛凉	肺肝	宣散風熱 清利頭目 利咽 疏肝解鬱
밤	율자(栗子)	甘微鹹溫	脾胃腎	益氣健脾 補腎强筋 活血消腫 止血
방풍	방풍(防風)	辛甘微溫	膀胱肺脾	祛風解表 勝濕止痛
배	리(梨)	甘凉	肺胃	生津潤燥 清熱 化痰
배추	숭채(菘菜)	甘凉	肺胃大腸	清熱除煩 生津止渴 通利腸胃
배추	황아백채(黃芽白菜)	甘平	胃	通利腸胃 養胃和中 利小便
배초향	곽향(藿香)	辛微溫	肺脾胃	祛暑解表 化濕和胃
백두구	백두구(白荳蔻)	辛溫	肺脾胃	化濕行氣 溫中止嘔 開胃消食
백모근	백모근(白茅根)	甘寒	心肺胃膀胱	清熱生津 凉血止血 利尿通淋
백복령	백복령(白茯苓)	甘淡平	心脾肺腎	利水滲濕 健脾和胃 寧心安神
백목이버섯	은이(銀耳)	甘淡平	–	滋陰生津 潤肺養胃
백작약	백작약(白芍)	苦酸微寒	肝脾	養血和營 緩急止痛 斂陰平肝
백합뿌리	백합(百合)	甘微苦微寒	心肺	養陰潤肺 清心安神
보리	대맥(大麥)	甘凉	脾腎	健脾和胃 寬腸 利水
복분자	복분자(覆盆子)	甘酸微溫	腎膀胱	益腎固精縮尿
복신	복신(茯神)	甘淡平	心脾	寧心 安神 利水
부추	구채(韭菜)	辛溫	腎胃肺肝	補腎 溫中 散瘀 解毒
사프란	장홍화(藏紅花)	甘平	–	活血化瘀 散鬱開結
산사	산사(山楂)	酸甘微溫	脾胃肝	消食健胃 行氣散瘀

(계속)

재료명	본초명	성미	귀경	효능
산수유	산수유(山茱萸)	酸微溫	肝腎	補益肝腎 收斂固脫
살구씨	행인(杏仁)	苦微溫小毒	肺大腸	降氣化痰 止咳平喘 潤腸通便
삽주뿌리	백출(白朮)	苦甘溫	脾胃	健脾益氣 燥濕利水 止汗 安胎
셀러리	한근(旱芹)	甘辛微苦凉	肝胃肺	平肝 淸熱 祛風 利水 止血 解毒
생강	생강(生薑)	辛溫	肺胃脾	散寒解表 降逆止嘔 化痰止咳 解毒
새우	대하(對蝦)	甘鹹溫	肝腎	補腎興陽 滋陰熄風
석곡	석곡(石斛)	甘微寒	胃肺腎	生津益胃 養陰淸熱
석창포	석창포(石菖蒲)	辛苦微溫	心肝脾	豁痰開竅 化濕和胃 寧心益智
설탕	백사당(白砂糖)	甘平	脾肺	和中緩急 生津潤燥
빙당	빙당(冰糖)	甘平	脾肺	補中和胃 潤肺止咳
소금	식염(食鹽)	鹹寒	胃腎大小腸	涌吐 凉血 解毒 軟堅
쇠고기	우육(牛肉)	甘溫	脾胃	補脾胃 益氣血 强筋骨
숙주	녹두아(綠豆芽)	甘凉	–	淸熱消暑 解毒利尿
숙지황	숙지황(熟地黃)	甘溫	肝腎	補血滋陰 益精塡髓
쑥	애엽(艾葉)	辛苦溫	肝脾腎	溫經止血 安胎 逐寒濕 理氣血
시금치	포채(菠菜)	甘平	肝胃大腸	養血 止血 平肝 潤燥
식초	초(醋)	酸甘溫	肝胃	散瘀消積 止血 安蛔 解毒
양고기	양육(羊肉)	甘熱	脾胃腎	溫中暖腎 益氣補虛
양배추	감람(甘藍)	甘平	肝胃	淸利濕熱 止痛 益腎通絡
양파	양총(洋葱)	辛甘溫	–	健胃理氣 殺蟲 降血脂
연근	우(藕)	甘寒	心肝脾胃	淸熱生津 凉血 散瘀 止血
연밥	연자(蓮子)	甘澁平	脾腎心	補脾止瀉 益腎固精
연잎	하엽(荷葉)	苦澁平	肝脾胃	淸暑利濕 升陽止血
영지	영지(靈芝)	甘平	肺心脾	益氣强壯 養心安神
오골계	오골계(烏骨鷄)	甘平	肝腎肺	補肝腎 益氣血 退虛熱
오리	백압육(白鴨肉)	甘微鹹平	肺脾腎	補氣滋陰 利水消腫
오매	오매(烏梅)	酸平	肝脾肺大腸	斂肺止咳 澁腸止瀉 止血 生津 安蛔
오미자	오미자(五味子)	酸溫	肺心腎	收斂固澁 益氣生津 寧心安神
오이	황과(黃瓜)	甘凉	肺脾胃	淸熱 利水 解毒
오징어	오적어육(烏賊魚肉)	鹹平	肝腎	養血滋陰

(계속)

재료명	본초명	성미	귀경	효능
옥수수	옥촉서(玉蜀黍)	甘平	胃大腸	開胃 利尿
옥수수수염	옥미수(玉米鬚)	甘淡平	腎胃肝膽	利尿消腫 淸肝利膽
완두	완두(豌豆)	甘平	脾胃	和中下氣 通乳利水 解毒
용안육	용안육(龍眼肉)	甘溫	心脾	補心脾 益氣血 安神
우슬	우슬(牛膝)	苦酸平	肝腎	補肝腎 强筋骨 活血通經 引血下行 利尿通淋
우엉	우방근(牛蒡根)	苦凉	肺心	散風熱 消腫毒
우엉씨	우방자(牛蒡子)	辛苦寒	肺胃	疏散風熱 宣肺利咽 透疹解毒 通便
우유	우유(牛乳)	甘微寒	心肺胃	補虛損 益肺胃 養血 生津潤燥 解毒
울금	울금(鬱金)	辛苦寒	心肝膽	活血止痛 行氣解鬱 淸心凉血 利膽
육계	육계(肉桂)	辛甘熱	腎脾心肝	補火助陽 散寒止痛 溫經通脈
율무	의이인(薏苡仁)	甘淡微寒	脾胃肺	利濕健脾 舒筋除痺 淸熱排膿
은행	백과(白果)	甘苦澁平小毒	肺腎	斂肺定喘 止帶縮尿
인동꽃	금은화(金銀花)	甘寒	肺胃	淸熱解毒
인삼	인삼(人蔘)	甘微苦微溫	肺脾心腎	大補元氣 生津 固脫 安神
자완	자완(紫菀)	苦辛溫	肺	潤肺下氣 化痰止咳
잔대	사삼(沙蔘)	甘微苦微寒	肺胃	養陰淸熱 潤肺化痰 益胃生津
잣	해송자(海松子)	甘微溫	肝肺大腸	潤燥 養血 祛風
전복	복어(鰒魚)	甘鹹平	–	滋陰淸熱 益精明目 調經潤腸
조기	석수어(石水魚)	甘鹹平	胃肝腎	益氣養胃 補腎 明目
좁쌀	속미(粟米)	甘鹹凉	腎脾胃	和中 益腎 除熱 解毒
죽순	모순(毛笋)	甘微寒	–	消脹淸熱除痰
지골피	지골피(地骨皮)	甘寒	肺腎	淸虛熱 瀉肺火 凉血
지모	지모(知母)	苦寒	肺胃腎	淸熱瀉火 滋陰潤燥
차조기잎	자소엽(紫蘇葉)	辛溫	肺脾胃	散寒解表 行氣化痰 安胎 解魚蟹毒
찰벼뿌리	나도근(糯稻根)	甘平	肺腎	養陰除熱 止汗
찹쌀	나미(糯米)	甘溫	脾胃肺	補中益氣 健脾止瀉 縮尿 斂汗 解毒
천마	천마(天麻)	甘辛平	肝	熄風止痙 平肝陽 祛風通絡
천초	화초(花椒)	辛溫小毒	脾胃腎	溫中止痛 除濕止瀉 殺蟲止痒
천패모	천패모(川貝母)	甘苦微寒	肺心	止咳化痰 潤肺散結
청경채	숭채(菘菜)	甘凉	肺胃大腸	淸熱除煩 生津止渴 通利腸胃

(계속)

재료명	본초명	성미	귀경	효능
초과	초과(草果)	辛溫	脾胃	燥濕溫中 祛痰截瘧
측백씨	백자인(柏子仁)	甘平	心腎大腸	養心安神 斂汗 潤腸通便
칡뿌리	갈근(葛根)	甘辛平	脾胃	解肌發表 生津止渴 升陽止瀉
콩나물	대두황권(大豆黃卷)	甘平	脾胃肺	淸熱透表 除濕理氣
택사	택사(澤瀉)	甘淡寒	腎膀胱	利水滲濕 泄熱通淋
토마토	번가(番茄)	酸微甘平	–	淸熱解毒 凉血平肝
파	총백(蔥白)	辛溫	肺胃	發表 通陽 解毒
파인애플	파라(菠蘿)	甘微酸平	胃腎	生津止渴 益氣健脾 消肉醒酒
팔각회향	팔각회향(八角茴香)	辛甘溫	肝腎脾胃	散寒 理氣 止痛
팥	적소두(赤小豆)	甘酸微寒	心小腸脾	利水消腫退黃 淸熱解毒消癰
패주	강요주(江珧柱)	甘鹹平	–	滋陰補腎 調中消食
표고버섯	향고(香菇)	甘平	肝胃	扶正 益氣開胃 透疹 化痰 抗癌
포도	포도(葡萄)	甘酸平	肺脾腎	補氣血 舒筋絡 利小便
하늘타리	천화분(天花粉)	甘微苦微寒	肺胃	淸熱生津 潤肺化痰 消腫排膿
하수오	하수오(何首烏)	苦甘澁微溫	肝心腎	養血滋陰 潤腸通便 祛風 解毒
해파리	해철(海蜇)	鹹平	肝腎肺	淸熱平肝 化痰消積 潤腸
현미	현미(玄米)	甘平	脾胃肺	補氣健脾 除煩渴 止瀉痢
현삼	현삼(玄蔘)	甘苦鹹微寒	肺胃腎	凉血 滋陰降火 解毒
호두	호도인(胡桃仁)	甘澁溫	腎肝肺	補腎益精 溫肺定喘 潤腸通便
황기	황기(黃芪)	甘溫	肺脾	益氣升陽 固表止汗 利水消腫 托毒生肌
회향	소회향(小茴香)	辛溫	肝腎膀胱胃	溫腎暖肝 行氣止痛 和胃
흑설탕	적사당(赤砂糖)	甘溫	肝脾胃	補脾暖肝 活血散瘀
흑임자	흑지마(黑脂麻)	甘平	肝脾腎	養血益精 潤腸通便

용어해설

ㄱ

강압(降壓) 혈압강하작용

강압보뇌(降壓補腦) 혈압을 내리고 뇌(腦)를 건강하게 한다.

강압통변(降壓通便) 혈압을 내려 주고 대변을 잘 보게 한다.

강신장양(强腎壯陽) 신장(腎臟)의 양기(陽氣)를 보익한다.

강장근골(强壯筋骨) 근골(筋骨)을 튼튼하게 한다.

강화익신(降火益腎) 신장(腎臟)의 음진(陰津)을 더해 허화(虛火)를 내려 준다.

개울(開鬱) 울결된 것을 풀어 준다.

개위(開胃) 식욕을 돋게 한다.

개위건비(開胃健脾) 식욕을 돋게 하고 소화흡수기능을 건강하게 한다.

개위제습(開胃除濕) 식욕을 돋게 하고 습(濕)을 제거한다.

개위화습(開胃化濕) 식욕을 돋게 하고 습(濕)을 말린다.

거풍(祛風) 풍사(風邪)를 제거한다.

거풍통락(祛風通絡) 풍사(風邪)를 제거해 경락(經絡)의 기혈순환을 원활하게 한다.

거풍투진(祛風透疹) 풍(風)을 제거하고 발진(發疹)이 순조롭게 돋아나게 한다.

거풍해독(祛風解毒) 풍사(風邪)를 제거하고 독(毒)을 풀어 준다.

건비(健脾) 비장(脾臟)의 소화흡수기능인 운화(運化)기능을 건강하게 한다.

건비온중(健脾溫中) 비장(脾臟)의 운화(運化)를 도와 속을 따뜻하게 한다.

건비소식(健脾消食) 비장(脾臟)의 운화(運化)를 도와 소화가 잘 되게 한다.

건비양위(健脾養胃) 비위(脾胃)를 튼튼하게 한다.

건비이수(健脾利水) 비장(脾臟)의 운화(運化)를 도와 체액의 운행을 원활히 하고 소변이 잘 나오게 한다.

건비익신(健脾益腎) 비장(脾臟)과 신장(腎臟)을 건강하게 한다.

건비지구(健脾止嘔) 비장(脾臟)의 운화(運化)를 도와 구토(嘔吐)를 멎게 한다.

건비화위(健脾和胃) 비장(脾臟)의 운화(運化)를 돕고 위(胃)를 편안하게 한다.

건위소식(健胃消食) 위(胃)기능을 건실하게 하고 소화를 잘 되게 한다.

건위이기(健胃理氣) 위(胃)기능을 건실하게 하고 기(氣)의 운행을 순조롭게 한다.

건위통락(健胃通絡) 위(胃)기능을 건실하게 하고 위(胃)의 락맥(絡脈) 소통을 원활하게 한다.

고신삽정(固腎澁精) 신기(腎氣)를 견고하게 하여 정액(精液)이 저절로 세지 못하게 한다.

고탈생진(固脫生津) 진액의 과다한 손상으로 기(氣)가 허탈하게 되려는 것을 잡아 주고 진액을 만들어 준다.

관장(寬腸) 장(腸)을 넓힌다는 뜻으로 식체(食滯) 등의 원인으로 뱃속이 답답할 때 이를 해소시킨다.

관중도체(寬中導滯) 중초(中焦)가 기체(氣滯) 등으로 인해 막힌 것을 소통시켜 식체(食滯)나 적체(積滯) 등을 내려가게 한다.

ㄴ

난위지통(暖胃止痛) 위(胃)를 따뜻하게 하여 통증을 멎게 한다.

ㅁ

명목(明目) 눈을 밝게 한다.

ㅂ

발표(發表) 땀을 내서 표(表)에 있는 외감사기(外感邪氣)를 없앤다.

발표산한(發表散寒) 땀을 내서 표(表)에 있는 외감한사(外感寒邪)를 없앤다.

벽예(辟穢) 전염병을 일으키는 사기(邪氣)나 지저분한 탁기(濁氣) 등을 물리친다.

보비익기(補脾益氣) 비기(脾氣)를 보(補)한다.

보비익신(補脾益腎) 비장(脾臟)과 신장(腎臟)을 보(補)한다.

보비지설(補脾止泄) 비장(脾臟)을 보익해 설사를 멎게 한다.

보비화위(補脾和胃) 비위(脾胃)를 보익한다.

보신강근(補腎强筋) 신장(腎臟)을 보(補)하여 근(筋, 힘줄)을 강건하게 한다.

보신익음(補腎益陰) 신음(腎陰)을 보익(補益)한다.

보신자음(補腎滋陰) 신음(腎陰)을 자양(滋養)한다.

보신장요(補腎壯腰) 신장(腎臟)을 보(補)해 허리를 강하게 한다.

보익정혈(補益精血) 정혈(精血)을 보(補)한다.

보정전수(補精塡髓) 정혈(精血)과 골수(骨髓)를 보(補)한다.

보중완간(補中緩肝) 중초(中焦)를 보(補)하고 간기(肝氣)의 울결을 완화시킨다.

보중화혈(補中和血) 중초(中焦)를 보(補)하고 혈(血)의 운행을 조화롭게 한다.

보허양심(補虛養心) 심음(心陰)이나 심혈(心血)을 보(補)한다.

보혈(補血) 혈(血)을 보(補)한다.

ㅅ

산결지통(散結止痛) 뭉쳐진 것을 풀어 주어 통증을 멎게 한다.

산결해독(散結解毒) 뭉쳐 있는 것을 풀어 주고 해독한다.

산어(散瘀) 어혈(瘀血)을 풀어 없앤다.

산혈(散血) 산어혈(散瘀血). 어혈(瘀血)을 풀어 없앤다.

살충지양(殺蟲止痒) 살충하여 가려움증을 멎게 한다.

삽장(澁腸) 오랜 설사로 대변이 저절로 나오게 되는 것을 멎게 한다.

삽장지사(澁腸止瀉) 설사가 오래도록 멈추지 않고 계속 되는 것을 멎게 한다.

생진윤장(生津潤腸) 부족한 진액(津液)을 생성하여 대변을 잘 보게 한다.

생진윤조(生津潤燥) 진액(津液) 등의 부족으로 건조해진 것을 자윤(滋潤)하는 약재 등을 이용하여 보(補)한다.

생진이인(生津利咽) 진액을 생성하여 목이 건조한 것을 부드럽게 한다.

서근제비(舒筋除痹) 근비(筋痺), 즉 힘줄이 당기고, 펴거나 굽히기 어려운 비증(痹證)을 치료한다.

선규통폐(宣竅通閉) 막힌 코를 뚫리게 한다.

성주(醒酒) 술을 깨게 한다.

소담(消痰) 담(痰)을 제거한다.

소식화담(消食化痰) 음식을 잘 소화시키고 담을 삭힌다.

하기관중(下氣寬中) 막힌 기(氣)를 아래로 내려 보내는 방법으로 중초(中焦)가 막힌 것을 해소시킨다.

소옹(消癰) 화농성염증과 유사한 외과질환인 옹(癰)을 제거한다.

소종(消腫) 부기를 가라앉힌다.

소종이뇨(消腫利尿) 부기를 가라앉히고 소변이 잘 나오게 한다.

소종해독(消腫解毒) 부기를 내리고 해독한다.

속절상(續折傷) 골절로 인한 손상을 잘 이어 붙게 한다.

ㅇ

안신익지(安神益智) 정신을 안정시키고 머리를 좋게 한다.

안신진경(安神鎭驚) 정신을 안정시켜 가슴이 두근거리고 불안한 병증인 경계(驚悸)를 멎게 한다.

양간보혈(養肝補血) 간혈(肝血)을 보(補)한다.

양심제번(養心除煩) 심혈(心血)이나 심음(心陰)을 보(補)해 번조(煩躁) 증상을 없앤다.

양위화중(養胃和中) 위(胃)를 보양(補養)하고 중초(中焦)를 편안하게 한다.

양음지한(養陰止汗) 음진(陰津)을 자양(滋養)하여 음허(陰虛)로 인해 땀을 흘리는 것을 멎게 한다.

양혈생기(養血生肌) 혈(血)을 보(補)해 새살을 돋아나게 한다.

양혈윤조(養血潤燥) 혈(血)을 자양(滋養)하여 건조해진 것을 촉촉하게 한다.

양혈지혈(凉血止血) 혈열(血熱)을 식혀 출혈을 멎게 한다.

양혈행어(凉血行瘀) 혈열(血熱)을 식히고 어혈(瘀血)을 풀어 준다.

어한기(禦寒氣) 한기(寒氣)를 막아 준다.

연견산결(軟堅散結) 단단히 뭉쳐 있는 것을 부드럽게 해서 풀어 준다.

연견소종(軟堅消腫) 단단히 뭉쳐 있는 것을 부드럽게 하고 붓기를 가라앉힌다.

염폐정천(斂肺定喘) 허(虛)로 인해 흩어지려는 폐기(肺氣)를 수렴하여 숨찬 증상인 천증(喘證)을 멎게 한다.

염한(斂汗) 땀이 많이 나는 것을 멎게 한다.

온신난간(溫腎暖肝) 신양(腎陽)을 보(補)해 간경(肝經)의 한기(寒氣)를 제거한다.

온중평천(溫中平喘) 중초(中焦)를 따뜻하게 하고 천증(喘證)을 가라앉힌다.

온중하기(溫中下氣) 중초(中焦), 즉 비위(脾胃)를 따뜻하게 하고 기(氣)를 내려 보낸다.

온중행체(溫中行滯) 중초(中焦)를 따뜻하게 하고 정체되어 있는 것을 운행되게 한다.

완급지통(緩急止痛) 근(筋)이 팽팽하게 당겨지고 긴장되어 발생한 통증을 완화시킨다.

용토(涌吐) 토법(吐法). 구토를 일으켜 병사(病邪)를 배출시킨다.

윤기부(潤肌膚) 피부를 윤기있게 한다.

윤장(潤腸) 진액(津液)을 보(補)하는 방법으로 대변을 잘 보게 한다.

윤장통변(潤腸通便) 진액(津液)을 보(補)하는 방법으로 대변을 잘 보게 한다.

윤조활장(潤燥滑腸) 윤장(潤腸), 진액(津液)을 보(補)하는 방법으로 대변을 잘 보게 한다.

윤폐양위(潤肺養胃) 폐(肺)와 위(胃)의 음진(陰津)을 자양(滋養)한다.

윤폐정천(潤肺定喘) 폐(肺)의 음진(陰津)을 자양(滋養)하여 천증(喘證)을 멎게 한다.

윤폐화담(潤肺化痰) 폐(肺)의 음진(陰津)을 자양(滋養)하고 담(痰)을 삭힌다.

이기(理氣) 기의 운행을 원활하게 한다.

이기지통(理氣止痛) 정체(停滯)된 기(氣)의 운행을 원활히 하여 통증을 멎게 한다.

이기해울(理氣解鬱) 기(氣)의 운행을 원활하게 하여 울결되어 정체된 것을 풀어 준다.

이뇨(利尿) 소변이 잘 나오게 한다.

이뇨배석(利尿排石) 소변을 잘 보게 하여 결석이 몸 밖으로 배출되게 한다.

이뇨소종(利尿消腫) 소변을 잘 나가게 하여 부종(浮腫)을 가라앉힌다.

이뇨통림(利尿通淋) 소변을 잘 나오게 하여 임증(淋證)으로 인한 배뇨이상 증상을 치료한다.

이소변(利小便) 소변을 잘 나오게 한다.

이수(利水) 수액(水液)의 운행을 원활히 하고 소변을 잘 나오게 한다.

이수제습(利水除濕) 수액(水液)의 운행을 원활히 하고 소변을 잘 나오게 하여 습(濕)을 제거하는 치법(治法)이다.

이수통림(利水通淋) 수액(水液)의 운행을 원활히 하고 소변을 잘 나오게 하는 방법으로 림증(淋證)으로 인한 배뇨이상 증상을 치료한다.

이습(利濕) 체내의 습사(濕邪)를 소변 등으로 내보낸다.

이인(利咽) 진액이 부족해 건조하거나, 통증 등 목(성대)이 불편한 것을 부드럽게 한다.

윤폐생진(潤肺生津) 폐(肺)의 음진(陰津)을 자양(滋養)한다.

익기개위(益氣開胃) 기(氣)를 보(補)하고 식욕을 돋게 한다.

익기건비(益氣健脾) 기(氣)를 보(補)하고 비장(脾臟)의 운화(運化)를 건강하게 한다.

익기생진 기(氣)를 보(補)하고 진액을 생성해준다.

익기양혈(益氣養血) 기혈(氣血)을 보(補)한다.

익기보혈(益氣補血) 기혈(氣血)을 보(補)한다.

익음보수(益陰補髓) 음정(陰精)과 골수(骨髓)를 보해 뼈를 튼튼히 하고 머리를 좋게 한다.

익정고신(益精固腎) 신정(腎精)을 보(補)하여 신기(腎氣)가 견고하지 못해 정액(精液)이 저절로 나오고 소변횟수가 많은 등 신정(腎精)이 유실되는 것을 치료한다.

ㅈ

자보생진(滋補生津) 정혈(精血)과 진액(津液) 등을 보(補)한다.

자양간신(滋養肝腎) 간(肝)과 신(腎)의 음정(陰精)을 보한다.

자음식풍(滋陰熄風) 음허(陰虛)로 인한 동풍(動風)으로 경련, 마비 등의 증상이 나타나는 것을 가라앉힌다.

자음윤조(滋陰潤燥) 자윤(滋潤)하는 약재로 조열(燥熱) 등으로 부족해진 진액(津液)을 보(補)한다.

자음평간(滋陰平肝) 음허(陰虛)로 간양(肝陽)이 항성(亢盛)하여 나타나는 두통, 어지럼증, 눈의 충혈, 경련 등 일련의 증상을 가라앉힌다.

장양(壯陽) 양기(陽氣)를 강건하게 하여 성기능을 왕성하게 한다.

절학(截瘧) 학질의 발작을 미리 막는다.

조습이수(燥濕利水) 습(濕)을 말려서 제거하고 수액(水液)의 운행을 원활히 하여 소변을 잘 나오게 한다.

조중개위(調中開胃) 중초(中焦)의 생리기능을 조절하여 식욕을 돋게 한다.

조중화위(調中和胃) 중초(中焦)의 생리기능을 조절하여 위(胃)를 편안하게 한다.

조화약성(調和藥性) 여러 약재들을 함께 쓸 때 약재들이 서로 조화롭게 어울려 효능을 나타낼 수 있게 한다.

지사(止瀉) 설사를 멎게 한다.

지사고정(止瀉固精) 설사를 멎게 하고 정액(精液)의 유실을 막는다.

지사지리(止瀉止痢) 설사(泄瀉)와 이질(痢疾)을 멎게 한다.

지양(止痒) 가려움증을 멎게 한다.

지한(止汗) 땀을 멎게 한다.

지해(止咳) 기침을 멎게 한다.

지혈(止血) 출혈을 멎게 한다.

지한안태(止汗安胎) 땀을 멎게 하고 태동(胎動)을 안정시켜 유산되지 않게 한다.

지해거담(止咳祛痰) 기침을 멎게 하고 담을 없앤다.

지혈지대(止血止帶) 출혈과 대하(帶下)를 멎게 한다.

진액(津液) 몸 안의 일체의 정상적인 수액(水液)이다.

ㅊ

청간척열(清肝滌熱) 간열(肝熱)을 식힌다.

청서개위(清暑開胃) 여름철의 서사(暑邪)로 인한 열(熱)을 내려 주고 식욕을 돋게 한다.

청서이수(清暑利水) 여름철 서사(暑邪)로 인한 열(熱)을 내려 주고 소변을 잘 나오게 한다.

청심안신(清心安神) 심장의 열을 식혀 정신을 안정시킨다.

청열(清熱) 열을 내려 준다. 체온의 상승이나 자각열을 일으키는 열사(熱邪)를 제거하여 열감을 내려 준다.

청열배농(淸熱排膿) 열(熱)을 내려 주고 농액(膿液)을 몸 밖으로 배설시킨다.

청열소담(淸熱消痰) 열을 내려 주고 담(痰)을 없앤다.

청열윤폐(淸熱潤肺) 열을 내려 주고 폐(肺)의 음진(陰津)을 자양(滋養)한다.

청열이뇨(淸熱利尿) 열을 내려 주고 소변을 잘 나오게 한다.

청열지갈(淸熱止渴) 열을 내려 주고 갈증을 멎게 한다.

청열해서(淸熱解暑) 여름철의 서열(暑熱)을 식혀준다.

청폐이인(淸肺利咽) 폐(肺)의 열을 내려 목의 통증을 경감시켜 부드럽게 한다.

청폐지해(淸肺止咳) 폐(肺)의 열을 내려 기침을 멎게 한다.

최유(催乳) 젖이 잘 나오게 한다.

축뇨(縮尿) 소변량이 많거나 소변 횟수가 잦은 경우 소변량이나 횟수를 줄인다.

축소변(縮小便) 소변이 잦거나 양이 많은 것을 줄인다.

ㅌ

탁창독(托瘡毒) 창양(瘡瘍)의 독사(毒邪)를 밖으로 밀어내어 독사(毒邪)가 내부로 침투하는 것을 막는다.

퇴황(退黃) 황달로 온몸이 누렇게 되고 오줌량이 적어지며 열이 나는 것을 치료한다.

통리소변(通利小便) 소변이 잘 나오게 한다.

통리장위(通利腸胃) 장을 소통시켜 배설시킨다.

통림(通淋) 임증(淋證)으로 인한 배뇨이상 증상을 치료한다.

통양(通陽) 양기(陽氣) 막혀 있거나 혹은 미약하여 일어나는 여러 증상을 치료한다.

통유(通乳) 젖을 잘 나오게 한다.

통유탁독(通乳托毒) 젖을 돌게 하고 창양(瘡瘍)의 독사(毒邪)를 밖으로 밀어내어 유옹(乳癰, 유선염 등)을 치료한다.

통혈맥(通血脈) 혈맥(血脈)의 기(氣)와 혈(血)이 잘 통하게 한다.

투진(透疹) 발진(發疹)이 돋는 병에서 돋아나야 할 것이 돋아나지 않거나 순조롭게 돋아나지 않는 경우, 발진이 순조롭게 돋아나 사기(邪氣)가 밖으로 나갈 수 있도록 한다.

ㅍ

평간(平肝) 지나치게 항성(亢盛)된 간기(肝氣)를 평안하게 가라앉힌다.

평간청열(平肝淸熱) 간(肝)의 양기(陽氣)가 지나치게 항진된 것을 가라앉히고 그로 인한 열을 식혀주는 치법(治法)이다.

평간해독(平肝解毒) 간(肝)의 양기(陽氣)가 지나치게 항진된 것을 가라앉히고 해독한다.

ㅎ

하기관장(下氣寬腸) 막힌 기(氣)를 아래로 내려보내는 방법으로 뱃속이 답답한 증상을 해소시킨다.

하기소식(下氣消食) 막힌 기를 아래로 내려보내고 소화를 잘 되게 한다.

해독(解毒) 질병을 일으키는 여러 독(毒, 열독, 음식독, 약물독 등)을 제거한다.

해독렴창(解毒斂瘡) 창독(瘡毒)을 풀어 주어 창양(瘡瘍)을 아물게 한다.

해독살충(解毒殺蟲) 해독하고 해충을 없앤다.

해독생기(解毒生肌) 해독하고 살이 돋아나게 한다.

해독소종(解毒消腫) 해독하고 부기를 내려준다.

해제주독(解除酒毒) 술독을 풀어 준다.

행기소체(行氣消滯) 정체되어 있는 기(氣)를 운행시켜 식체(食滯)를 없앤다.

행기지통(行氣止痛) 정체된 기(氣)의 운행을 원활히 하여 통증을 멎게 한다.

행약세(行藥勢) 약의 기운을 잘 돌게 한다.

화담(化痰) 체액의 대사장애로 인한 노폐물인 담(痰)을 없애 준다.

화담연견(化痰軟堅) 담(痰)을 삭히고 단단하게 뭉친 것을 부드럽게 풀어 준다.

화담이기(化痰理氣) 담을 삭이고 기(氣)의 운행을 원활하게 한다.

화담지해(化痰止咳) 담(痰)을 삭여 기침을 멎게 한다.

화위(和胃) 위기(胃氣)를 조화롭게 하여 속을 편안하게 한다.

화위안태(和胃安胎) 위(胃)를 편안히 하고 태기(胎氣)를 안정시켜 태아가 정상적으로 자라고 자리 잡게 한다.

화중개위(和中開胃) 위를 편안하게 하고 식욕을 돋게 한다.

화중완급(和中緩急) 중초(中焦)를 편안하게 하여 통증을 완화시킨다.

화중하기(和中下氣) 중초(中焦), 즉 비위(脾胃)를 편안히 하고 정체되어 있는 기(氣)를 내려 보낸다.

활장(滑腸) 통변을 원활하게 한다.

화혈산어(和血散瘀) 혈(血)의 운행을 조화롭게 하여 어혈(瘀血)을 풀어 준다.

화혈화어(和血化瘀) 혈(血)의 운행을 조화롭게 하여 어혈(瘀血)을 풀어 준다.

활혈(活血) 혈(血)의 운행을 원활하게 해준다.

활혈지통(活血止痛) 혈(血)의 운행을 원활하게 하여 통증을 멎게 한다.

활혈지혈(活血止血) 혈의 운행을 원활하게 하고 출혈을 멎게 한다.

참고문헌

김규열 · 배병철 공편저(2009).《동의생리병리학》. 성보사.

김규열 · 배병철 공편저(2009).《한의학과 음양오행》. 성보사.

김규열 · 최윤희 공편저(2009).《약선식료학개론》. 의성당.

김두종(1981).《한국의학사》. 탐구당.

김상보(1997).《한국의 음식생활문화사》. 광문각.

김호철 편저(2003).《한방식이요법학》. 경희대학교출판국.

박찬국 편역(1992).《장상학》. 성보사.

안문생(2003).《안문생약선기》. 한국약선교육개발원.

황혜성(1980).《궁중음식》. 궁중음식연구원.

南京中醫藥大學 編著(2006).《中藥大辭典》. 上海科學技術出版社.

冷方南 외 2인 主編(1993).《中華臨床藥膳食療學》. 人民衛生出版社.

譚興貴 主編(2003).《中醫藥膳學》. 中國中醫藥出版社.

傅維康 主編(1990).《中國醫學史》. 上海中醫學院出版社.

安正華 主編(1991).《中藥學》. 人民衛生出版社.

吳敦序 主編(1987).《中醫病因病機學》. 上海中醫學院出版社.

翁維健 主編(2004).《中醫飮食營養學》. 上海科學技術出版社.

王琦 主編(1997).《中醫藏象學》. 人民衛生出版社.

劉昭純 외 2인(1998).《實用藥膳學》. 山東文化音像出版社.

印會河 主編(1984).《中醫基礎理論》. 上海科學技術出版社.

彭銘泉 主編(2000).《中國藥膳大典》. 靑島出版社.

何裕民 主編(1987).《中醫學導論》. 上海中醫學院出版社.

찾아보기

ㅈ

ㅊ

ㅋ

ㅌ

ㅍ

ㅎ

저자 소개

조정순

명지대학교 식품영양학과 이학사

명지대학교 대학원 식품영양학과 이학석사

명지대학교 대학원 식품영양학과 이학박사

대한영양사협회 회장 역임

현재 명지대학교 산업대학원 식품양생학과(한방약선/한국전통음식문화전공) 주임교수

명지대학교 식품영양학과 명예교수

동아시아식생활학회 회장

저서 약선의 이해, 현대인과 식생활 등

한복선

한양대학교 식품영양학과 이학사

경기대학교 관광대학원 외식산업경영학과 관광학석사

한국약선연구원 5년 수료

중요무형문화재 제38호 조선왕조 궁중음식 이수자

관인 한복선요리학원 원장 역임

MBC (문화방송) TV '오늘의 요리' 전속 강사

현재 궁중음식연구원 이사

(주)대복 회장

한복선 식문화연구원 원장

저서 명절음식, 태교음식, 한복선의 김치요리, 양념요리, 엄마의 밥상, 우리음식 등 다수

양미옥

경원대학교 식품영양학과 이학사

성신여자대학교 대학원 식품영양학과 이학석사

성신여자대학교 대학원 식품영양학과 이학박사

현재 원광디지털대학교 웰빙문화대학원 자연건강학과 주임교수

원광디지털대학교 한방건강학과 교수

저서 식료본초학

최윤희

상해중의약대학 중의학과 의학사

중문의과대학(현 CHA의과대학) 대체의학대학원 대체의학석사

원광대학교 한의학전문대학원 한의학박사

현재 원광디지털대학교 한방건강학과 교수

저서 약선식료학개론, 식료본초학

약선조리 이론과 실제

2011년 3월 25일 초판 발행 | 2012년 8월 17일 초판 2쇄 발행 | 2019년 2월 25일 초판 3쇄 발행

지은이 조정순 외 | **펴낸이** 류원식 | **펴낸곳** **교문사**

편집부장 모은영 | **본문편집** 북큐브 | **사진** 최동혁

영업 이진석·정용섭·진경민 | **출력** 현대미디어 | **인쇄** 삼신인쇄 | **제본** 한진제본

주소 (10881)경기도 파주시 문발로 116 | **전화** 031-955-6111 | **팩스** 031-955-0955

홈페이지 www.gyomoon.com | **E-mail** genie@gyomoon.com

등록 1960. 10. 28. 제406-2006-000035호

ISBN 978-89-363-1102-5(93590) | 값 22,000원

* 잘못된 책은 바꿔 드립니다.